工业工程名家精品系列教材

质量工程与管理

尤建新　刘虎沉　编著

科学出版社

北　京

内 容 简 介

本书从事前预防、持续改进的现代质量观出发，基于国内外质量工程与管理最新研究成果，提炼质量工程的基本原理、基本方法及质量管理体系；以影响质量形成的产品全生命周期为主线，将基本理论与技术应用于市场质量工程、研发质量工程、设计质量工程、制造质量工程、改进质量工程，并通过建立相应的质量管理体系达到质量保证的目的。本书力求使得质量工程与管理成为具有可操作性的实施程序和方法，帮助学生全面掌握贯穿产品质量形成过程的全面质量管理的基本思想、工程方法与基本技能。全书共分为 7 章，内容包括质量工程导论、市场质量研究、质量研发、质量设计、质量制造与控制、质量改进和质量管理体系。

本书可作为高等院校管理科学与工程、工业工程、工商管理等专业本科生、研究生的教学用书和参考书，还可以作为企业质量管理人员、生产管理人员、工程技术人员及企业各级管理者的参考书和自学用书。

图书在版编目（CIP）数据

质量工程与管理/尤建新，刘虎沉编著. —北京：科学出版社，2016.2
工业工程名家精品系列教材
ISBN 978-7-03-047189-5

Ⅰ. ①质… Ⅱ. ①尤… ②刘… Ⅲ. ①质量管理–教材 Ⅳ. ①F273.2

中国版本图书馆 CIP 数据核字（2016）第 012326 号

责任编辑：兰　鹏 / 责任校对：彭珍珍
责任印制：张　伟 / 封面设计：蓝正设计

科 学 出 版 社 出版
北京东黄城根北街 16 号
邮政编码：100717
http://www.sciencep.com

北京建宏印刷有限公司 印刷
科学出版社发行　各地新华书店经销

*

2016 年 3 月第 一 版　开本：787×1092　1/16
2018 年 6 月第二次印刷　印张：12
字数：270 000

定价：36.00 元
（如有印装质量问题，我社负责调换）

总　序

工业工程（Industrial Engineering，简称 IE）于 20 世纪初产生于美国，主要用于提高工厂效率、质量和降低成本，称之为经典 IE。后来随着科学技术的发展，IE 兼收并蓄运筹学、系统科学、信息科学等理论与技术，形成了解决制造企业整体效益和竞争力的完整管理技术体系，又广泛应用于建筑业、医院、政府、民航、饭店等多种产业的效率、质量和成本改善与竞争力提高，称之为现代工业工程，亦可称之为产业工程。

工业工程在世界各国发展相当普遍，特别是美国、欧洲、日本、韩国、中国台湾、新加坡等较发达的国家和地区，而且根据不同国家的需要，各有差别，不是一个模式。例如日本在学科和产业应用中也称之为管理技术。但是各国的工业工程的重心更多是在产业应用，实质上是一个不断发展的理论研究且更注重应用的科学和技术。

工业工程 20 世纪 80 年代末被正式、大规模引入中国，20 多年来其应用不断纵深发展，对于我国国民经济建设，尤其是中国制造业的迅速崛起，发挥了很大的促进作用，特别是在广东、江苏、浙江等经济发达的省份更受企业的重视。今天，我国制造业正处于经济转型时期，从投资型到效益型，从粗放型向精益型转变，才有可能赶超发达国家制造业的水平。根据德国工业 4.0，美国的大数据，互联网、云制造，特别是日本的精益生产，都给我们提出新的发展参照。中国制造 2025 中的五大工程，至少有四个是与工业工程密切相关，特别是强基工程，更是工业工程的任务。近几年来科技创新方法领域中已将工业工程列为管理创新方法，体现了我国发展需要的特征。考察工业发达国家的经济和制造业发展过程，无不经过和持续发展工业工程的阶段，由此可见工业工程在我国的未来发展中，作用只会愈来愈重要。

当前我国的工业工程学科建设和人才培养也得到迅速发展，目前全国已经有近 230 所高校设立了工业工程专业，有不少学校还设立了工业工程相关的硕士和博士专业及研究方向。鉴于我国产业界更缺乏管理技术人才，教育部在学科设置中将工业工程设在管理学门类中，不仅可授予学生管理学学位，还可授予工学学位，有些学校将该学科直接设在工学院或工程学科内，都体现了对国民经济发展必要的考虑。

为了更好的满足新形势下对工业工程人才的需要，促进工业工程专业的学科建设和发展，综合教育部高等学校工业工程类专业教学指导委员会的专家和多所高校多位学者的建议，根据课程体系和教学内容，最终形成了本系列教材的建设思路。参加本系列教材建设的有天津大学、同济大学、重庆大学、东北大学、华中科技大学、西安交通大学、南京航天航空大学等多所院校的国内知名教授。本系列教材实行主编负责制，担任主编和主审的老师不仅具有一线教学的经验，而且对相关学科的发展趋势和学科前沿也比较熟悉。本系列教材的编写，力求体现以下特点：

（一）以我国现代制造业的人才需求为导向，满足新形势下工业工程人才的知识需求

随着经济全球化、制造业迈入工业 4.0 时代、逐步进入制造服务等知识经济的社会发

展变革，以及大数据分析、云计算、人工智能、复杂系统理论等科学技术发展，工业工程学科面临着新挑战和发展机遇。对于中国工业工程来说，发展的历程才仅仅 20 多年，传统的工业工程发展阶段还没有走完，却要同时发展现代工业阶段，加之我国经济转型升级、创新驱动、发展先进制造业和现代服务业的双重需求，我国工业工程学科发展面临的挑战更大，同时机遇也更大。这就需求我们从全球的视野、系统与科学发展的角度，既要传承传统的工业工程，又要发展与创新，在享受其他国家工业工程先驱和学者的工业工程成果的同时，又要适合我国经济发展的特色需要，为世界工业工程学科的发展做出中国人的贡献，并服务于工业工程人才培养和新时期的经济建设与社会发展。

（二）与时俱进，搭建与培养目标适应的教学体系

本系列教材坚持"少而精""学以致用"的原则，在大胆吸收国内外优秀教材特点的基础上，对原有的体系重新进行整理和完善，既满足各高校对学生的基本培养目标，又可以使学生了解最新理论前沿；既考虑学科的理论，又考虑产业应用的需要，既删除过时的理论方法，又反应本学科的现今水平，简明易懂，与时俱进。

（三）体例新颖，提高学生学习兴趣和效率

本系列教材在编写体例上做了一些新的尝试。各章开篇有本章导读，部分知识点配有案例说明、引申阅读，章尾有思考练习等。学生可以通过各章不同特点来完成学习过程，不仅可以提高学习兴趣，而且又有独立思考和完成作业的空间。

（四）注重实践，培养学生解决实际问题的能力

由于工业工程专业的培养目标始终要与社会企业需求相统一，所以，本系列教材在整体设计上注重实践类教学内容和理论教学内容相结合，使学生不仅可以学习工业工程的理论与方法，而且可以联系实际企业、实际创新需求，提供一定的管理创新方法和手段，帮助企业解决实际问题。

（五）配套资料齐全，便于教师组织教学

本系列教材除了配套 PPT 等常规数字资源外，还将利用二维码、虚拟现实增强等技术做成新形态数字化教材，聚集课程案例及解析、习题及解答、教学视频等资源，选用本教材的老师可以轻松获取教学辅助资料，提高教学效率。

工业工程类专业系列教材建设是一项复杂、重大的工作，完成这一工作需要全国工业工程学者的共同努力，由于工业工程在我国是一个不断发展的较年轻的学科，这套丛书难免会存在很多不足，望同仁们不吝批评指正。感谢参与本系列教材编写的全国各高校的专家和学者，感谢为本系列教材的出版提供帮助的科学出版社的领导和编辑。衷心希望大家的努力能够为我国工业工程学科的发展做出一份贡献。

齐二石

2016 年 1 月 20 日

前　言

　　本书根据中华人民共和国教育部高等学校工业工程类专业教学指导委员会关于教材建设的规划要求而编写，由尤建新和刘虎沉共同编著。

　　质量工程与管理一直伴随着工业工程的发展而不断地丰富，从早期专注于制造现场发展到今天对全过程质量的关注，从早期制造现场的质量统计工具应用到今天市场质量需求调研与预测、质量研发以及顾客满意管理等，质量工程与管理的理论和方法已经有了很大的发展。限于课堂教学的需要，本书未能全部展现质量工程与管理理论和方法的发展成果，对于有进一步需求的读者，建议可以深入研读相关的参考文献。

　　本书按规划设计 7 章。第 1 章质量工程导论，阐述了质量工程研究的基本知识，回顾了质量工程的发展，阐述了质量工程的主要任务及本书体系结构，包括市场质量研究、质量研发、质量设计、质量制造与控制、质量改进以及质量管理系统；第 2 章市场质量研究，介绍了市场研究的基本知识，对市场研究的质量问题和市场质量研究方法进行了比较全面的阐述；第 3 章质量研发，从新产品的定义出发，讨论了产品研发的意义、新产品研发方式以及产品研发过程中的质量管理问题，系统介绍了质量研发过程，阐述了产品质量研发的方法；第 4 章质量设计，讨论了质量设计和设计质量问题，陈述了质量设计的一般过程，重点介绍了质量功能展开、稳健设计法、TRIZ 方法等；第 5 章质量制造与控制，研讨了质量工艺过程、质量控制和质量控制方法，重点介绍了常用的质量检验、六西格玛管理、统计过程控制、过程能力分析以及传统的老七种工具；第 6 章质量改进，系统地对质量改进理论、可靠性和质量改进方法进行了阐述，给出了常用的零缺陷管理、质量成本管理、故障模式及影响分析，以及故障树分析等质量改进方法，并简要介绍了新七种工具；第 7 章质量管理体系，介绍了质量管理的基本概念，以及质量管理体系的概念、质量管理体系的建立和认证，并阐述了卓越绩效管理和质量奖的评审原则、评审标准和评审程序等内容。

　　本书的撰写过程参考了许多学者和专家的研究成果，在此一并表示衷心感谢！鉴于作者的视野和水平有限，书中难免存在许多不足，敬请各位读者不吝指正。

尤建新

2016 年 1 月于同济大学

目　　录

第1章 质量工程导论

本章目录

本章导读

质量工程是一门新兴的交叉学科，涉及企业管理、产品质量控制、产品设计与制造技术、现代测试技术、管理信息系统、数理统计等多个学科的内容。从产品质量研发到实现全过程看，质量工程又贯穿于产品整个生命周期。

本章简要介绍和分析了质量工程的基本理论，包括质量工程的相关基本概念，如质量的定义、质量的组成、产品质量、生命周期质量等，给出了质量工程的定义，阐述了质量工程研究的范畴和主要内容；回顾了质量工程的发展；明确了质量工程的主要任务，包括市场质量研究、质量研发、质量设计、质量制造与控制、质量改进以及质量管理系统，并给出了本书的体系结构以及不同章节间的内在联系。

1.1 质量工程概述

1.1.1 质量的定义

随着社会的发展和人民生活水平的提高，人们对产品的质量要求越来越高，对高品质商品的追求逐步成为主流。产品和服务质量的好坏，对企业的竞争力具有重要的影响，已成为企业生存和发展的重要影响因素。当前，不论是发达国家还是发展中国家，包括日本、美国以及欧盟在内的一些经济高度发达的国家和地区都高度重视产品和服务的质量。长期以来，国内制造业常用到的竞争方式是低成本，用越来越低的成本占领市场。然而，从中国游客到日本抢购电饭锅，再到内地人到香港地区大量采购奶粉可以发现，消费者对高品质产品的追求已经非常强烈。一方面，原来那种靠生产低成本，甚至粗制滥造产品来占领市场的做法已经过时了。另一方面，我国正处在体制转轨、社会转型和大规模国际化阶段，这一阶段是加速发展期、战略机遇期，同时也是矛盾凸显期和突发事件易发期。涉及产品质量方面的突发事件种类多、影响大、连发性强、损失重、处置难度大等是其显著特点。国家"十二五"规划明确提出要"加强企业技术改造，推行先进质量管理，提高产品质量和竞争能力"，"加快实施'走出去'战略，培育以技术、品牌、质量、服务为核心竞争力的新优势"。因此，产品和服务质量也是一个国家国民素质、整体经济和科技实力的集中体现；提高产品和服务质量不仅能够满足顾客期望和要求，而且对我国实施"走出去"战略、提高中国制造在国际市场的竞争能力具有重要意义。

关于质量，不少协会、组织及专家从不同角度进行了定义。以下是几种有代表性的"质量"定义。

1. 国际标准化组织的定义

国际标准化组织（International Standardization Organization，ISO）在其国际标准 ISO 9000：2008 中从顾客的角度给质量下了如下定义：质量是一组固有特性满足要求的程度。从该定义可以看出，固有特性、要求、程度是质量的要素。实体的固有特性必须尽可能满足要求，固有特性满足要求的程度越高，其质量水平越高；反之，质量水平越低。可以对该定义作如下详细解释。

（1）质量的研究对象是实体，实体是"可单独描述和研究的事物"。实体可以是产品，也可以是服务或过程，还可以是组织、系统或人，以及以上各项的任何组合。

（2）固有特性是指实体所特有的一组永久性的性质，它是产品、过程或系统的一部分，反映实体满足需求的能力。固有特性可以是固有的，也可以是赋予的。固有的是指某事或某物本来就有的，如螺栓的直径、机床主轴的最高转速或快递公司的送货时间等技术特性。赋予的是指完成产品后因不同要求对产品所附加的，如产品的价格、供货时间、运输方式和保修时间等特性。此外，固有特性和赋予特性是相对的。例如，供货时间及运输方式对硬件产品而言属于赋予特性，而对物流服务而言则属于固有特性。

（3）要求是指明确的、隐含的或必须履行的要求和期望。明确要求是指供需双方业务洽谈和签订合同过程中，用技术规范、质量标准、产品图样、技术要求加以明确规定的内容。隐含要求是组织、顾客或其他相关方的惯例或通常做法，所考虑的要求是人们公认的、不言而喻的，不必明确表达。例如，手机必须具有通话功能等。必须履行的要求是指法律规定的或有强制性标准的要求，如手机充电器的国家标准，产品在实现过程中必须执行这类标准。要求可以由不同的相关方提出，而不同的相关方对同一产品的要求可能是不相同的。此外，在许多情况下，要求是随着时间和环境而变化的，因此质量具有动态性。

（4）程度可以从等级和顾客满意度两方面来理解。等级是对功能相同的产品、过程或系统所作的不同质量要求的分类和分级，如飞机的头等舱与经济舱。在确定质量要求时，等级通常是规定的，而且必须在同一等级基础上作比较。例如，奥迪 Q7 不能与奇瑞 QQ 比较质量高低。顾客满意度是指顾客对其要求已被满足程度的感受或主观评价。顾客抱怨是满意程度低的最常见表达方式，但没有抱怨并不代表顾客很满意。即使规定的要求符合顾客的愿望并使顾客得到满足，也不一定确保顾客满意。例如，当大多数手机只能满足顾客打电话和发短信的基本要求时，一款具有拍照功能的手机则会提高顾客的满意度。

2. 日本质量专家田口玄一的定义

日本著名质量管理学家田口玄一（Genichi Taguchi）从社会损失的角度给质量的定义为：质量是产品上市后给社会造成的损失，但由产品功能本身产生的损失除外。根据田口玄一的定义，由于社会损失是可以计算的，质量是一种可量化度量的量。事实上，任何产品在使用过程中都会给社会造成一定的损失，造成损失越小的产品，其质量水平就越高。例如，在汽车产品的使用过程中，节油和污染小的汽车就是高质量的产品。

3. 美国质量专家朱兰的定义

美国著名的质量管理专家朱兰（Joseph M. Juran）20 世纪 60 年代从用户的角度给质量下了如下定义：质量就是适用性（Fitness for Use）。这一定义强调了产品或服务必须以满足用户的需求为目的。在这个意义上讲，质量是用户对一个产品（包括相关服务）满意程度的度量。也就是说，产品的质量水平应由用户（包括社会）给出，只要用户满意的产品，不管其特性值如何，就是高质量的产品。而没有用户购买的所谓的"高质量"的产品是毫无意义的。

4. 质量的组成

一般来讲，质量由四个部分组成：研发质量、设计质量、制造质量、服务质量。研发质量指的是产品的质量在多大程度上能满足顾客的要求；设计质量指的是其要求在设计中得以实现的程度；制造质量指的是在工序中完成的产品能在何种程度上符合设计标准；服务质量指的是产品交给顾客前后与产品有关的服务的质量。服务质量是能够应对各种顾客需求，就每位顾客的需求进行微调、安装、维修故障、补充耗材，当市场发现设计、制造的问题时，迅速、切实地处理顾客投诉的程度。

1.1.2　质量的相关概念

1. 产品质量

产品质量是指产品的固有特性能够满足人们需要的程度。任何产品都是为满足用户的使用需要而制造的。对于产品质量来说，不论是简单产品还是复杂产品，都应当用产品质量特性或特征描述。产品质量特性依产品的特点而异，表现的参数和指标也多种多样。就某一硬件产品而言，大致可以归纳为以下六个方面的特性。

（1）性能。它是产品为满足使用目的而需要具备的技术特性，如空调的制冷效果，机床的功率和加工精度，电视机的清晰度、用电量和外观等。

（2）可靠性。它反映了产品在规定的使用时间内和规定的使用条件下，完成规定任务的能力，如电视机的平均无故障工作时间、材料与零件的持久性和耐用性等。

（3）安全性。它反映了产品在储存、流通和使用过程中不会产生由质量不佳而导致的人员伤亡、财产损失和环境污染的能力，如冲压机的防护能力、电器的漏电保护性、汽车排放废气的控制等。

（4）适应性。它反映了产品适应外界环境变化的能力。这里所说的环境包括自然环境和社会环境，前者如振动与噪声、高温与高湿、电磁干扰等自然条件；后者如产品适应不同地区、不同顾客的需求的能力。

（5）经济性。它反映了产品整个生命周期的合理费用，具体表现在设计成本、制造成本、使用成本、报废后的回收处理费用上。经济性不但要求产品的生产成本低，还要使用户的使用成本低，以达到产品生命周期内总费用最低的目的。

（6）时间性。它反映了产品供货商满足顾客对产品交货期和交货数量要求的能力，以及满足顾客需要随时间变化的能力。产品的寿命也属于时间性的范畴。

2. 服务质量

服务是一种向消费者个人或组织提供的经济活动，服务旨在满足对方某种特定的需求。服务通常是无形的，是在与组织和顾客接触时完成的一项活动，如交通运输、电信、物流、金融、旅游、饮食、医疗、文化娱乐等服务产品。服务的特性包括不可接触性（但可感知）、生产与消费的同时性、质量的差异性、活动的易逝性（不可存储）等。

服务质量是服务活动的特性满足顾客要求的程度。服务质量往往取决于服务的技能、服务的态度和服务的及时性等服务者与消费者之间的行为关系。服务质量特性一般包含功能性、经济性、安全性、时间性、舒适性和文明性。不同的服务对各种特性要求的侧重点会有所不同。由于服务直接与人打交道，其质量很容易通过顾客满意度反映出来。

3. 过程质量

过程是将输入转化为输出的一组彼此相关的资源和活动。其中，资源可包括人员、设备、资金、设施、技术和方法等。制造产品或提供服务的各个活动和操作基本上都是过程，产品和服务是过程或活动的结果。

过程质量是指过程中的活动满足规定要求或潜在要求的程度。上述产品质量和服务质量都由过程或活动保证，过程中各项活动的质量决定了产品质量和服务质量。因此，企业为提高产品质量，就必须确定内部的各种相关过程和活动，并对其实施管理。一般情况下，从产品和服务的形成过程来说，过程质量包括研发过程质量、设计过程质量、制造过程质量、使用过程质量、服务过程质量和报废处理过程质量等。

4. 工作质量

工作质量一般是指企业员工在生产经营中各项工作（如管理工作和技术工作）对产品和服务质量的保证程度。工作质量涉及企业的各个部门和各级、各类人员，决定了产品质量和服务质量。工作质量主要取决于人的素质，包括质量意识、责任心、业务水平等。其中，最高管理者的工作质量起主导作用，一般管理层和执行层的工作质量起保证和落实作用。

工作质量能反映企业的组织、管理和技术等各项工作的水平。工作质量的显著特点之一是它不像产品和服务质量那样直观地表现在人们面前，而是体现在生产、技术和经营活动中，并通过产品和服务质量、工作效率、废品率等指标间接地反映出来，最终体现在产品质量和经济效益上。

5. 生命周期质量

产品的生命周期质量是指产品产生、形成、实现到报废的全过程的质量。在产品生命周期的各个阶段，都会有大量的质量活动。一个组织的质量活动非常强调系统性，强调在产品生命周期的各个阶段对质量不断进行改进。企业为了满足用户提出的质量要求，使产品具有适用性，就应根据产品特点、企业规模和生产方式，将质量形成的全过程划分为若干个阶段，明确每一个阶段的质量分目标，确定合理的工作程序，开展必要的质量活动，确保产品质量在其形成的全过程中均处于受控状态。

目前与生命周期质量相关的概念主要有质量螺旋、质量圈和质量环。它们对组织的质量管理和质量体系的建立具有指导作用。

（1）质量螺旋。质量螺旋是由美国质量管理专家朱兰提出的，它是用一条呈螺旋上升的曲线表示影响质量相互作用活动的概念模式。每完成一个质量循环，产品质量就有进一步的提高，产品质量是按螺旋方式上升的规律逐步完善和提高的，如图 1-1 所示。

（2）质量圈。质量圈是由瑞典质量管理专家桑德霍尔姆（Sandholm）提出的。它把产品质量形成的全过程划分成八个阶段，并把它们放在一个圈内，供应单位位于圈子的输入侧，用户位于圈子的输出侧，如图 1-2 所示。

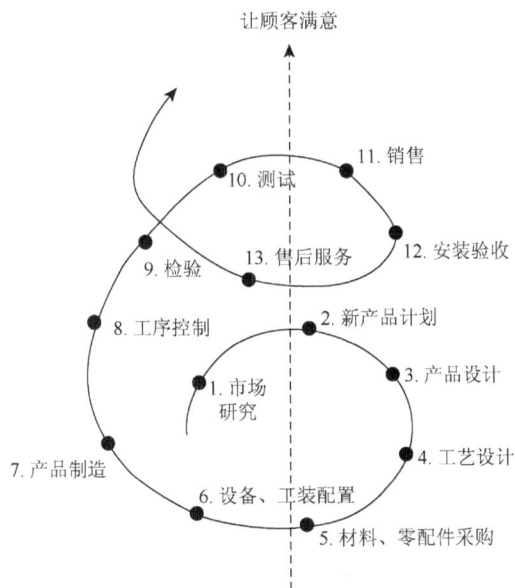

图 1-1　朱兰质量螺旋　　　　　　图 1-2　质量圈

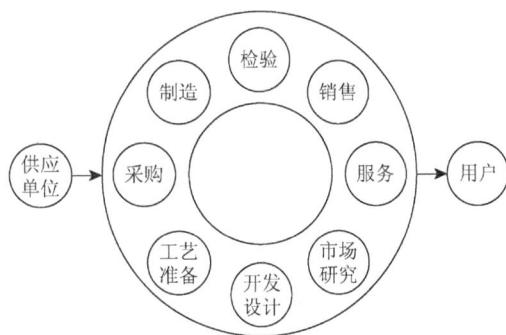

（3）质量环。ISO 在其 ISO 9000:1987 质量标准中把质量形成的全过程划分为十二个阶段，并用一个带有方向的圆圈表示，称为质量环，如图 1-3 所示。质量环是从认识市场需要到评定能否满足这些需要的各个阶段中，影响产品或服务质量的相互作用活动的理论模式。

从上述三种概念可以看出，质量螺旋主要强调质量的不断改进特性；质量圈侧重于企业内部的质量循环与外部的关系；质量环则从生命周期的角度论述质量活动的不间断性。

6. 质量文化

质量文化是指企业和社会在长期生产经营中自然形成的一系列有关质量问题的意识、规范、价值取向、行动准则、思维方式、风俗习惯、传统观念的软件的总和。质量文化的核心是质量理念、质量价值观和质量道德观，它直接影响着企业感知和获得质量的方式，它是由管理者造就的，管理者必须对它负责。

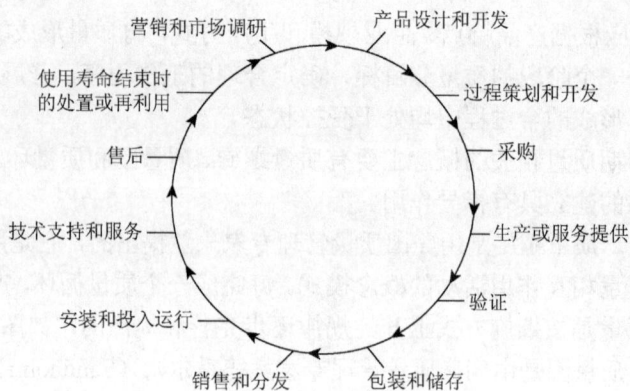

图 1-3　质量环

质量文化包括以下四个部分：

（1）质量物质文化。质量物质文化是产品和服务质量的外在表现，是质量工作环境以及产品研制生产的技术、设备现代化与文明程度的体现。

（2）质量行为文化。质量行为文化是单位员工的质量活动文化，包括质量管理活动、宣传教育活动、员工人际关系活动中所产生的文化现象。

（3）质量制度文化。质量制度文化是约束员工质量行为的规范文化，包括单位质量领导体系、质量组织机构、质量保证体系、质量标准和质量管理制度等。

（4）质量精神文化。质量精神文化是质量文化的核心文化，包括质量方针、质量目标、质量道德、质量价值观和质量行为准则等。

1.1.3　质量工程

1. 质量工程的定义

质量工程这一学术名词最初是 20 世纪 80 年代初期在技术发达国家流行的，如美国、英国、日本等。1978 年，美国国家标准学会/美国质量学会（ANSI/ASQ）对质量工程的定义为：质量工程是有关产品或服务的质量保证和质量控制的原理及其实践的一个工程的分支。上述定义是一个广义的质量工程定义，它不仅确定了质量工程的本质，而且还提出了质量工程的具体内容范围。1979 年，英国标准协会（BSI）对质量工程定义为：质量工程是在达到所需要的质量的过程中，适当的技术和技能的应用。这是狭义的质量工程定义。它认为质量工程主要是指产品开发、生产、销售全过程质量控制中所需要的技术和方法。1988 年，日本质量专家田口玄一在他的《开发、设计阶段的质量工程学》中把质量工程分为两部分：质量，特别是功能质量的评价方法；质量的改善方法。根据 ISO 9001 质量管理体系模式要求的内容，上述三个国家对质量工程的定义或多或少地存在不足之处。我国军工部门首先引进和推行质量工程，在国家军用标准中对质量工程的定义为：质量工程是把现代质量管理理论及其实践与现代科学和工程技术成果结合，以保证和改进产品质量为目标而开发、应用的技术和技能。

从产品质量产生到实现全过程看，质量工程又贯穿于产品整个生命周期。从实质上说，质量管理是一种质量活动，质量工程是实现质量活动的工程技术和方法；全面、正确地理解质量工程的概念,对研究和实施质量工程与管理具有非常重要的意义。显然,质量工程可以定义为采用工程的手段从事质量活动,它是组织和社会为保证满足顾客和社会对产品和服务质量的需求,而采取的一切相关活动的总和。

目前人们对质量管理与质量工程的认识有些模糊,有人把现代工程技术含量丰富的质量工作仍然称为质量管理,或把含有传统管理内涵的质量工作称为质量工程。作者认为,在质量方面,管理与工程并重,已经形成了一种以数理统计学、控制论、运筹学、工程技术学为工程基础的质量工程与管理。质量工程和质量管理在产品的质量实现过程方面往往很难进行严格的区分,所以本书即起源于此。本书重点研究产品的质量工程技术和方法与质量管理相结合,以确保产品质量,减少质量损失。

2. 质量工程问题

质量工程是系统工程,它不仅包括质量管理活动,也应包括面向产品全生命周期所涉及的技术方面的质量活动(如设计质量工程、制造质量工程、维护改进质量工程),同时还包括为保证质量而需要的质量管理体系与质量文化和法律政策环境。如图 1-4 所示是质量工程所包括的范畴与内容。

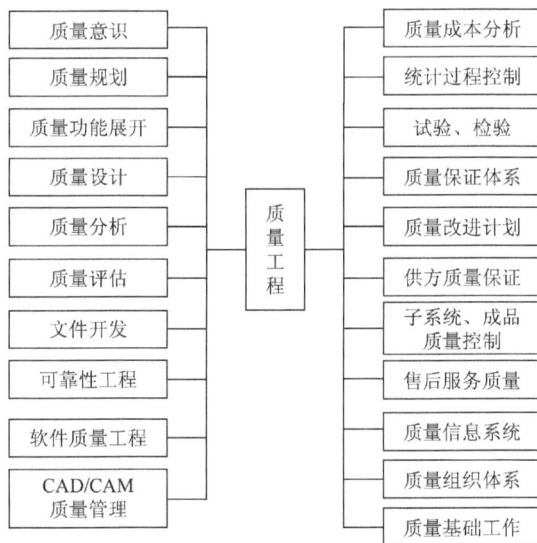

图 1-4　质量工程的范畴与内容

1.2　质量工程发展回顾

1.2.1　质量工程的发展阶段

质量管理源远流长,中国早在公元前 400 多年的春秋战国时期就有了质量管理的文献记载。但在 20 世纪之前,产品质量主要靠工匠的实际操作技能和经验,靠手摸、眼看等感官估计和简单的计量器具测量而定。工匠既是操作者又是质量检验和质量管理者,经验就是标准。20 世纪之后，机器工业生产取代了手工作坊生产，人类跨入了以加工机械化、经营规模化、资本垄断化为特征的工业化时代，质量工程的理论和实践取得了巨大的发展，这一时期的质量管理称为现代质量管理。

质量工程理论伴随着企业管理的实践而不断地丰富和完善，到现在已成为一门独立的学科。概括起来，质量工程的发展经历了质量检验、统计质量控制、全面质量管理、标准化质量管理和卓越质量管理五个阶段。

1. 质量检验阶段

20 世纪初的质量管理主要是通过质量检验完成的，即使用各种检测设备和仪器对产品百分之百地检验。1918 年前后，美国出现了以泰勒（F. W. Taylor）为代表的"科学管理"运动。泰勒总结了工业革命以来的经验，根据大工业管理的实践，总结了一套"科学管理"理论。他提出在管理人员和工人之间进行合理的科学分工，并将计划职能与执行职能分开，中间再加一个检验环节，以便监督、检查对计划、设计、产品标准等的贯彻执行情况。从而把检验人员从工人中分离出来，建立专职质量管理队伍，把质量检验职能从生产操作中独立出，形成了"检验员的质量管理"。从 20 世纪初到 40 年代，美国的工业企业普遍设置了集中管理的技术检验机构，这时的质量检验是在成品中挑出不合格品，以最终保证出厂的产品质量符合顾客要求。

这一阶段的专职质量检验对出厂产品的质量起到明显的保证作用，但其弱点也是很明显的。第一，专职检验属于事后把关，只能发现不合格品，不能在产品生产过程中起到预防和控制的作用。第二，百分之百的全数检验增加了成本，在大批量生产的情况下弊端更加突出。尤其是在需要进行破坏性检验和某些产品的质量特性不可能被全数检验的情况下，更难以保证产品质量。第三，没有发挥操作一线员工在质量中的积极性。第四，导致企业质量管理的相互扯皮、推诿和责任不清等现象，即质量标准制定部门、产品制造部门和质量检验部门各管一方，只强调相互制约，忽视了相互配合和协调的一面，缺乏系统的观念。

2. 统计质量控制阶段

生产规模的扩大和产品复杂度的提高，要求用更有效、更经济的方法解决质量问题，并要求事先防止成批废品的产生。在质量检验阶段，一些著名的统计学家和质量管理专家就开始注意到单纯质量检验的弱点，并设法运用数理统计学的原理解决实际质量问题。统计质量控制阶段的基本特点就是在产品生产过程中广泛采用抽样检验，并利用控制图对产品质量失控的情况报警，以便及时采取措施，预防不合格品的再次发生。

1924 年，美国贝尔实验室的工程师休哈特（W. A. Shewhart）提出了质量预防的概念，认为产品质量不是检验出来的，而是生产制造出来的。所以质量管理不仅要搞事后检验，还要在发现有废品生产的先兆时就进行分析改进，从而预防残次品的产生。休哈特将数理统计的方法应用到大规模产品质量管理中，并提出了表征工序能力的"±3σ 法"和控制图理论。控制图的提出象征着质量管理从单纯事后检验进入了检验加预防阶段。1931 年，休哈特将自己数年的研究成果整理出版《产品生产的质量经济控制》一书。同时期，贝尔实验室的另外两位工程师道奇（H. F. Dodge）和罗米格（H. G. Romig）共同研究破坏性检验的科学方法，提出了"抽样检验表"和抽样检验方案。因此，休哈特、道奇和罗米格三人是统计质量控制理论的奠基人，开创了质量管理的新篇章。

从 20 世纪 40 年代开始，统计质量控制方法被美国国防部强制各军工生产企业执行，并制定了战时国防标准《质量控制指南》《数据分析用的控制图法》《生产中质量管理用控制图法》，使军品质量明显提高，有力地推进了数理统计方法的应用。第二次世界大战结束后，由于采用统计质量控制方法给企业带来巨额利润，那些战时参与军工生产的公司在战后转入民用品生产后，仍继续采用这种方法，以降低生产成本，保证产品质量。后来，通过国际统计学会等国际组织的工作，统计质量管理方法也逐渐被其他国家所采用，并产生了很大的经济效益，其中收效最大的是日本。另外，日本结合本国的实际情况，在数理统计方法的大众化、简单化和普及化等方面做了大量的工作，归纳出一套简便易行的质量管理工具，促进了质量工程的普及和发展，也帮助日本的一些产品成为世界名牌。

但是，统计质量管理也存在一些缺陷，它过分强调了数理统计方法，忽视了组织管理和人的积极作用，使人们误认为质量管理就是统计方法，是统计专家的事情。在计算机和数理统计软件应用不广泛的情况下，使许多人感到统计质量管理高不可攀、难度很大。此外，统计质量控制着重于应用数理统计方法控制生产过程的质量，预防废品的产生，保证产品质量。但产品质量的形成过程不仅与生产过程密切相关，还与其他一些过程、环节和因素密切相关，不是单纯应用统计质量控制方法所能解决的。

3. 全面质量管理阶段

20 世纪 50 年代以来，随着科学技术和工业生产的发展，对质量的要求越来越高。要求人们运用"系统工程"的概念，把质量问题作为一个有机整体加以综合分析研究，实施全员、全过程、全企业的管理。60 年代在管理理论上出现了"行为科学"学派，主张调动人的积极性，注重人在管理中的作用。随着市场竞争，尤其是国际市场竞争的加剧，各国企业都很重视"产品责任"和"质量保证"问题，加强内部质量管理，确保所生产的产品安全、可靠。在上述背景条件下，仅仅依赖质量检验和运用统计方法实施生产过程的控制已难以保证和提高产品的质量，也不能满足社会进步的要求。

全面质量管理（Total Quality Management，TQM）的概念是由美国通用电气公司质量总经理费根鲍姆（A. V. Feigenbaum）首先提出来的。1961 年，费根鲍姆正式出版了《全面质量管理》一书，对全面质量管理的概念进行了系统的阐述。书中指出：全面质量管理是为了能够在最经济的水平上，在考虑到充分满足用户要求的条件下进行市场研究、设计、生产和服务，把企业各部门的研制质量、维持质量和提高质量的活动构成一体的有效体系。

全面质量管理的核心思想是在一个企业内各部门中作出质量发展、质量保持、质量改进计划，从而以最经济的方式进行生产与服务，使用户或消费者获得最大的满意。从费根鲍姆提出全面质量管理的概念开始，世界各国对它进行了全面、深入的研究，并在实践中得到丰富和发展，形成了一套完整的理论、技术和方法。例如，日本引进了美国的质量管理方法后，强调从总经理、技术人员、管理人员到工人，全体人员都参与质量管理。企业对全体职工分层次地进行质量管理知识的教育培训，广泛开展群众性质量管理小组活动，并创造了一些通俗易懂、便于群众参与的管理方法，为全面质量管理充实了大量新内容。质量管理的手段也不再局限于数理统计，而是全面地运用各种管理技术和方法，特别是控制图、分层法、调查表、排列图、因果图、直方图、散布图，称为老七种工具，普遍用于质量改进。

20世纪70年代，全面质量管理使日本企业的竞争力获得极大提高，轿车、工程机械、电视机、手表等机电产品占领了大批国际市场，促进了日本经济的复兴。日本质量革命的成功，使全面质量管理理论和方法在世界范围产生了巨大影响。

4. 标准化质量管理阶段

随着国际社会的进步、全球经济一体化和市场化的发展，国际贸易需要遵循世界一致的质量管理标准，以便使区域之间、国家之间、组织之间，甚至人与人之间的贸易与合作具有相互信任的客观基础。同时，提供产品的组织希望能够采用一种有效的、国际一致的方法，在更广的范围证实自己的能力。1979年，英国制定了国家质量管理标准BS 5750，将军方的质量保证方法引入民用市场经济环境，这说明质量保证标准不仅对军工企业有用，而且对整个工业界产生了重大影响。与此同时，质量管理和质量保证标准化技术委员会（ISO/TC 176）宣告成立，负责制定世界通用的质量管理和质量保证标准。ISO/TC 176组织了15个国家的100余位质量管理方面的专家学者，在信息论、控制论和系统论的指导下，通过研究英国标准BS 5750等一些国家标准，综合考虑世界各国的需要和发展的不平衡，总结世界上许多成功企业的经验，历时数年，于1987年正式发布了国际通用的ISO 9000族标准。ISO 9000族标准是自ISO成立以来向全世界发布的第一项管理类标准。ISO 9000族标准满足了世界范围内在生产、交流和合作方面对通用质量管理标准的要求，顺应了世界贸易向着有严格规定的约束机制方向发展的历史潮流。因此，ISO 9000族标准自颁布开始，就得到了世界范围广泛的响应。随后，以ISO 9000族质量管理标准为基础诞生了航空企业行业、卫生行业、食品行业、汽车行业、铁路行业质量体系标准，标准化认证工作遍布全球。

在质量管理的标准化阶段，企业进行质量管理主要包括以下工作：标准系统的建立，标准的制定、修改或废除，统计方法的运用，技术的积累，标准的运用等。

5. 卓越质量管理阶段

卓越质量以国家质量奖为标志，以六西格玛为特征，是对广义质量的追求。20世纪80年代，菲利普·克罗斯比（Philip B. Crosby）提出了"零缺陷"的概念。他指出，"质量是免费的"，突破了传统上认为高质量是以高成本为代价的观念，论证了高质量将给企业带来高的经济回报。随着经济全球化和信息革命的迅猛发展，国内外市场进一步融合，竞争日益加剧，为了应对新的形势，许多国家设立质量奖，引导和帮助企业提高竞争力，从而更好地满足顾客的需求。目前，世界上已有80多个国家和地区组织设立了质量奖，如日本戴明奖、美国波多里奇奖、欧洲质量奖、中国国家质量奖等。日本在1951年就设立了著名的戴明奖；美国作为世界上发达的资本主义国家在1987年就按照《1987年马尔科姆·波多里奇国家质量提高法》设立了政府质量奖，同时制定了卓越绩效模式标准作为美国国家质量奖的评价依据。波多里奇国家质量奖标准在提高组织业绩、改进组织整体效率、促进美国所有组织相互交流并分享最佳经营管理实践、为组织带来市场成功等方面发挥了重要作用。紧随美国之后，欧洲、加拿大、新加坡等国家和地区也先后设立了质量奖。质量奖的设立为这些国家和地区提高了质量水平，质量管理不仅引入生产企业，还引入服务业，甚至医院、政府机关和学校，越来越多的组织高层领导开始关注质量管理与质量工程。

　　20 世纪 90 年代以来，伴随着 ISO 9000 族标准的发展、版本更新，新的质量理念和质量工程方法也不断涌现。世界先进国家已经广泛应用计算机技术、信息技术和控制技术等进行质量策划、监测、控制、改进等。例如，利用信息技术和网络技术监督现场服务质量、监视储存产品质量、在线控制生产线运行、在线检测产品质量、计算机辅助统计过程控制等质量工程技术的成果越来越多。数字化质量管理意味着采用信息技术管理与控制质量形成的全过程，并能够实现质量管理系统与企业其他信息系统的集成，从而加快了质量信息的处理速度和质量，实现了质量信息资源的共享与重用，对质量持续改善提供了有力支持。

1.2.2　我国质量工程的发展概况

　　1949～1977 年，我国的质量管理基本上处于质量检验阶段。20 世纪 50 年代，我国主要是向苏联学习，在引进和建设重点项目时，也引进了一套以检验为主的质量控制体制。从 60 年代起，我国曾开始在个别企业推广使用数理统计方法进行质量管理，并取得了一些成绩，但应用不普遍。1978 年，以北京内燃机总厂为试点，机械工业系统开始推行全面质量管理，取得了初步成效，并于 1978 年开始了第一次"质量月"活动。有着"中国质量之父"之称的刘源张院士，当时是中国科学院系统科学研究所的副研究员，在北京内燃机总厂建立了我国第一个质量控制小组，为推广全面质量管理作出了突出贡献。1979 年，全国性质量管理群众团体——中国质量协会成立。1981 年，成立了全国统计方法应用标准化技术委员会，并开发建立数理统计方法标准体系。1985 年，原国家经济委员会颁布了《工业企业全面质量管理办法》，大大加快了推行全面质量管理的步伐，并取得了明显的经济效益。

　　改革开放以来，我国的产品质量总体水平稳中有升，但是仍存在着许多问题，如低档次产品多、生产浪费惊人、假冒伪劣现象屡禁不止、消费者投诉率居高不下、产品质量抽检合格率低等。为此，我国先后采取了许多质量保证和质量监督措施。1979 年，我国发布《中华人民共和国优质产品奖励条例》，这是一项持久性开展提高产品质量活动的重要措施。1985 年，我国又开始了对产品质量的监督抽查活动。1987 年，原国家经济委员会发出了《关于在工业企业中推行"质量否决权"的通知》。1992 年，我国开展了"中国质量万里行"活动。1996 年，国务院颁布实施《质量振兴纲要（1996～2010 年）》。1999 年召开了全国质量工作会议，会后发布了《国务院关于进一步加强产品质量工作若干问题的决定》。2000 年，新修订的《中华人民共和国产品质量法》颁布实施，这从根本上提高了我国主要产业的整体素质和企业的质量管理水平。

为了参与国际竞争，原国家技术监督局于 1992 年决定等同采用质量管理和质量保证国际标准，颁布了 GB/T 19000—ISO 9000 族标准。2000 年颁布了 GB/T 19000 族标准，等同采用 2000 版 ISO 9000 族标准，2008 年国家质量监督检验检疫总局和国家标准化管理委员会将其升级为 GB/T 19000—2008。与此同时，为了制止企业和个体经营者的不正当竞争行为，减少质量事故的发生，保护消费者的利益，我国还制定了一系列质量法律和法规，如《中华人民共和国消费者权益保护法》《中华人民共和国反不正当竞争法》《中华人民共和国标准化法》等，推行并逐步完善我国的质量认证认可制度，建立了一个完整的质量认证体系。2003 年 9 月，国务院公布了《中华人民共和国认证认可条例》，成立了中国国家认证认可监督管理委员会和国家标准化管理委员会。

为引导更多的企业追求卓越，提升我国企业的国际竞争力，2004 年我国制定并发布了《卓越绩效评价准则》和《卓越绩效评价准则实施指南》国家标准。标志着我国质量管理工作经过全面质量管理控制，进入了一个进一步与国际接轨和提升国际竞争力的新阶段。中国质量协会于 2001 年启动了全国质量管理奖，评出了宝钢、海尔、上海大众汽车等若干家具有国际竞争力的企业，树立了我国追求卓越的企业典范，引导了我国企业学习、实践"卓越绩效模式"的标准。事实证明，这一标准对于促使我国企业适应经济全球化和建立市场经济体制，以及转变观念和运作模式，提升竞争力有着非常积极的作用。

1.3 质量工程的主要任务及本书体系结构

1.3.1 质量工程的主要任务

产品的质量是一个逐步形成的过程，也是一项复杂的系统工程。从产品质量形成的过程来看，质量工程的主要任务包括市场质量研究、质量研发、质量设计、质量制造与控制、质量改进以及为上述阶段提供支持的质量管理系统。

1. 市场质量研究

21 世纪的市场是动态多变的，顾客的需求是多种多样的，因此，如何及时准确地获得顾客的需求是产品质量形成的关键。市场质量研究的主要内容有研究消费者在需要、行为与态度方面的差异，选择目标消费群体；识别和确定产品及其质量特性需求和期望需求，确定产品功能、性能、可靠性等要求；通过良好的售后服务建立融洽的企业与顾客以及渠道关系；跟踪研究顾客对产品或服务的满意程度，并依此设定改进目标，赢得顾客满意。

市场质量研究的主要方法有顾客需求调查法、顾客满意度调查法、顾客满意度测评等。

2. 质量研发

质量研发是组织为使策划、开发的产品、服务满足顾客需求所开展的活动，以及为解决和预防设计、开发带来的市场及组织内质量问题所开展的活动。其主要内容有定义新产品的概念，确定新产品的分类及开发方式，进行新产品构思；提出新产品概念方案，制定新产品投放市场营销策略，进行商业分析产品；将产品概念转变成为实体产品，制订市场营销方案，进行产品商业化，包括选择投放时间、目标市场、目标顾客群，以及产品的再设计等。

质量研发阶段的主要工具包括并行工程、价值工程等。

3. 质量设计

质量设计是指设计出符合各项质量要求的产品，最终通过设计图和技术文件的质量体现出来。其主要内容有根据需求和期望，开展质量设计和对设计过程的质量管理，包括系统概要设计和详细设计。在概要设计中，要建立系统整体结构，进行模块划分，根据要求确定接口。在详细设计中，要建立算法、数据结构和流程图。

质量设计的主要方法包括质量功能展开、稳健设计法（田口方法）、TRIZ 方法、公理化设计、先期策划与控制计划法、试验设计等。

4. 质量制造与控制

质量制造是按设计要求，实际制造出来的产品的质量。制造质量要通过对制造过程各因素的严格控制来保证。其主要内容是根据设计要求和产品规范，从确保产品质量特性符合设计要求到最终符合顾客要求、法规要求和组织自身要求，规定生产过程能力并监控生产过程，使生产过程处于受控状态。制造阶段的质量控制称为"符合性"质量控制，其目的是使零部件和产品的制造质量符合设计提出的要求。质量控制是将实施结果与事先确定的质量标准进行比较，找出存在的偏差，并分析形成偏差的原因。

质量制造与控制过程用到的方法包括质量检验、六西格玛管理、统计过程控制、过程能力分析等。

5. 质量改进

质量改进是指为本组织及顾客提供更多的收益，在整个组织内所采取的旨在提高活动和过程的效益与效率的各种措施。它是通过采取各项有效措施提高产品、体系或过程满足质量要求的能力，使质量达到一个新的水平、新的高度。为了使质量改进工作取得成效，必须以客观的数据资料为基础，运用数理统计的方法，整理分析有关资料，制定相应的措施，同时，应有计划地对人员进行培训，不断提高人员的素质，使他们能正确地使用有关的工具和技术，有助于质量改进活动的成功。

质量改进常用的方法包括故障模式及影响分析、故障树分析、零缺陷管理、质量成本管理等。

6. 质量管理系统

面对激烈的市场竞争，产品质量的保证仅靠技术上的保证是远远不够的，还必须依靠先进的质量管理方式、质量管理理念，以及建立起质量标准及质量标准体系。质量管理是企业为了保证和提高产品与服务质量而开展的各项管理活动的总称。质量管理体系的建立包括质量管理体系策划与设计、质量管理体系文件编制、质量管理体系的试运行、质量管理体系的改进与完善等阶段。

该部分的主要内容包括质量管理的概念、质量管理基本原则、全面质量管理、质量管

看不见的日本制造，无时无刻不在影响你的生活

日本的 8 大电子企业（索尼、日立、松下、东芝、富士通、NEC、夏普、三菱）在经营上困难重重、风光不再。很多中国人借此认为，日本曾经引以为傲的制造业已经没落。然而，日本消费电子企业的苦日子并不代表日本制造业整体的没落。我们能看见的，是中国人大规模地赴日扫货；而看不见的日本制造，更是无时无刻影响着你的生活。

例如，《经济学人》就曾经统计过，大约 75% 的电脑硬盘驱动器电机是由日本电产制造的；90% 的调整汽车后视镜的微型电机是由万宝至公司生产的。还有一些公司的产品并不直接面向消费者，而是作为生产工具供应行业内的下游产业，例如，用于制造液晶显示屏的蚀刻器，80% 由东京电子生产；电脑芯片中硅片的外包装，60% 由 Covalent 公司生产。

日本制造的匠人精神

已经说了这么多，日本制造这么好、那么好，日本制造是如何达到这个标准的呢？日本企业有着优秀的研发能力。据欧盟委员会 2014 年 12 月发布的一份调研报告，2013 年全球研发投入最多的 2500 家企业中，日本企业的数量（387 家）远远多于中国企业（199 家）。

独特的"匠人文化"。在日本，只要专注、踏实地做好一件物品，哪怕只是一枚螺丝钉，也能获得成功。在日本，如果你称为匠人，就意味着极大的尊重，因为这是对人格的一种肯定。只有在一个行业内非常专注、做得出类拔萃的人，才能称为"匠人"。

正是这种匠人精神，才能打造出独一无二的日本制造，对细节的执著，让他们对品质的追求没有终点。

（资料来源：国人日本游抢购电饭锅马桶盖 日本制造魅力何在. 网易旅游综合，2015-02-12. http://travel.163.com/15/0212/09/AI895QR300063KE8_all.html.）

根据案例讨论下列问题

（1）为何日本的电饭锅、马桶盖如此热卖？

（2）日本制造的核心是什么？

（3）日本制造的匠人精神对我国制造企业有什么启示？

复习思考题

1. 什么是质量？如何理解质量定义中相关要素的含义？

2. 什么是工作质量？产品质量、过程质量与工作质量有何关系？

3. 什么是生命周期质量？质量螺旋、质量圈和质量环有何异同？

4. 什么是质量工程？质量工程的问题包括哪些？

5. 质量工程包括哪些发展阶段？各个阶段各有什么显著特征？

6. 质量工程的主要任务有哪些？画出本书结构图，说明各章之间的联系。

7. 结合生活中的实际案例简单叙述你对质量及其重要性的理解。

8. 你对 20 世纪 50～70 年代日本的质量管理及其所带来的业绩有什么想法？我国的质量工程与管理存在什么关键问题，你认为该如何突破？

第 2 章　市场质量研究

本章目录

本章导读

　　质量始于市场又终于市场。市场是企业各项生产经营活动的出发点和归宿。企业能否生产出满足用户需求的产品，能否及时获得用户的反馈信息对产品进行改进，能否不断提高市场竞争力，都取决于市场质量研究的能力和水平。

　　本章全面阐述了市场研究的基本知识、市场研究的质量问题和市场质量研究方法。首先阐述市场研究的定义、分类、作用及市场研究框架，并给出了市场研究的过程；其次，论述了市场研究中的质量问题，包括市场调研质量、营销质量和服务质量，归纳了市场质量研究的两个主要内容，即顾客需求分析和顾客满意管理；最后，给出了常用的市场质量研究方法和技术，如顾客需求调查方法和顾客满意度调查方法等。

2.1　市场研究概述

　　市场是将特定商品或服务的供求关系结合在一起的一种经济体制。一个市场由消费者、供应商、分销渠道、价格机制和影响交易的机制组成。例如，饮料市场由饮料制造商、制瓶商、经销商、零售商和消费者组成。一般来讲，市场包含三个主要因素：市场内消费者组成；消费者必须是有购买力的；消费者愿意花钱去购买。市场研究是企业了解市场和把握顾客的重要手段，是辅助企业决策的重要工具，其主要功能是收集正确的市场信息，并传递给企业的决策者。

2.1.1　市场研究的定义

　　美国市场营销协会（American Marketing Association，AMA）对市场研究的定义是：市场研究（Marketing Research）是将消费者、顾客及公众与生产商通过信息而联系起来的桥梁。其信息是用来：识别、定义市场机会和市场问题；产生、改进和评估市场营销活动；监测市场营销的表现；提高对市场营销过程的理解。从实用角度出发，市场研究可以界定为：运用科学的方法，系统地收集和分析产品或服务从制造商到消费者移动过程中的相关信息，以帮助企业管理人员解决营销和生产管理决策的问题。

由上面的定义可知，市场研究本身不是目的，而是一种管理手段，其任务就是为管理层提供进行市场营销和生产决策所需要的数据和信息。市场研究包括三个广泛的领域：市场分析，提供有关市场方面的信息；产品研究，提供产品特性和对产品喜好程度方面的信息；消费者研究，提供消费者需求和消费动机方面的信息。

2.1.2　市场研究的分类

市场研究分为连续性研究和专项研究两类。所谓连续性研究是指对某一营销管理问题定期开展连续性的数据收集并加以分析。常用的连续性研究有电视收视率调查、媒体监视研究、零售普查和零售稽核、家庭购买固定样本调查、广告跟踪研究、消费者跟踪研究六种。要进行前面四种连续性研究需要很高的花费，通常一个企业很难负担得起。一般由专业市场研究公司自行投资，将所收集的信息制成定期出版的报告，然后向企业销售。至于广告跟踪研究和消费者跟踪研究，一般由企业委托专业市场研究公司进行，主要用于追踪企业的市场营销活动的执行情况，为营销决策的实施和调整提供依据。

所谓专项研究是指企业为解决某一具体的营销管理问题而委托专业市场研究公司进行的研究项目。它分为定量研究和定性研究两种。定量研究是指可以提供事实、意见、行为的数量性信息的研究。它的主要功能在于解答消费者行为"是由谁发生的""是什么""有多少""何时何地"等问题。例如，有多少消费者使用甲产品，有多少消费者使用乙产品；A品牌的市场占有率有多大，B品牌的市场占有率有多大？

定性研究是针对经过筛选的较小的消费者群组的一种研究方法，这种研究不是通过统计学手段，而是通过研究者的经验、感觉和相关技术洞察消费者日常生活中的行为和动机以及由此而产生的对品牌和服务的影响。定性研究是发掘消费者动机、态度和决策过程的研究，它的功能集中于解答"是什么"背后的"为什么"和"如何"的问题。例如，为什么某些消费者购买甲产品而不购买乙产品？为什么某些消费者喜欢A品牌而不喜欢B品牌？在定性研究中，每个消费者都是有需要、欲望和动机的个体，而不仅仅是市场的一个构成单元。驱使消费者购买商品的动机不仅仅是那些基于理性的对产品功能上的需要，定性研究能挖掘出表面因素背后的动机。当市场上相似的产品越来越多时，情感因素（如品牌和服务等）替代理性因素成为触发消费者购买的原因。而定性研究是用来分析这类情感因素的最佳方法。

2.1.3　市场研究的作用

经济全球化发展为企业提供了新的拓展空间，同时又使得企业面对更多的不确定因素，增加了决策的风险。而市场研究的任务就是为管理和决策部门提供相关、准确、可靠、有效和即时的信息，减少企业市场营销、生产决策时的不确定性，降低决策错误的风险，协助决策部门制定有效的生产和市场营销决策。市场研究主要在以下几个方面发挥作用。

（1）通过了解分析市场信息，可以避免公司在制定营销策略时发生错误，也可以帮助营销决策者了解当前营销策略并判断营销活动的得失，以作适当建议。

只有实际了解市场的情况才能做到有针对性地制定市场营销策略和公司经营发展策略。通常要了解的情况和考虑的问题是多方面的，例如，本公司产品在市场上销售状况如何？如何掌握产品的销售价格？怎样组织产品推销？等等。这些问题都只有通过具体的市场研究才可以得到具体的答复，而且只有通过市场研究得来的具体答案才能作为公司决策的依据。

（2）市场研究提供正确的市场信息，从中可以了解市场可能的变化趋势及消费者潜在的购买动机和需求，有助于营销者识别最有利可图的市场机会，为公司提供发展的新契机。

市场竞争日益激烈化，并不断地发生变化。促使市场发生变化的原因有很多，如产品、价格、广告等市场因素和有关政治、经济、文化等市场环境因素。公司为适应这种变化，只有通过广泛的市场研究，及时地了解各种市场因素和市场环境因素的变化，从而有针对性地采取措施，通过对市场因素如价格、产品结构和广告等的调整，应对市场竞争。对于公司来说，能否及时了解市场变化情况，并适时、适当地采取应变措施，是公司能否取胜的关键。

（3）市场研究有助于了解当前相关行业的发展状况和技术经验，为改进公司的经营活动提供信息。

当今世界，科技发展迅速，新发明、新创造、新技术和新产品层出不穷、日新月异。这种技术进步自然会在商品市场上以产品的形式反映出来。通过市场研究，可以得到有助于及时地了解市场动态和科技信息资料，为公司提供最新的市场信息和技术信息，以便更好地学习和汲取同行业的先进经验和最新技术，改进公司的生产技术，提高员工的技术水平，提高公司的管理水平，从而提高产品的质量，加速产品的更新换代，增强产品和公司的竞争力，保障公司的生存和发展。

（4）市场研究是整体宣传策略的需要，为公司市场地位和产品宣传等提供信息和支持。

市场宣传推广需要了解各种信息的传播渠道和传播机制，以寻找合适的宣传推广载体、方式及详细的营销计划，这也需要市场研究解决，特别是在高速变化的环境中，过去的经验只能减少犯错误的机会，现实更需要实时的信息更新保证宣传推广的到位。通常在市场宣传推广时还需要引用强力机构的市场信息支持，如在消费者认同度、品牌知名度、消费者满意度和市场份额等各方面提供优势信息以满足进一步的需要。

（5）通过市场研究所获得的资料，除了可供了解目前市场的情况，还可以对市场变化趋势进行预测，从而可以提前对公司的整体策略作出计划和安排，充分地利用市场的变化，从中谋求利益。

2.1.4 市场研究框架

一个新产品从开发出来到上市成功，必须植根于对消费者需要的深刻洞察，这取决于六大要素，如图 2-1 所示。这些要素可以概述如下。

（1）了解消费者需要：通过研究消费者在需要、行为与态度方面的差异，选择合适的目标消费群体，并深刻洞悉该群体尚未被满足的需要和需求的特点。

（2）产品开发：根据目标消费群体的需求特征，确定产品概念、产品属性组合、包装、品牌名称和价格。

（3）品牌定位：根据目标消费群体的需求特征，确定品牌的核心价值、情感和功能诉求。

（4）渠道管理：选择合适的分销渠道，并给予相应的营销支持。

（5）广告与沟通：通过合适的媒体向消费者有效地传递品牌理念和产品卖点。

（6）顾客关系管理：通过良好的售后服务建立融洽的企业与顾客以及渠道关系。

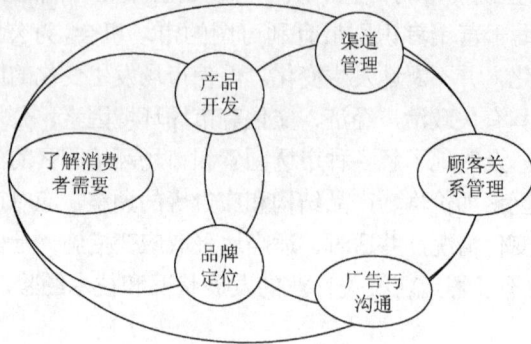

图 2-1   市场营销框架

图 2-2 是按照上述市场营销框架给出的企业在新产品开发中所需经历的各个阶段，以及每个阶段中所需进行的市场研究项目。

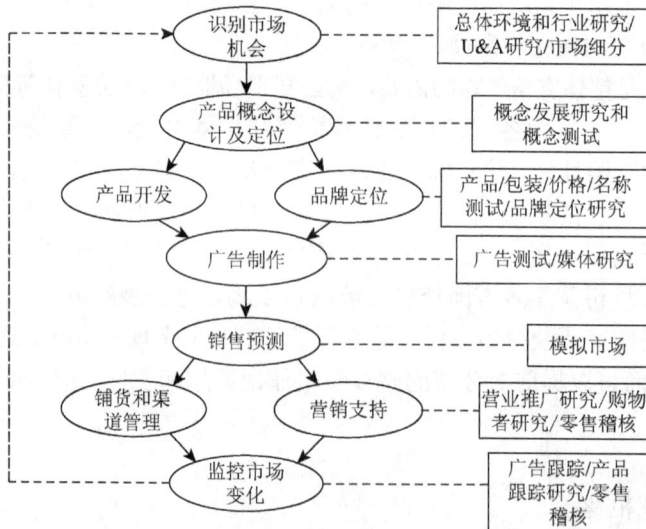

图 2-2   市场研究项目

（1）在识别市场机会阶段，企业需要运用第二手资料对外在总体环境和行业进行研究，并通过定性和定量的方法对市场规模，产品渗透率，消费者内在需要、行为与态度方面的差异性及品牌的优劣势进行分析，选择合适的目标消费群体，并深刻洞悉该群体尚未被满足的需要和需求的特点。

（2）在产品概念设计及产品定位阶段，市场研究可以运用概念创意和概念发展研究设定产品概念，并对设定好的概念进行定量、定性的概念测试，以帮助企业修改和充实产品概念。

（3）在产品开发阶段，企业应运用产品发展研究确定最优的产品属性组合，并运用产品测试衡量新产品被接受的程度以及必须改良之处，此外还需要运用包装研究、品牌名称测试、价格研究确定产品的包装、品牌名称和价格。

（4）在品牌定位阶段，市场研究可以运用品牌定位研究确定品牌定位。

（5）在广告制作阶段，市场研究可以通过广告概念测试、广告事前测试了解目标消费者对广告诉求的理解以及广告片在创造广告品牌形象方面的能力。此外还应运用媒体研究确定广告的投放计划。

（6）在产品上市之前，企业应采用模拟市场测试或小型市场测试对新产品的销售量进行预测。

（7）在产品上市时，市场研究可以通过营业推广研究、购物者研究和零售稽核选择合适的分销渠道，并给予相应的营销支持。

（8）产品上市后企业要通过良好的售后服务建立融洽的顾客以及渠道关系。市场研究中可以通过购物者研究和顾客满意度研究达到这个目的。此外企业还可以用广告跟踪研究测试广告是否达到预期的目标，并运用产品跟踪研究、零售稽核了解顾客的满意度和消费者对品牌的印象，评价营销计划的执行情况以及判断已制订的营销计划是否需要调整。

2.1.5 市场研究的过程

市场研究是一个过程，它包括对初始问题的分析、研究目标和研究方法的确定、资料的收集和分析，直至报告完成的一系列步骤。市场研究过程一般包括下面几个主要阶段：确定研究方向，进行研究设计，执行研究。每个阶段又由若干研究步骤组成，所有这些步骤按顺序组合起来就形成了如图 2-3 所示的市场研究的过程。

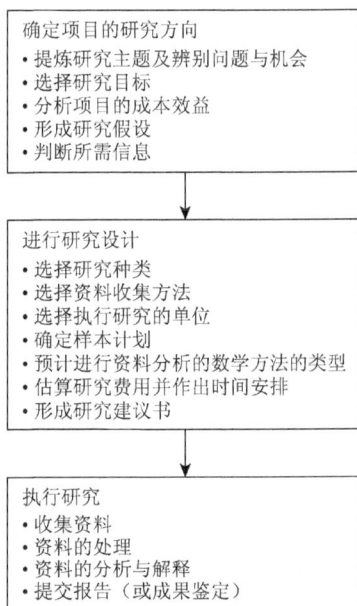

图 2-3　市场研究过程

1. 确定项目的研究方向

研究方向的确定是开展市场研究工作最重要的一个环节,准确地定义研究问题和研究目标是成功的关键,这需要研究人员与市场研究使用者进行深入的沟通与交流。市场研究项目常常是由某种问题或契机所引起的。例如,某产品在某地区或某段时间的销量呈下降趋势,因此需要针对这一问题采取全面有效的对策。又如,由于企业常规性决策,需要不断地对市场及顾客进行调查。类似这样的问题或契机常是市场研究的初始原因。但这样的问题本身并不一定构成市场研究的主题,还需要对问题进行分析和初步研究。因此,在进行正规的项目设计之前要认真地确定研究方向。

2. 研究设计

市场研究的第二阶段就要制订一个收集所需信息的最有效的调研计划,或称为研究设计。研究设计就是研究人员为取得所需资料采用的方法、程序和成本预算的详细计划。在制订研究设计的过程中要作出很多相互联系的决策。一般来说,研究计划书应包括以下内容:研究类型的选择,即决定需要什么类型的信息;资料收集手段的选择,即是使用电话访问、邮寄问卷,还是使用个人访问方式收集资料;样本的选择及研究预算和时间安排的确定等。资料的来源多种多样,有时甚至会出现同一性质的资料有两个以上来源的情况,这就需要从优选择。实际调查的方式方法也多种多样,每种方法都有一定的优缺点及前提条件,应根据所需资料的性质、精确程度、时间和费用等决定。

3. 执行研究

在研究设计工作完成以后,就要把研究计划付诸实施,这包括收集资料,进行处理、分析、解释,然后提交报告。收集资料的第一步就是对所有第二手资料的来源作一个全面的搜寻,找到能帮助达到项目目标的任何有用信息。一旦找到这些现存的资料并经过分析,研究者就可以决定是否要获得原始资料,以及需要什么样的原始资料。所收集到的第二手资料与原始资料必须经过适当处理才能进行分析。资料一旦经过处理,分析与解释阶段就可以开始。分析是指解剖所获的资料,而解释则是把分析过的资料综合起来。

对获得的信息和资料进行信息处理和统计分析,提出相应的建议和对策是市场研究的根本目的。市场研究人员需以客观的态度和科学的方法进行细致的统计和计算,以获得高度概括性的市场动向指标,并对这些指标进行横向和纵向的比较、分析和预测,以揭示市场发展的现状和趋势。市场研究的最后阶段是根据比较、分析和预测结果写出书面研究报告。一般分专题报告和全面报告,阐明针对既定目标所获结果,以及建立在这种结果基础上的经营思路、可供选择的行动方案和今后进一步探索的重点。

2.2 市场研究的质量问题

2.2.1 市场研究的质量问题概述

朱兰的质量螺旋始于市场研究,终于售后服务。市场是企业各项生产经营活动的出发点和归宿。企业能否生产出适销对路的产品以满足用户的需要，能否及时获得用户的反馈信息以对产品进行改进，能否不断提高市场竞争力，能否为用户提供满意的售后服务，都取决于市场营销的质量。一般情况下，市场研究质量涉及以下三个方面的问题。

1. 市场调研质量

市场调研是确保产品质量满足用户要求的起点。这一阶段最重要的是把握市场和用户的需求，以便在这一阶段将用户的需求融入产品设计中。市场需求分现实需求和潜在需求两大类。现实需求是指消费者对某种产品的质量、品种等方面的具体要求。现实需求很明确，它是市场和用户对产品质量的现在需求。只有明确掌握现实需求，企业才能不断改进设计质量，适应用户的需要，提高产品的竞争实力。潜在需求是指处于隐藏状态的需求。例如，由于产品还没有研制出来，用户在客观上具有某种需求，但主观上并没有意识到；或者即使市场上具有某种产品，用户也意识到这种需求，但由于产品的质量、品种、功能以及关联产品的配套程度等，用户不能购买。通过对用户的潜在需求进行科学预测，才能促使潜在需求变为现实需求，甚至引导用户需求，为企业开发新产品、开拓新市场提供依据。

市场调研结束后，根据市场和用户的需求，从技术、经济和经营销售等方面进行可行性研究，将特定的顾客和一般的市场需求、期望转化为产品说明书，为企业经营决策提供依据，为产品开发设计提供足够的信息。

2. 营销质量

营销包括销售计划的制订、推销人员的培训和销售目标的分析，其中都有质量控制的内容。首先，销售计划的制订非常重要，因为客观上适销对路的产品却不一定能在市场上畅销不衰。用户认识并接受某一产品需要一个过程，尤其是新产品或结构复杂的产品，需要花力气向用户作宣传和介绍，因此需要制订高质量的销售计划。销售计划一般包括市场分析、产品销售对象的确定、产品销售量的预测、销售价格的制定、投放市场的时间、销售渠道、宣传和广告策略、推销人员培训等。其次，应加强对推销人员的培训，因为他们的素质直接影响销售计划的实施效果。用户通过他们了解企业的产品、感受服务质量。最后，还应对销售目标进行分析，从产品质量、服务及价格等方面分析影响销售计划实施成败的因素，并根据分析的结果采取措施，使未来的销售计划减少盲目性，更切合实际，并更具进取性。

3. 服务质量

市场竞争的结果使产品在质量上的差异越来越小，销售服务质量的优劣逐渐成为决定成败的关键。售前服务主要包括产品功能演示、开展技术咨询工作等。售后服务主要包括技术服务工作、使用效果调查和用户申诉处理。为了提供良好的技术服务，企业应建立庞大的技术服务网，为用户提供如安装调试设备、技术操作培训、详细的使用和保养说明书、维修及配件等技术服务，这样才能为用户解除后顾之忧。在进行使用效果调查时，应了解和收集下列资料：产品在使用中是否真正达到规定的质量要求？还有哪些质量要求没有考虑？估计用户可能会提出哪些新要求？用户申诉处理是售后服务的一项重要内容。

2.2.2　顾客需求管理

1. 顾客的定义及其分类

根据 GB/T 19000—2008 标准，顾客是指接受产品的组织或个人。顾客可以是消费者、委托人、最终使用者、零售商、受益方和采购方。此外，顾客还可以是组织内部的或外部的。

从上述定义中不难看出，顾客主要可以分为以下几类。

1）内部顾客与外部顾客

顾客可以是组织内部的或外部的。一般而言，内部顾客可以分为两大类：第一类是组织内部的上下级间的顾客关系，上级一般会给下级下达任务，如营业指标、质量要求等，下级必须努力完成上级的任务并努力让上级满意，从这个意义上来说，上级是下级的顾客。同时，上级在向下级分配任务时，必须为下级创造完成任务的适当条件，如适当的授权、必要的指导等，因此，从这个意义上来说，下级又是上级的顾客。所以，在组织内部上下级关系中，顾客关系是相互的。第二类是组织不同职能部门或不同工序之间的顾客关系，只要在职能上或前后工序中一个部门或工序有为另一个部门或工序提供服务的义务，就存在内部顾客关系。例如，技术部门必须为顾客服务部门提供技术支持，顾客服务部门就是技术部门的顾客；流水线中后一道工序是前一道工序的顾客等。

外部顾客一般就是指组织以外的个人或组织，包括个人消费者、零售商、采购方等，他们直接消费或感知企业的产品或服务，是企业最主要的利润来源。需要指出的是，虽然组织内部的人员或部门都应保证自己的内部顾客满意，但组织内部顾客的满意或不满意应该以外部顾客的满意与否为前提条件，为最高标准。

2）中间顾客与最终顾客

中间顾客是指处于产品流转链中间的顾客，他们并不直接消费企业的产品，而是将产品继续流转到下一位顾客手中。中间顾客大致包括零售商、批发商、经销商等，他们对扩展企业的营销市场具有很大的作用，有的销售公司，如主承销商，甚至实现了企业的绝大多数营业额，是企业的主要利润来源。最终顾客是指产品的最终使用者，他们的不满将直接导致拒绝购买的行为，因此是组织顾客满意战略的关注焦点。虽然中间顾客也很重要，但最终顾客的满意才是企业生存的关键，企业应更多地关注于最终顾客，以他们的满意，而不仅仅是中间顾客的满意为最终目标。

3）现实顾客与潜在顾客

现实顾客是指已经成为顾客的组织或个人。有企业的实践表明，开发一个新客户的成本是留住老客户的 5 倍。因此，企业应尽可能抓住现实顾客，固化他们的购买取向。对于正在消费组织产品或享受服务的顾客，让他们满意自不必说，对于已经完成消费过程的顾客，也要通过售后服务等附加价值让他们满意，争取再次购买本企业的产品或服务。潜在顾客是由于一些因素尚未成为但可能成为顾客的组织或个人。潜在顾客是企业的"战略资源"，有时可以决定企业的未来发展规模。一般而言，企业应该努力减少阻碍潜在顾客成为现实顾客的因素，争取将更多的潜在顾客转化成现实顾客。

4）核心顾客与一般顾客

核心顾客通常由一般顾客进化而来，他们一般对企业的产品或品牌有特殊的好感，是这些产品或品牌的长期用户，他们对企业竞争对手的产品往往也具有"抵抗力"，经常"非本公司的产品不买"。不但如此，他们对该产品价格的变化也会有较低的敏感性，会不厌其烦地将这些自己热衷的产品或品牌介绍给身边的亲朋好友、同事邻居，希望同样获得他们对该产品或品牌的认同，对产品偶尔出现的瑕疵也会持宽容态度。可以说，核心顾客是企业最为宝贵的财富，是企业最为重要的购买群体，企业应该为他们制定个性化的服务策略，让他们为企业带来长期稳定的增长。

2. 顾客需求分析

顾客需求（Customer Demands，Customer Requirements）即顾客对产品或服务所提出的"明示的、通常隐含的或必须履行的需求或期望"。毫无疑问，顾客是表达其需求最直接的主体。因此，在设计产品和服务时，应一切从顾客出发，采取各种措施以了解顾客的需求与需要，充分倾听顾客声音。

1984 年，日本东京工业大学的狩野纪昭（Noriaki Kano）在其《魅力质量创造》一书中提出了顾客需求管理的一种模式，即卡诺模型，如图 2-4 所示。卡诺模型把顾客需求分为三种类型，即基本型需求、期望型需求和兴奋型需求。这种分类有助于对顾客需求的理解、分析和整理。基本型需求是顾客认为产品应该具有的基本功能，是不言而喻的，一般情况下顾客不会专门提出，除非顾客近期刚好遇到产品失效等特殊事件，牵涉这些需求或功能。

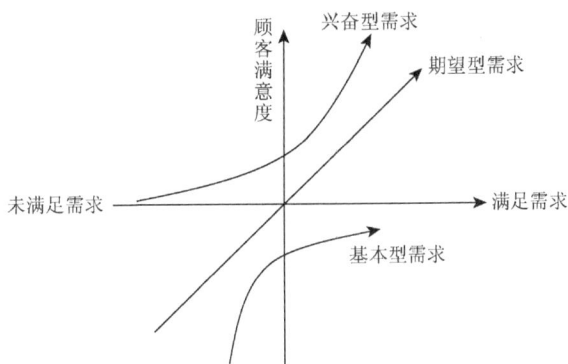

图 2-4　卡诺模型

（1）基本需求作为产品应具有的最基本功能，如果没有得到满足，顾客就会很不满意；相反，当完全满足这些基本需求时，顾客也不会表现出特别满意。例如，汽车发动机在发动时的正常运行就属于基本需求，一般顾客不会专门提出这种需求，因为他们认为这是理所当然的。然而，若汽车不能发动或经常熄火，顾客就会非常生气和不满。

（2）期望型需求。在市场上顾客经常谈论的通常是期望型需求。期望型需求在产品中实现得越多，顾客就越满意；相反，当不能满足这些期望型需求时，顾客就会不满意。企业要不断调查和研究顾客的这种需求，并通过合适的方法在产品中体现这种需求。例如，汽车的耗油量和驾驶的舒适程度就属于这种需求。满足得越多，顾客就越满意。

（3）兴奋型需求是指令顾客意想不到的产品特性。如果产品没有提供这类需求，顾客不会不满意，因为他们通常就没有想到这类需求；相反，当产品提供了这类需求时，顾客对产品就会表现出非常满意。例如，如果电饭煲不但易于清洗、操作简便，而且具有人工智能功能，不会把饭煮糊，用户就会争相购买。

企业只有把有限的资源用于满足期望型需求和兴奋型需求才能使顾客得到更大的满意，为企业赢得订单，极大地提高产品的营业收入和利润，获得竞争优势。值得注意的是，随着时间的推移，兴奋型需求会向期望型和基本型需求转变，因此，为了使企业在激烈的市场竞争中立于不败之地，应该不断地了解顾客的需求，包括潜在的需求，并在产品设计中体现。

3. 顾客需求信息获取

顾客需求信息获取的途径有企业顾客档案、零售商、数据公司、行业协会、相关服务行业、媒体、政府机构。

（1）企业顾客档案。企业顾客档案记录有顾客的姓名、类型、采购记录、信用、支付方式等。企业顾客档案的一部分信息来自企业所组织的顾客信息调查活动。企业一般通过会员证、有奖登记卡、折扣券等活动来采集顾客信息。

（2）零售商。大型零售公司有丰富的顾客数据，随着供需双方关系的改善及第三方物流的盛行，大多数零售商愿意与供货商分享这些数据。

（3）数据公司。数据公司专门收集、整合和分析各类顾客的数据。数据公司往往与政府及拥有大量数据的相关行业和机构有着良好而密切的合作关系。因此，数据公司所拥有的数据比较全面、系统，便于分类比较。

（4）行业协会。行业协会掌握有本行业 80% 的公司动态。对于这些行业的上游企业，行业协会的信息无疑是一笔巨大的财富。

（5）相关服务机构。金融机构、通信公司、航空公司等相关服务机构保存有大量的顾客交易历史记录。这些数据的质量非常高。公司应该通过合作、交换、购买等有偿方式最大限度地占有这些机构的数据。

（6）媒体。一些全国性或区域性的杂志、报纸、广播、电视等媒体也保有大量的顾客信息。

（7）政府机构。政府机关、研究中心通过加强基础信息数据库的建设，数据基础越来越完善，数据的管理和应用越来越规范。这样的数据可以作为重要的顾客基准数据。

获取数据的方式通常有第一手数据、购买数据、租用数据和数据合作。其中，数据合作日渐盛行，而且特别适合于那些本身就拥有大量的顾客信息的公司。例如，在商业活动中经常看到信用卡公司与航空公司联名发卡、会员信息共享等商业合作行为。数据质量永远是第一位的，无论采取何种途径，以何种方式获取数据，都应注意数据的真实性。为此，应尽可能搜集第一手数据，为保证购买数据和租用数据的真实性，应在合同中明确数据保真责任。此外，还要注意随时更新数据。

4. 顾客关系管理

顾客需求调查是顾客关系管理（Customer Relationship Management，CRM）的一个方

面，而顾客关系管理的目的是更好地满足顾客的需求，从而达到或超过顾客满意。在日趋激烈的市场竞争推动下，以及日新月异的信息技术支持下，顾客关系管理得到了长足发展。归纳起来，顾客关系管理就是管理理念与管理方法的集成。满足顾客需求的管理理念是顾客关系管理的出发点，以信息、技术为平台的管理方法构成了顾客关系管理的基础——顾客关系管理系统，达到甚至超过顾客满意是顾客关系管理的归宿。

顾客关系管理系统旨在通过先进的软件技术和优化的管理方法对顾客进行系统化的分析，通过识别关键顾客，改进服务水平，提高客服效率，提高顾客的满意度和忠诚度，并最大限度地降低客服成本。顾客关系管理系统的主要功能有信息获取与顾客信息资料共享、知识管理、顾客即时服务、顾客综合服务、生成顾客关系管理综合报告、决策分析等。顾客关系管理系统的体系结构如图 2-5 所示。

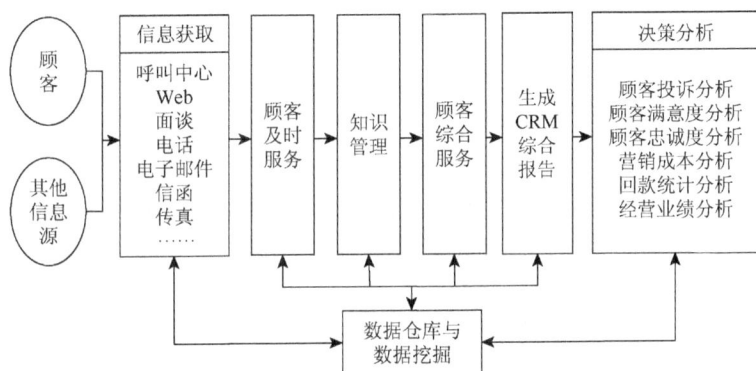

图 2-5　顾客关系管理系统体系结构

2.2.3　顾客满意管理

1. 顾客满意

顾客满意（Customer Satisfaction，CS）是指顾客对其要求已被满足的程度的感受。顾客满意管理的指导思想是将顾客需求作为企业进行产品开发或服务设计的源头，在产品功能设计、价格设定、分销促销环节建立以及售后服务系统完善等方面以顾客需求为导向，最大限度地使顾客感到满意。其目的是提高顾客对企业的总体满意程度，营造适合企业生存发展的良好内、外部环境。

企业对顾客需求的满足程度决定着企业的获利能力。因此，顾客满意可以看作企业效益的源泉。在营销界有一个著名的等式：100－1=0。意思是，即使有 100 个顾客对企业满意，但只要有 1 个顾客对其持否定态度，企业的美誉度就会立即归零。这种形象化的比拟虽然有些夸大，但实际的调查数据表明：开发 1 个新顾客的成本是留住老顾客的 5 倍，而流失 1 个老顾客的损失，只有争取 10 个新顾客才能弥补；一个不满意的顾客会向 8～10 个人进行抱怨；企业只要将顾客保留率提升 5%，就可以将其利润提高 85%；将产品或服务推销给 1 个新顾客和 1 个老顾客的成交机会分别为 15% 和 50%；如果事后补救得当，70% 的不满意顾客仍然将继续购买企业的产品或服务；1 个满意的顾客会引发 8 笔生意，其中至少有 1 笔成交；1 个不满意的顾客会影响 25 个人的购买意愿。

从以上这些数据可以看出，顾客满意问题将直接影响现代企业的利润获得能力。企业向社会所提供的产品的最终使用者是顾客，他们在购买和使用产品以后，会产生一种可以模糊测定的心理体验，即满意程度。现代企业可以以提升这一满意程度为核心，展开其整个经营管理工作。

2. 顾客满意管理

顾客满意管理是一种追求顾客满意的管理活动，它将追求顾客满意的理念融入企业经营管理活动的每一个环节；将顾客的需求作为企业进行产品开发或服务设计的源头，从顾客的利益出发考虑产品功能设计、价格设定、分销促销环节建立问题，建立完善的售后服务系统为顾客提供支持。总之，企业的一切经营管理活动都要最大限度地使顾客感到满意，最终通过营造出适合企业生存发展的良好内部与外部环境、获得一批稳定的客户群保证企业的持续增长。要实现这一目标，企业必须及时跟踪研究顾客对产品或服务的满意程度，并依此设定改进目标，调整营销措施，在赢得顾客满意的同时树立良好的企业形象，增强竞争能力。

顾客满意管理作为一种以顾客为中心的管理方式，主要具有以下特点。

（1）全程观念。追求顾客的满意始终贯穿顾客满意管理的全过程，即从产品的前期研发或服务的设计到产品的生产、销售，直至交付顾客使用及售后服务的全过程。任何一个环节上出现偏离顾客需求或不重视顾客满意管理，将会导致企业全盘皆输。

（2）始终面向顾客。实施顾客满意管理的核心内容就是以顾客需求为导向，这需要从顾客需求结构的调查、反映顾客需求的项目指标及指标权值的确定和对顾客主观感受的调查等几方面予以保证。

（3）持续改进。在现代企业经营管理的工作中融入顾客满意的理念，其重要目的就在于时刻对企业的经营管理工作进行监督，不断作出改进。而顾客满意本身就是一个动态的概念，顾客的需求处在不断的变化和发展之中。因此，在现代企业的经营管理中实施顾客满意管理，必须坚持持续改进的原则，才能取得更大的、持续的成功。

3. 顾客满意管理的目标

顾客满意度的增加并不意味着顾客忠诚度也在增加，调查显示，65%～85%的表示满意的顾客会毫不犹豫地选择竞争对手的产品。因此，顾客满意与顾客忠诚是两个完全不同的概念，顾客满意的最高目标是提升顾客忠诚度，而不仅仅是满意度。这两者的主要区别在于：企业提供的可使顾客满意的产品质量标准还在顾客的期望范围之内，顾客认为是应该或者可以提供的；而可提高顾客忠诚度的产品质量标准是超出顾客想象范围的，令顾客感到吃惊的、兴奋的服务。

顾客忠诚是指顾客在满意的基础上，对某品牌或企业作出长期购买的心理承诺，是顾客一种倾向性意识和行为的结合。它是顾客满意的进一步发展，是企业所期望和最终追求的目标。以下以图 2-6 和图 2-7 说明两者之间的关系。

从图 2-6 中可以较直观地看出顾客满意和顾客忠诚之间的关系，顾客非常不满意对应的顾客忠诚度为零，顾客会离企业而去；达到了顾客满意，顾客忠诚度大约为 35%，仍有大部分顾客不会再次购买；只有在顾客满意的基础上，进而达到非常满意，顾客忠诚度超过了 80%，这时顾客会发生再次购买行为，成为这个品牌的忠诚顾客。

从图 2-7 中可以看出，了解顾客的需求和期望，满足顾客的期望，能达到顾客满意；进而超期望地让顾客满意，包括了解并满足顾客潜在的需求，才能实现顾客忠诚。对于企业来说，达到顾客满意是基本任务，否则产品是卖不出去的，而获得顾客的忠诚是参与竞争取胜的保证。所以，顾客满意管理追求的目标是在顾客满意的基础上达到顾客忠诚。

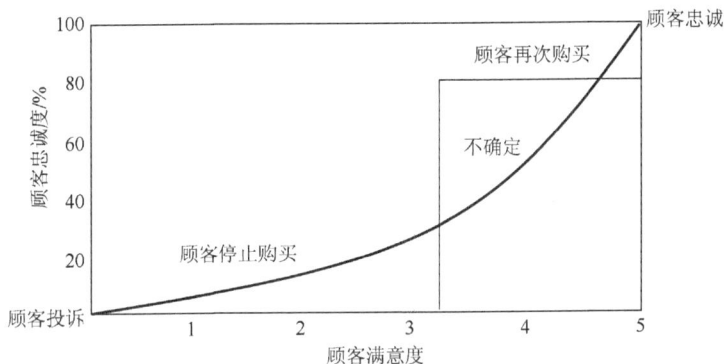

图 2-6　顾客满意度和顾客忠诚度的关系

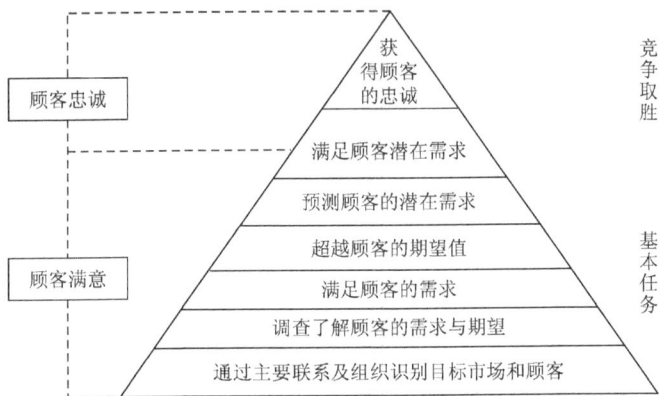

图 2-7　顾客满意与顾客忠诚关系

2.3　市场质量研究方法

2.3.1　顾客需求调查方法

顾客需求调查是由市场研究人员选择合理的顾客对象，利用各种方法和手段，通过市场调查，全面收集顾客对产品的各种需求，然后将其总结、整理并分类，得到正确、全面的顾客需求。在确定顾客需求时应避免主观想象，注意全面性和真实性。顾客需求的获取一般包括主动需求获取和被动需求获取两种方式。其中主动需求获取的方法包括市场调研、焦点小组、现场观察等方法，而被动需求获取的方法有顾客调查卡、顾客服务热线、咨询网站等方式。

1. 市场调研

市场调研是指以科学的方法，研究所有与市场有关的信息，系统地、有目的地收集、整理、分析和研究与市场有关的信息，特别是有关消费者的需求、购买动机和购买行为等方面的市场信息，从而提出解决问题的建议，以作为产品开发、营销决策、服务改进的依据。

市场调研的一般步骤如下。

1）选择调查对象

对于新产品，应重点调查与该产品相类似的产品的用户；对于现有产品的更新换代，应重点调查现行产品用户。为了把握调查信息的分布，有必要对调查对象进行细分，要从地理位置、年龄、性别、收入水平、家庭构成、职业等不同的角度细分市场。另外，调查对象要以全部的目标消费者为对象，不能仅以购买产品的用户为对象，这样就无法让潜在顾客纳入该产品的消费群中。

2）进行市场调查，收集信息

用户对产品的质量要求用文字表达出来就是原始信息，而提出这些质量要求的用户特征（年龄、性别、职业等）数据就是属性资料。对于现有改进型产品，原始信息的属性资料通过问卷调查，访谈研究或收集用户意见、投诉获得。对于全新的产品，向用户了解这些资料就太困难了，甚至根本不可能。这时常用的做法不是直接询问顾客，而是通过定点拍摄顾客行动等各种方法，分析调查结果，得出潜在的顾客消费需求。

市场调查的基本方法有两大类，一类是向用户直接了解的问卷调查和访谈调查方法；另一类是利用企业现行的信息，这些信息主要包括用户投诉意见、企业内部行业信息等。这两类方法各有各的优缺点，必须结合实际情况合理地选择。一般为了收集直接的来自顾客的声音，倾向于采用问卷调查和访谈调查。

3）顾客需求的分析与整理

收集到的顾客需求是各种各样的，有要求、意见、抱怨、评价和希望，有关于质量的，有涉及功能的，还有涉及价格的，所以必须对从用户那里收集到的信息进行分类、整理。通过对调查信息的分析与整理，形成产品设计所需的顾客需求信息及形式。对顾客需求信息的分析整理主要包括下列工作。

（1）概括合并顾客需求。顾客对其需求的描述经常很长，为了便于产品质量输入，必须对它们进行概括。在概括顾客需求时，注意不要歪曲顾客原意。这样，当产品设计人员阅读顾客需求报告时就像在同顾客交谈一样。此外，在用简洁明了的语言概括顾客需求后，应将表达同一含义或相似含义的顾客需求进行合并。

（2）将原始资料变换成顾客质量要求。原始信息本来是用户的声音，要对用户发出的信息进行解释，将其变换成规范的质量要求。通常是先将原始资料变换成为要求项目，然后再将要求项目转换为要求质量。在形成要求项目时，重点强调的是让用户有一个宽松的环境，以充分发表意见，鼓励用户积极提出他们的需求。为了实现这一目的，要求项目的表达可以非常随意和不拘形式。因此，要求项目的条款设置和内容难免出现表达不清、用词不准和界定不严格等问题，不便于直接用于质量控制，必须通过进一步的分析、整理，转换为要求质量。

在由要求项目向要求质量转换时，要注意语言的简洁、形象、具体和准确。每一项要求质量不要包含两个以上的质量要求，例如，"能在雨中持久地经受强烈的冲击"，就包含了"能在雨中使用""能持久使用"和"能经受强烈的冲击"三个具体的质量要求。

（3）质量要求的分类与展开。上述整理后的顾客需求是随意排列的，存在重复现象和层次不清等情况，对它们进行合理的分类有助于产品和服务的质量设计与改进。对顾客需求分类通常采用亲和图法（参考本书 6.3.5 小节）。

2. 焦点小组

焦点小组是目前最流行的定性数据收集方法。通常用于产品功能的界定、产品功能的改进、用户需求的发现、用户界面的结构设计和交互设计、产品的原型的接受度测试、用户模型的建立等。这种方法主要是邀请一批顾客（通常不超过 5～12 人）召开座谈会，并在一个经过训练的主持人的协调和帮助下围绕主题进行讨论。在小组讨论中，一位参与者的评论和讲述可能会激发他人的热烈讨论，这种方法的价值在于常常可以从自由进行的小组讨论中得到一些意想不到的发现。

总的来说，焦点小组是挖掘顾客潜在需求的一种非常有效的方法。与其他顾客研究方法相比，焦点小组相对来说更容易实施，在时间、花费、效率等方面都表现出优势。通过与顾客的交互可以获得更多丰富的信息，而且在理解用户态度、信念、观点等方面也有突出的优势。但焦点小组也有其自身的缺陷性，焦点小组对主持人要求较高，通常会因为主持人产生较大的偏差，而且参与者未必说出真实想法或讨论不积极，调研效果也会大打折扣。

3. 深度访谈

深度访谈是定性收集顾客需求信息一种有效的方法，它既能充分揭示顾客消费行为，又能深入探究顾客消费规律。深度访谈就是与顾客进行一对一、面对面的访问，通过与顾客沟通交流，了解顾客生产、经营、生活等情况，把握顾客的潜在需求。深度访谈对访问者要求较高，不仅对企业产品要熟悉，而且要具有沟通技巧，要善解人意，要做好访谈前准备，要能根据访谈情况进行组织，目的是创造良好的沟通环境，让被访者能自由地说出他们自己真正的想法。

深度访谈这种一对一的交流，没有别人干扰，一些受访者可能更会自由地说出他们自己真实的想法。但是，深度访谈的主要缺点有以下几点：首先，所需时间较长（一般在 1～2 小时），只有顾客承诺积极配合，访问者才可获得有价值的信息。其次，深度访谈在效率上不如焦点小组，研究表明大约四次深度访谈得到的信息只相当于一次焦点小组得到的信息，因此在实际顾客调研中要采取深度访谈与焦点小组有效结合的方法。

4. 现场观察

市场调研、深度访谈、焦点小组主要通过与顾客交流沟通获得顾客的需求信息，由于它们都需要耗费顾客的时间，需要顾客有意识地思考，在交流进行中可能受访问者/主持人的诱导和影响，而且顾客本身就存在不诚实的可能性，可能说出的结果是不符合实际的，这些因素都影响获取顾客需求的信息的真实性、可靠性。

顾客的内在需求往往是通过消费行为表现出来的，要解决上述这些问题，采取现场观察是一种有效的方法。顾客是怎样使用产品的、在什么场景下使用产品、使用后的好与坏的结果是什么、是哪些人在使用、使用时表情怎样、使用产品的习惯等，这些信息有很多都可以通过现场观察得到，而且这些信息对产品开发创新具有重要意义。许多公司在产品开发过程中都使用观察法。苹果公司通过运用现场观察法重新设计笔记本电脑，宝洁公司在顾客厨房中安装摄像机以记录消费者使用餐具清洁产品的过程，这对产品开发起到了很好的启示作用。

2.3.2　顾客满意度调查方法

顾客满意度调查贯穿于企业实施顾客满意战略的整个过程中，用来了解顾客的需求、发现顾客的不满、寻求自身缺陷、制订改进计划、检验企业各项措施的有效性，是企业正确认识自己的一种非常有效的方法。顾客满意度调查的形式多种多样，但就其一般过程而言，它的基本程序都是相同的。图 2-8 为顾客满意度调查过程的基本程序。

图 2-8　顾客满意度调查过程

1. 设计调查方案

调查方案是整个调查的总体计划和行动纲领，好的方案应能保持调查有序并且高效地进行。方案设计一般由以下五部分组成。

1）确定调查性质

调查分为两大类：探索性研究和结论性研究。探索性研究的基本目的是获得一些资料，帮助调查者认识和理解所反映的问题。常常用于在一次正式的调查之前帮助调查者将问题定义变得更准确些，帮助确定相关的行动和探索获取更多的有关资料。结论性研究比探索性研究更正式，更具结构性。一般以大规模的有代表性的样本为基础，所得数据要进行定量分析，因为研究的结果要用作管理决策制定的依据。

2）抽样方案设计

在确定好调查对象后，就要进行样本的抽取，主要包括抽样方法、样本量及具体抽样对象的确定。抽样方法很多，但归根结底可以分为非随机抽样和随机抽样两类。当样本对总体的代表性要求对问题的研究非常重要，并且需要估计抽样误差时，就需要采用随机抽样；若抽样受到费用、时间、样本获得困难等因素的限制，则可采取非随机抽样。在具体实施时，还可以将多种方法综合运用。在顾客满意度调查中，简单随机抽样和分层抽样用得较多。

3）调查问卷设计

调查内容设计恰当的问卷，不但可以明确反映调查者的目的，同时被调查者也会乐意合作。因此，设计好调查问卷就成为获得满意的调查结果的关键。调查问卷一般由标题、致被调查者的短信和必要的填写说明、调查的主要内容（各种形式的问题）、编码号、调查实施情况记录五部分基础内容组成。在设计调查问卷工作中，一旦具体问题的内容确定，接下来的工作是确定每个问题的回答形式。一般问题可分为两种：开放式问题和封闭式问题。开放式问题不提供答案，由被调查者自己回答。开放式问题能用来搜集具有各种特点的原始数据，如具有人口统计学、态度、意向、行为等特点的原始数据。封闭式问题提供若干个备选答案，被调查者可从中进行选择。此类问题回答简单、方便，获取的数据标准统一，便于编码和统计分析。一般，调查问卷中封闭式问题所占的比例较大，其形式可根据回答形式分为多种。

4）制订数据处理计划和进度安排

数据处理计划一般包括采用何种类型的计算机进行处理；统计分析的深度，例如，只要求做基础的统计（包括频数、平均值等），还是要运用统计工具或数学模型进行处理；确定由哪一个机构进行处理工作。进度安排应从最初设计调查方案开始到最后的数据分析、完成调查报告，每一个阶段的起讫时间都应事先确立，以利于调查总体进度的控制。

5）撰写调查方案设计报告

调查方案设计报告的结构和内容可以根据具体情况而有所改变，一般都包括摘要、调研目的、调查方法、调查进度、经费预算和附录。

2. 实施调查

在完成顾客满意度调查方案的设计后，就可以组织相关人员，按照设计好的问卷与抽样方案实施顾客满意度调查。顾客满意度调查并不是拥有了好的问卷、合理的抽样方案就会一帆风顺。对于一项有效的顾客满意度调查来说，在正确的时间、正确的地点收集了正确的被调查者的意见，同样是顾客满意度调查结果真实有效的基础。这就取决于调查者所选用的调查方式。事实上，企业的核心顾客、企业普通顾客及竞争对手的顾客所含信息量往往存在着巨大差别，这也在客观上需要调查人员针对不同的被调查者选用合适的调查方法。

表 2-1 归纳了不同顾客满意度调查方法的优缺点与适用对象，企业应该根据不同调查对象的特点，在实施顾客满意度调查的过程中灵活采用这些方法，以获得更为翔实的顾客满意信息。

表 2-1　顾客满意度调查方法比较

调查方法		优点	缺点	适用对象
座谈会		能够获得更全面的信息	成本较高 主持人要求较高	忠诚顾客 一般顾客
当面调查	拦截调查	调查效率高	调查信息量限制	所有顾客
	入户调查	能够获得更全面的信息	成本较高 拒访率高	忠诚顾客
电话调查		简单易行 成本较低	调查信息量限制 调查人员要求较高	所有顾客
邮寄调查		调查范围广 成本较低 能够获得更全面的信息	有效回收率低	所有顾客
网上调查		能够获得全面的信息 更为生动的交流过程 相对节约成本	调查对象限制 网络作弊等现象	网民

3. 调查结果分析

无论是设计调查方案还是实施调查，最终都必须对调查结果进行分析、作出合理的解释以获得有用的信息。对顾客满意度调查结果的分析，一般希望可以得到以下信息。

（1）被调查群体对企业产品的总体满意情况；

（2）对企业产品满意的与不满意的用户群体的特征；

（3）忠诚顾客占调查总体的比例；

（4）影响顾客（包括潜在顾客）满意与顾客购买行为的主要因素；

（5）顾客（包括潜在顾客）对理想产品与服务水平的期望。

此外，通过对顾客满意度调查结果的进一步分析，还可以得到以下信息。

（1）一些变量之间的相互关联程度，如顾客收入水平与满意度、顾客年龄与满意度、市场环境与顾客满意度、顾客满意与销量、顾客满意与顾客忠诚之间的关系等；

（2）具体的趋势预测，如某项产品或服务顾客满意度的发展趋势。

以上这些信息对企业决策是十分有益的，它们能发挥更大的作用，离不开企业高层领导的重视。企业应该根据这些信息制定相应的策略，这些策略可以是对企业自身工作流程的改进，可以是对现有产品或服务的改进，也可以是对企业促销方式、广告宣传方式、营销渠道等方面的改进。所有这些改进的最终目标只有一个：增加顾客满意度。

2.3.3　顾客满意度测评

顾客满意度指数（Customer Satisfaction Index，CSI）是企业获悉顾客满意水平的一种方式。它不仅仅是一套顾客满意测评系统，还可以用于评价企业、行业、部门和国家经济的绩效，反映国家整体经济情况。美国真正在全国范围内测定顾客满意度指数（ACSI）是从 1994 年开始的，ACSI 涉及全国 7 个部门、40 个行业、203 家公司，列入 ACSI 调查的有关企业和机构的产值占国内生产总值的 40%，这些企业和机构生产的产品和提供的服务在消费品市场上大约占国内生产总值的 30%。另外，许多国家根据自己的特点，陆续建立了针对本国的顾客满意度指数并开始运行，如德国顾客满意度指数（Deutsche Kunden-barometer，DK，1992 年）、韩国顾客满意度指数（Korea Customer Satisfaction，KCSI，1998 年）、欧洲顾客满意度指数（European Customer Satisfaction Index，ECSI，2000 年），中国顾客满意度指数（CCSI）也已于 2005 年投入使用。

顾客满意度指数测量方法主要可分为两种类型：指标测量法和结构方程组法。

1. 指标测量法

目前，德国顾客满意度指数（DK）和美国的 JD Power 公司所建立的顾客满意度指数采用指标测量法。指标测量法主要针对不同行业产品或服务的特征，首先确定行业中影响顾客满意的关键因素，然后通过加权求和得到该行业的顾客满意度指数，即

$$\text{CSI} = \sum_{i=1}^{n} w_i x_i \tag{2.1}$$

式中，w_i 为第 i 个因素的权重；x_i 为其得分。

指标测量法方法简单,但主要存在权重确定和指标选取两个问题。

2. 结构方程组法

目前,该方法在顾客满意度指数模型构建及调查结果评价中得到了广泛的应用,ACSI、ECSI、KCSI 等顾客满意度指数采用的都是该方法。其中,ACSI 模型构造如图 2-9 所示。事实上,ACSI、ECSI、KCSI 等模型都是在最初的 CSI 模型的基础上加以改造,使之更符合本国家、地区的特点而成,它们都使用结构方程建模进行模型构建和参数估计。

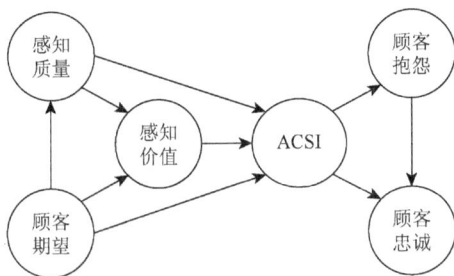

图 2-9　ACSI 模型

案例研讨：中档酒店顾客需求研究

在我国,长久以来中档酒店一直是个被忽略的市场。国际酒店巨头向来专注于高端星级酒店市场,而本土品牌一贯致力于发展经济型酒店市场,介于两者之间的中档酒店过去向来被业界当做鸡肋产品。然而,近两年,在国内大环境的影响下,高端星级酒店运营困难,竞争激烈和成本上升导致经济型酒店也进入"薄利时代";另一方面中国旅游研究院发布的《旅游经济监测与预警》表明中档酒店的市场规模将每年超过 1 亿人次。在两端陷入困境和中档需求上升的大时代背景下,曾受冷落的中档酒店近年来成为中国酒店业的新蓝海,其发展越来越受到业界和学界的共同关注。

然而由于发展时间短,酒店企业对我国中档酒店的市场需求仍缺乏深入了解,有必要针对中档酒店顾客群开展独立的需求,并据此创造与改进酒店提供的产品和服务。本调查选取了某市的 5 家中档酒店,通过酒店前台和酒店餐厅向酒店顾客发放和回收纸质问卷。总计发放调查问卷 300 份,收回有效问卷 256 份,有效回收率 85.3%。

通过对调查问卷分析得到以下结果。

(1)从人口统计学特征上发现商务活动和休闲旅游是中档酒店顾客的主要出行目的,其中商务活动多于休闲旅游。因而酒店集团应该主要针对这两个目标顾客群来设计酒店产品,尤其是商务顾客。

(2)通过因子分析和回归分析归纳萃取出 5 个中档酒店顾客价值的构成,包括功能价值、精神价值、形象价值、隐性成本价值和显性成本价值。并揭示了功能价值对中档酒店顾客价值影响最大,精神价值其次,显性成本价值因素对顾客价值的影响较小。

(3)通过均值比较发现受访顾客对中档酒店整体的顾客价值感受良好,但是隐性成本价值类的产品和服务质量偏低，而该因素又是目前影响顾客价值的重要因素，因而迫切需要优化。

根据调查分析结果，可以对中档酒店的产品开发提出以下建议。

由于酒店顾客对隐性成本（精力、体力和时间）的关注远远高于显性成本（位置、交通和价格），酒店与其被迫降价、打价格战，不如花些精力关注如何通过有效的沟通和便捷的服务使顾客节约搜寻和比对信息所花费的隐性成本，例如，开发手机 App，支持顾客在手机上查询酒店产品信息；建立酒店微信公众平台；保持 App、微信以及酒店网站上对最近活动的及时更新；录制微电影放在各种渠道平台中增强品牌趣味性和用户黏着度等。

基于功能价值对中档酒店顾客感受的重要性，建议酒店在前期设计时合理规划建筑的布局和功能，日常运营时密切关注设备的保养和维修，客人入住时毫不懈怠地处理顾客的各项合理需求。只有先做好这些最基本的功能性产品，顾客才会更直接地感受到所获价值。不过中档酒店毕竟不是高端酒店，不建议过度装修和盲目夸大产品与服务价值。专注于提供小而精的设施设备，适度省去顾客较少使用的园林园艺、SPA 水疗、游泳池、健身室和超大型会议厅等大型设施和服务，利用高科技减少人力耗费以及注重顾客所直接接触的产品及服务设计，对中档酒店的成功至关重要。

精神价值对中档酒店顾客体验价值也起到关键作用。在竞争如此激烈的市场，学习高端酒店，建立酒店的客户数据库，成立会员俱乐部，定期不定期地开展具有创意性的互动活动将有助于企业杀出重围，获得最忠实的固定客户群。此外，让酒店拥有独特与舒适的体验也可以吸引那些不愿意住经济连锁又不舍得去住五星级酒店的年轻白领，例如，设计以星座为主题、影视故事为主题、复古为主题、探险为主题的主题酒店或主题活动也可以起到积极促进作用。

形象价值是企业的价值观、经营理念、品牌、技术、质量等经过积累后外化为公众对企业的有形评价。中端酒店不够体面是一直困扰投资者的问题，因为这直接影响了顾客对品牌的认知。过去，商务会晤如果邀约在经济型酒店里，不够档次的装修会使自己失"面子"。因此，中档酒店可以重点投资和打造商务会客空间（如大厅、咖啡厅和会议室等），同时可以将顾客一般不太用的配套功能（如 SPA、游泳池、健身室等）去除。

对于优化显性成本相关的产品和服务，中档酒店可以主要通过早期的酒店选址靠近地铁和公交沿线、提供接送服务以及与当地出租车公司保持较好合作关系来保障酒店的交通便利性。

（资料来源：陶伟，王妙. 2015. 基于顾客价值的中档酒店市场顾客需求研究. 天津商业大学学报，35（1）：41-47.）

根据案例讨论下列问题

（1）结合本案例，中档酒店顾客需求有哪些？目前的中档酒店还有哪些方面可以改进？
（2）如何将顾客需求调查工作转化为产品和服务质量内容，以提高企业的竞争优势？
（3）结合本章内容，还有哪些方法可以获取顾客需求？讨论它们的优缺点和适用环境。

复习思考题

1. 简述市场研究的定义及其研究过程。
2. 什么是顾客需求？卡诺模型把顾客需求分成三类，其管理含义是什么？
3. 顾客需求信息获取有哪些途径？
4. 企业为什么要开展客户关系管理？
5. 简述顾客关系管理系统的功能及体系结构。
6. 谈谈你对"顾客满意"概念的理解。
7. 讨论企业和行业开展顾客满意度指数测评带来的效果。
8. 应用顾客需求调查方法或顾客满意度调查方法进行实际案例分析。

第3章 质量研发

本章目录

本章导读

随着全球一体化和市场竞争的加剧,产品研发是企业占据市场、持续保持竞争力、提高企业利润的重要方式。因此,产品研发水平的高低,是企业兴衰存亡的关键。在获取了顾客的需求后,就要开展产品研发活动以满足顾客的需求。

本章首先从新产品的定义出发,讨论了产品研发的意义、新产品研发方式以及产品研发过程中的质量管理问题;其次,系统地陈述了质量研发过程,主要包括产生构思、形成产品概念、制定营销策略、产品研发、产品商业化等阶段;最后重点阐述产品质量研发的方法、并行工程和价值工程及其实施过程。

3.1 质量研发与研发质量

3.1.1 质量研发

在当前全球化竞争的市场环境中,快速变化的顾客需求是企业进行新产品研发的根本驱动力,以几何级数发展的科学技术和专利技术是企业进行新产品研发的技术基础。因此,企业如果要赢得更好的市场定位、提高和保持企业利润,就必须不断研发新产品,以迎合市场需求的快速变化,产品创新已成为企业经营的常态。

1. 新产品的概念

新产品从技术角度的定义为:新产品是由科技进步和工程技术的突破而产生的、在产品本身上有了显著变化、具有了新性能的产品。市场营销学则认为,产品只要在功能或形态上得到改进,与原有产品产生差异,为顾客带来了新的利益,或者企业向市场提供了过去未生产的产品或采用新的品牌的产品都可以称为新产品。

按产品创新程度的不同,可以将新产品分为以下几类。

(1)全新产品。全新产品是指应用新技术、新原理、新工艺、新结构、新材料研制而成的前所未有的产品,是企业率先发明创造出来的。在这种新产品问世之前,市场上没有相同或类似的产品,如电灯、计算机、电视机、手机等产品最初上市时都属于全新产品。

全新产品的研发，往往是重大科学技术取得突破的成果，适合于人们的新需求，并且对人类的发展、社会的进步、人们生产和生活方式都产生深远影响。

（2）换代新产品。换代新产品是指在原有产品的基础上，为满足社会需求，采用或部分采用新原理、新技术、新材料、新结构制造出来，在性能上有显著提高的产品。例如，第一台计算机以电子管作为主要元件；第二代计算机以晶体管作为主要元件；第三代计算机采用集成电路；20 世纪 70 年代，又出现第四代计算机，全面采用大规模集成电路；现在已是第五代计算机，即人工智能计算机。

（3）改进新产品。改进新产品是指采用各种改进技术，对原有产品的品质、特点、花色、式样及包装等作一定改变与更新的产品。改进后的产品或者性能更佳，或者结构更合理，或者精度更高，或者特征更加突出，或者功能更加齐全，能更多地满足消费者不断变化的需要。相对于全新新产品和换代新产品来说，改进新产品的开发更简便易行，既不需要高深的技术，又不需要大量投资，可以利用现有技术、现有设备实现，而带来的经济效益可能是很大的。

（4）仿制新产品。仿制新产品是指模仿市场上已有的产品而企业自己首次生产的产品，又称为企业新产品。许多企业采用模仿新产品开发策略，进行追随性竞争，以此分享市场收益。开发生产仿制新产品可以有效利用其他企业的成功经验和技术，节约研究开发费用，风险较小。

人类社会已步入新经济时代，并逐渐呈现网络化、信息化、数字化、知识化的特征。与新经济发展相适应，企业新产品也呈现新的发展趋势，总的发展趋势是：产品更新换代的频率进一步加快，新产品的开发周期越来越短。此外，新产品具体发展趋势包括高技术化、绿色化、个性化、多功能化、简单化和生命周期缩短等方向。

2. 新产品研发的意义

新产品研发（New Product Research & Development）是指新产品构思、研制、生产和销售活动的全过程，是企业赖以生存和发展的物质基础。研发新产品的原因大致可分为市场原因与技术原因，而且二者相互影响。产品在日益激烈的市场竞争中，企业之间的竞争在很大程度上就表现为产品之间的竞争。产品研发水平的高低，是企业兴衰存亡的关键。具体来讲，新产品的研发对企业的重要性主要体现在以下几个方面。

（1）研发新产品有利于促进企业成长。研发新产品，一方面，企业可以从新产品的开发中获取更多的利润，另一方面，推出新产品比利用现有产品能更有效地提高市场份额。利润和市场份额是企业追求的两个重要目标，它们的增加和提高能帮助企业不断发展。

（2）研发新产品可以维护企业的竞争优势和竞争地位。为拥有消费者，占有市场份额，企业会运用各种方式和手段获得竞争优势，研发新产品是当今企业加强自身的竞争优势的重要手段。

（3）研发新产品有利于充分利用企业的生产和经营能力。当企业的生产、经营能力有剩余时，研发新产品是一种有效地提高其生产和经营能力利用率的手段。因为，在总的固定成本不变的情况下研发新产品会使产品成本降低，同时提高企业资源利用率。

（4）研发新产品有利于企业更好地适应环境的变化。在社会飞速发展的今天，企业面临的各种环境条件也不断发生变化，这预示着企业的原有产品可能会衰退，企业必须寻找合适的替代产品。这就导致了对新产品的研究与开发。

（5）研发新产品有利于加速新技术、新材料、新工艺的传播和应用。新技术、新材料和新工艺可以提高产品性能，增加产品的新功能，降低成本，创造出新的需求等。它们是新产品研发的重要基础。新产品的研发为新技术、新材料、新工艺的应用和传播提供了一条重要的途径。

（6）研发新产品有助于提高企业形象。新产品的市场投放能激起市场反应，影响利益相关者的观念，从而能够提高或损害在利益相关者中间的市场形象。例如，日本的新日铁在钢铁市场成熟、市场销售停滞不前的情况下为了重塑企业形象，研发出了各种电子产品、饮料产品等。这些新产品大大提升了企业形象，促进了企业的成长壮大。

3. 新产品研发的方式

企业开发设计新产品通常包括独立研制、技术引进和联合研制三种方式。

（1）独立研制。独立研制是指依靠企业自身的力量，开展应用理论、新技术、新材料等方面的试验研究，探讨新产品的新原理或新结构，或者进行制造技术的攻关，从而开发设计具有本企业特点的新产品。特别是在研制换代新产品或全新产品时，必须进行这种系统的、创造性的研究。采用独立研制方式要求企业有足够强的科研力量和试验手段，有较强的科研能力。

（2）技术引进。技术引进是指在新产品研发过程中，借鉴国内外已有的、成熟的产品设计（配方）或制造技术。采用引进技术的方式，可以较快地掌握新产品的设计原理和制造技术，缩短新产品开发周期，使新产品尽快投放市场。同时，还可以减少本企业研发经费，争取时间，缩小与竞争对手的差距。但是，在采用这种方式时，应认真进行可行性分析，减少引进技术的盲目性。引进的技术（产品），必须是本企业所缺少的，且有发展前途，或可"一技多能"、带动其他技术水平的提高。同时，引进的技术还要与本企业和国家的发展规划及有关政策、法规相适应。

（3）联合研制。企业自身的技术力量和试验手段比较薄弱，没有独立研制的条件，可以借助外部的科研机构、大专院校等方面的力量采取联合研制的方式。这种方式适合于众多研发能力较为薄弱的中小型企业。

3.1.2 研发质量

1. 新产品研发与质量管理

新产品研发需要相应的质量管理才能切实地发挥其效果。质量管理以新产品研发为中心，经营活动才能发挥明显的效果。因为有创造、创新的地方，才有必须解决的重大问题，而改进、解决问题时，质量管理又可以提供有效的方法。企业若不创造和挑战，仅靠开展原有活动解决问题的质量管理，大多无法充分发挥质量管理的作用。此外，质量管理也能够促进新产品的研发。充满新挑战的地方必定会有问题发生，为解决这些问题需要花费很多时间，这不仅会延迟新产品带来的利润，而且要花很多时间解决问题，无法分配所需的经营资源到下一个新产品的研发上，从而导致不断延误的恶性循环。通过开展质量管理，可预先防范问题点，防止不必要的麻烦，提高新产品研发的效率。

日本著名质量专家久米均对产品研发的质量管理定义如下。

（1）为使策划、开发的产品、服务满足市场需求所开展的活动；

（2）为解决和预防设计、开发带来的市场及组织内质量问题所开展的活动；

（3）为提升上述活动的绩效而开展的活动。

从第一点可以看出，为及时开展满足市场需求的产品策划、开发活动，必须先明确什么是必要的，如何进行。同时，确定组织和责任分配，有效运用企业经营资源。而第二点是狭义的质量管理活动。在激烈的市场竞争环境下，如果产品的质量问题解决好，就需要投入很多计划外的时间应对，有些场合会影响顾客的信任和企业的形象。组织内的质量问题影响产品研发的效率，导致成本额外增加，还会丧失商机。为有效地进行新产品研发，必须切实地做好质量管理活动。研发新产品需要开展组织结构的优化、标准化和人才培养等。定义的第三点是以前两项活动为基础。产品研发的质量管理体系如图 3-1 所示。

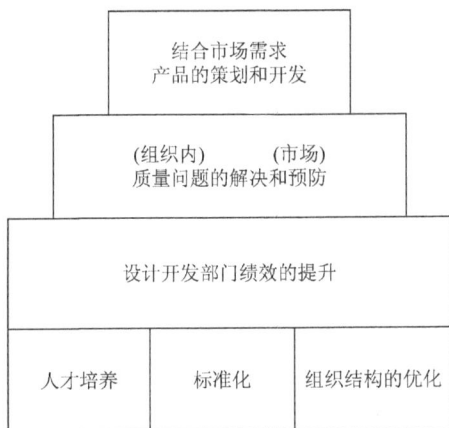

图 3-1 研发质量管理

在第 1 章中提到，质量包括研发质量、设计质量、制造质量和服务质量四个部分。虽然这四项不同层面的质量都很重要，但研发新产品时，最重要的是必须策划出满足顾客需求的产品，同时，应尽早在产品开发早期将质量设计到产品中，如此看来，研发质量可以说是最重要的。事实上，不论设计或制造过程做得再好，若产品不能满足顾客期望的功能与性能，顾客就不会购买该产品。如果产品不好用，也会招致顾客的抱怨，此时，只能宣告该项新产品开发失败。

2. 提高研发质量的关键因素

新产品研发是一项风险极高的活动。据统计，从产品最初设想的提出，到最终产品上市，并能占领市场成为受欢迎的产品，新产品研发的成功率大约只有 10%。企业新产品研发的风险存在于新产品开发过程的每一个环节，企业若希望提高产品研发质量，一定要充分了解风险的本质特征，在新产品研发中做到能正确辨识、防范和处理风险，这是规避新产品研发失败的关键。具体来说，企业可以从新产品本身和新产品研发管理两个方面降低新产品研发风险、提高研发质量。

1）基于新产品视角的成功因素

（1）卓越的产品。

性能卓越是许多新产品成功的主要原因。卓越的产品是将独特的感受与体验传递给使用者，其成功率是那些不具备此特征产品的 5 倍，而市场份额和盈利能力则是其 4 倍。在新产品研发中，许多新产品"缺乏新意""似曾相识"。产品的卓越性表现在以下方面：对顾客来说有与众不同的特质；比竞争对手更好地满足顾客需求；产品具备相应的高质量；用竞争性产品解决顾客的问题；降低顾客的成本；具备革新特征或很新奇。

产品的卓越性在顾客眼中可体现为产品设计、特质、功用、品质、规格甚至是定位。因此，探究顾客所需、所想、问题、口味、喜好、厌恶，选定顾客的"心仪之物"是产品创新长盛不衰的法则。从竞争对手的产品中寻找缺陷是进行产品卓越性创造的另一法则。此外，对新产品概念进行反复测试，与使用者一起测试产品概念，确保其主张在产品中得到满意的回应是创造卓越产品的又一法则。

（2）坚持以市场为导向。

以市场为导向的新产品研发需要关注顾客需求和竞争者状况等要素，在研发活动中要做到以下几点：需求认知；了解顾客需求；经常接触顾客；精通市场知识和市场调查；有较高的市场活动的执行品质；在初期市场活动中下大力气。

市场导向的思想必须贯穿于整个新产品研发过程才能获得新产品开发成功。自创意产生之初，公司就应该将资源更多地分配给以市场为导向的创意活动，如顾客恳谈会；一对一的顾客深度访谈；拜访顾客，特别是技术人员与顾客的交流；销售人员与顾客的沟通；与主要顾客发展良好的关系等。

2）基于新产品研发流程视角的成功因素

（1）充分的研发前期准备。

许多新产品研发失败的教训表明，欠缺的市场调研和不充分的市场分析，使得项目前期工作模糊不清，这是新产品失败的罪魁祸首。对于失败的新产品，开发公司在项目前期或研发初期付出只有7%的资金和16%的努力。成功的项目在研发前期所花费的时间与精力是失败项目的 1.75 倍。研发前期的初评、市场及技术研究、市场调查、商业分析都是必须要认真做的工作，研发前期工作的重要性表现在这些工作能定义项目并保证质量。尽管新产品设计和开发阶段需要分配更多的时间和资源，但项目前期的初筛、分析和定义阶段对新产品的成功是关键。

（2）明确的产品和项目定义。

新产品研发项目小组可以明确一致地说出产品的要求，是新产品研发成功的关键。而不稳定的产品规范和产品外延的模糊则是新产品研发失败的主要原因。在新产品进行全面研发程序前，应进行产品和项目定义，定义的内容如下。

①项目的范围：在什么样的范围内进行研发工作，是单一新产品还是系列新产品，或是一个研发平台？

②目标市场：为谁做产品？

③产品概念：用顾客语言描述产品是什么，有什么新功能。

④产品特质：产品品质、表现数据及高水平的规格说明。

⑤定位：新产品为顾客提供的独特利益是什么？

上述定义来自新产品研发各职能小组（市场、研发、工程、制造等部门）的信息整合，是所有新产品开发人员的共识。

（3）良好的组织结构和氛围。

新产品取得成功经常归功于研发部门和市场部门的相互配合、相互协作、对新产品项目多学科之间的投入及团队和团队领导的作用。有关研究表明，由一个获得授权的多功能团队举行项目的研发更容易获得成功。对日本人成功研发新产品的分析强调了他们从开始就关注生产能力及对工程师、设计师和生产人员的定位。因此，组建新产品研发团队是新产品开发的有效组织结构，空间上的接近是一个好团队的关键因素之一。

设计一个能够整合多活动和多职能参与的新产品研发流程是新产品开发管理的另一个关键要素。该管理流程的设计即要构造一个产品创新的系统性方法，内容包括打通不同职能部门的边界，促使不同职能部门的人员积极参与，保证每一步或者每一阶段都是一个多职能参与的步骤或阶段。新产品研发流程建立在不同任务的基础上，并对要求投入和参与的各种职能进行检查和平衡。

（4）兼顾速度和质量。

速度是新产品成功的一个关键变量。但速度只是一个中间目标，是最终目标的一个手段，最终目标是利润率。许多新产品研发只是缩短了新产品上市的时间，但最终却增加了公司的资金成本，在利润上失败了。其原因主要在于速度的提升是以降低质量为代价的。以下五种方法可以兼顾速度和质量。

①第一次就做好。在项目的每一个阶段都进行质量执行的控制，节约时间的最好办法是避免从头做起。

②准备工作的定义。做好前期的准备工作，弄清楚产品和产品的定义，以节省下游的时间，做到"磨刀不误砍柴工"。

③组建一个得到授权的多功能团队。

④平行推进。指各种研发活动同时进行。

⑤选优和集中。将有限的资源和人力集中在真正值得做的项目上。

3.2　质量研发过程

研发新产品对企业满足消费者需求，赢得市场竞争并不断发展壮大至关重要。同时，新产品研发又是一项艰巨复杂、风险大、成功率较低的工作。为了提高新产品研发的成功率，为企业创造较大的经济利益，企业开发新产品必须遵循科学的程序，严格执行和管理。

新产品研发的程序是指从寻求产品创意开始，到最后将新产品的某一创意转化为现实的新产品并成功投放市场，实现商业化的全过程。一般可以具体划分为产品构思、构思筛选、形成产品概念、制定营销策略、商业分析、产品研发、市场试销和产品商业化八个阶段，如图 3-2 所示。

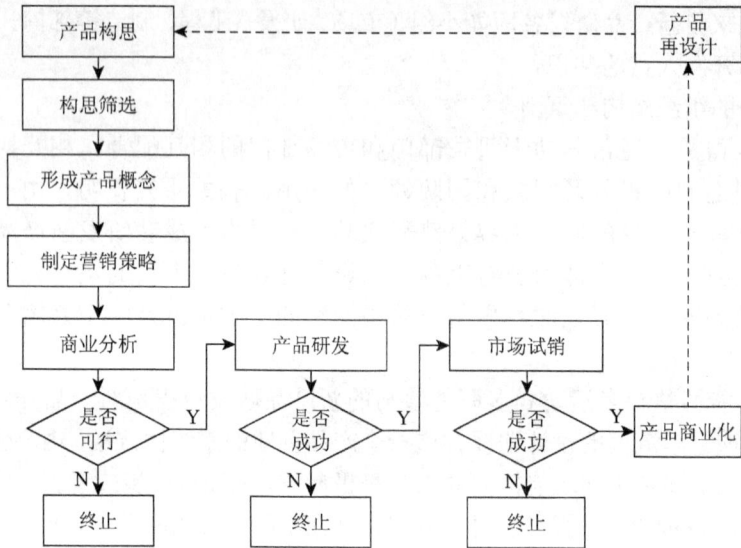

图 3-2　新产品的研发程序

1. 产品构思

新产品研发过程是从产品构思开始的。所谓构思，就是开发新产品的设想。虽然并不是所有的设想或创意都可变成产品，但寻求尽可能多的创意却可为开发新产品提供较多的机会。所以，现代企业都非常重视创意的开发。新产品构思的主要来源有顾客、竞争对手、企业推销人员和经销商、企业高层管理人员、市场研究公司、广告代理商等。除了以上几种来源，企业还可以从大学、咨询公司、同行业的团体协会、有关的报刊媒介那里寻求有用的新产品创意。一般说来，企业应当主要靠激发内部人员的热情来寻求创意。这就要建立各种激励性制度，对提出创意的职工给予奖励，而且高层管理人员应当对这种活动表现出充分的重视和关心。

2. 构思筛选

获得足够的构思之后，要对这些构思加以评估，研究其可行性，并挑选出可行性较强的构思，这就是构思筛选。构思筛选的目的是淘汰那些不可行或可行性较低的构思，使公司有限的资源集中于成功机会较大的构思上。构思筛选时，一般要考虑两个因素：一是该创意是否与企业的战略目标相适应，表现为利润目标、销售目标、销售增长目标、形象目标等几个方面;二是企业有无足够的能力开发这种创意,表现为资金能力、技术能力、人力资源、销售能力等。

3. 形成产品概念

经过筛选保留下来的产品创意,还要进一步发展成为产品概念。在这里,首先应当明确产品构思和产品概念之间的区别。所谓产品构思,是指企业从自身的角度考虑能够向市场提供的可能产品的构想。所谓产品概念,是指企业从消费者的角度对这种创意所作的详尽的描述。例如,一块手表,从企业角度来看,主要是这样一些因素:齿轮、轴心、表壳、制造过程、管理方法(市场、人事方面的条件)及成本(财务情况)等。但在消费者的心目中,并不会出现上述因素,他们只考虑手表的外形、价格、准确性、是否保修、适合什么样的人使用等。企业必须根据消费者在上述几个方面的要求把产品创意发展为产品概念。确定最佳产品概念,进行产品和品牌的市场定位后,就应当对产品概念进行试验。所谓产品概念试验,就是用文字、图画描述或者用实物将产品概念展示给一群目标顾客,观察他们的反应。

4. 制定营销策略

形成产品概念之后,需要制定市场营销策略,企业的有关人员要拟定一个将新产品投放市场的初步的市场营销策略报告书。它由三个部分组成。

(1)描述目标市场的规模、结构、行为,新产品在目标市场上的定位;

(2)简述新产品的计划价格、年销售额、市场占有率、利润目标等;

(3)阐述计划长期销售额和目标利润以及不同时间的市场营销组合。

5. 商业分析

新产品研发过程的第五个阶段是进行商业分析。在这一阶段,企业管理者要复查新产品将来的销售额、成本和利润的估计,看看它们是否符合企业的目标。如果符合,就可以进行新产品研发。

6. 产品研发

如果产品概念通过了商业分析,研发部门及工程技术部门就可以把这种产品概念转变为产品,进入试制阶段。只有在这一阶段,文字、图表及模型等描述的产品设计才变为实体产品。这一阶段应该搞清楚的问题是,产品概念能否变为技术上和商业上可行的产品。如果不能,除了获得一些有用副产品即信息情报,所耗费的资金则全部付之东流。

7. 市场试销

如果企业的高层管理对某种新产品开发试验结果感到满意,就着手用品牌名称、包装和初步市场营销方案把这种新产品推向真正的消费市场进行试验。该阶段的目的在于了解消费者和经销商对于经营、使用和再购买这种新产品的实际情况以及市场大小,然后再酌情采取适当对策。市场试验的规模决定于两个方面:一是投资费用高低和风险大小；二是市场试验费用和时间。投资费用高和风险大的新产品，试验的规模大一些；反之，投资费用低和风险较小的新产品，试验规模就可小一些。从市场试验费用和时间来讲，所需市场试验费用越多，时间越长的新产品，市场试验规模越小一些；反之，则越大一些。不过，总的来说，市场试验费用不宜在新产品开发投资总额中占太大比例。

8. 产品商业化

在这一阶段，企业高层管理者应当作以下决策。

（1）选择投放时间。指企业高层管理者要决定在什么时间将新产品投放市场最适宜。例如，如果新产品是用来替代老产品，就应等到老产品的存货处理掉时再将这种新产品投放市场，以免冲击老产品的销售，造成损失；如果新产品的市场需求有高度的季节性，就应在销售季节来临时再将这种新产品投放市场。

（2）选择目标市场。指企业高层管理者要决定在什么地方（某一地区、某些地区、全国市场或国际市场）推出新产品最适宜。能够把新产品在全国市场上投放的企业是不多见的。一般是先在主要地区的市场推出，以便占有市场，取得立足点，然后再扩大到其他地区。因此，企业特别是中小企业必须制订一个市场投放计划。在制订市场投放计划时，应当找出最有吸引力的市场优先投放。

（3）确定目标顾客群。指企业高层管理者要把它的分销和促销目标面向最优秀的顾客群。这样做的目的是要利用最优秀的顾客群带动一般顾客，以最快的速度、最少的费用，扩大新产品市场占有率。企业高层管理者可以根据市场试验的结果发现最优秀的顾客群。

（4）制定营销策略。企业管理部门要制定投放市场的市场营销策略。这里，首先要对各项市场营销活动分配预算，然后规定各种活动的先后顺序，从而有计划地开展市场营销管理。

9. 产品再设计

在产品商业化以后，根据消费者对质量和价格的反应进行再设计，再进行市场调查，是否从使用者的角度来考虑，没使用的人是哪些，并调查其原因。上述的循环要反复多次。研发、制造和销售新产品需要企业内策划、设计、采购、工艺、检验、销售及售后服务等相当多的部门参与。但由于工作错综复杂，还会有时间限制，经常有企业未完全解决质量问题，便急于将产品投放市场。当新产品进入市场时，往往频繁出现顾客投诉，市场投诉处理费用会出现异常，如图 3-3 中虚线所示。

为使新产品顺利开发，必须从以下三个方面改进研发体系。

（1）源头管理。在产品策划、设计阶段的探讨，或是导入新设备前的事先探讨，都应该尽可能缜密地进行。该阶段管理活动的主要目的是将质量和成本融入整个设计方案，防止批量生产后可能发生的设计变更。

（2）早期流动管理。早期流动时期是指新产品开始制造、销售不久，或现有产品刚进入新市场不久，制造商与顾客未想到的问题暴露出来的时期，也是制造、检验部门将设计

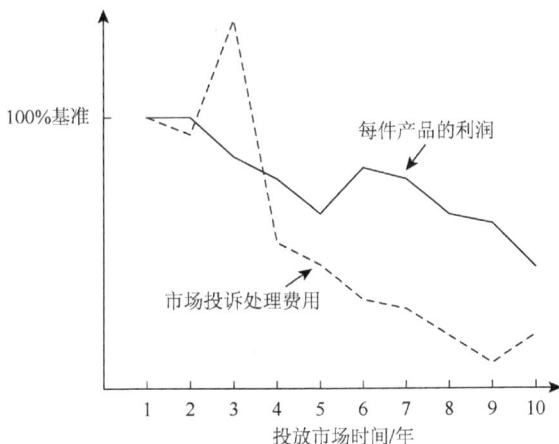

图 3-3　新产品利润的变化

质量与工序问题点暴露出来的时期。要特别重视这个时期，积极收集与问题相关的资料，尽快解决产品质量、工序中的问题。这类管理活动称为早期流动管理。

（3）新产品开发系统的整顿。从源头管理中漏网，导致正式出图后发生的图纸变更；在试制、批量生产阶段发生的质量问题；在早期流动管理阶段发现的问题点；到市场产生的质量抱怨等，都应调查其产生及流出企业的原因。另外关于成本，应确实掌握策划、设计、批量生产各阶段的成本，同时也需要掌握这些阶段存在的问题，分析其原因。关于研发进度，也应调查计划进度与实际进度间的差异，掌握延迟的情况和原因。最后，根据上述调查结果，分析究竟新产品开发系统的哪个环节出了问题，制订改进方案。

有问题的地方就有改进的空间和可能性，新产品研发过程是质量管理应该重视的对象。因此，可以说新产品研发是现代质量管理的重点阶段。

3.3　质量研发方法

3.3.1　并行工程

1. 并行工程的定义

并行工程（Concurrent Engineering，CE）是 20 世纪 80 年代末出现的一种新的产品研发方法。1988 年 10 月，美国国家防御分析研究所（Institute of Defense Analysis，IDA）为解决武器系统开发周期过长、生产费用过高的问题，向美国国防部提交了《并行工程在武器系统采购中的作用》的报告（称 R338 报告），详细介绍了美国十几家公司采用并行工程的做法与取得的效果。

美国 IDA 在 R338 报告中给出的关于并行工程的定义为：并行工程是对产品及其相关过程（包括制造和支持过程）进行并行、一体化设计的一种系统化的工作模式。这种方法促使研发人员从产品设计一开始就考虑产品整个生命周期（从概念构思到产品报废）的所有因素。它强调产品设计、工艺设计、分析、制造、装配、市场销售和其他各种活动之间的信息集成与功能集成。

2. 并行工程的意义

多年来，企业的产品研发一直采用串行的方法，即从需求分析、结构设计、工艺设计一直到制造和装配一步步在各部门之间顺序进行。并行工程是将研发部门串行的产品研发方式，改为企业内部相关部门同时进行的产品研发方式（图3-4）。

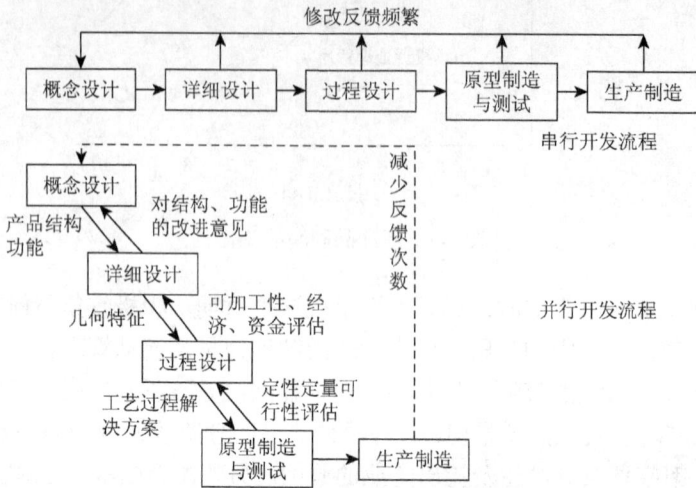

图 3-4　串行工程和并行工程对比

实施并行工程的目的在于缩短研发周期。而实际上不仅可以缩短研发周期，比起串行开发方式，并行开发还可以获得更稳定的质量，且可进一步彻底地降低成本。并行开发之所以在许多方面都有不错的效果，是因为通过该系统可以改进相关部门间的沟通。以往串行开发是以设计部门为中心，将信息传给其他部门。这种方式使得部门间的重要信息很难传达。要进一步提高产品质量，降低产品成本，缩短产品上市时间，必须采用新的产品研发策略，改进新产品研发过程，消除部门隔阂，集中企业的所有资源，在产品设计时同步考虑产品生命周期中所有因素，以保证新产品研发一次成功。

3. 并行工程的基本思想

传统的产品开发方法是一种串行的开发方法。串行产品开发方法的主要缺点是：设计与制造脱节，产品的可制造性、可装配性差；产品研发过程多次信息循环与交互，修改工作量大；产品研发周期长，成本高。与此相反，并行工程的基本思想体现在如下三个方面。

（1）设计时同时考虑产品生命周期的所有因素；

（2）设计过程中各种活动并行交叉进行；

（3）与产品生命周期有关的不同领域的技术人员全面参与协同工作。

并行工程的目的是优化，它依赖于产品研发中各学科、各职能部门人员的相互合作与信息共享，通过彼此之间有效的通信与交流，尽早考虑产品整个生命周期中的所有因素（如可制造性、可装配性、可维护性等），尽早发现并解决问题，以达到各项工作的协调一致，使产品设计从开始阶段就能进行工艺优化，实现优化设计。

4. 并行工程的基本原则

1）用短信息反馈取代长信息反馈

在串行产品开发方法中，一个最大的缺点就是长距离的信息反馈。例如，产品试制过程中出现的问题，由于制造部门前期不介入产品设计部门的活动，设计部门无法预见制造过程的问题，而只能等待制造过程的结果出来后才对设计进行修改。这种长距离的信息反馈是一种时间与资源的浪费。并行工程就是要消除这种长距离的信息反馈，在产品设计的早期，制造部门参与产品设计的讨论，提出修改意见。这样制造过程中可能出现的问题尽量在早期发现并排除，从而减少了过多的反复与信息循环传递。

2）用并行渐进取代串行渐进

并行工程并不是所有的活动齐头并进，产品研发过程仍然按照概念设计、详细设计、过程设计、原型制造与测试和生产制造五个"里程碑"的阶段性过程进行，这是一种渐进过程。与串行开发模式的渐进方式不同的是，并行工程采用了"预先发布"的并行渐进方法，即在下一开发工作流程进入状态之前就已经把关键的设计内容与要求向下阶段发布，使其提前进入状态，从而加快了开发进度。

3）用系统思考方法取代孤立思考方法

在传统的产品研发过程中，采用的"试凑法"实际上是缺乏系统整体的思维方法的结果。各设计阶段与环节是严格按照先后次序进行的，一般只能考虑局部的问题，从而导致设计、加工、测试、再设计、再加工、再测试的反复修改，来回试凑与校验。并行过程改变这种缺乏系统的孤立的思考方法，采用不同阶段的信息集成与透明协作，减少不必要的浪费。

5. 并行工程的团队人员构成

实施并行工程的关键是把各领域的人组成一个多学科的产品研发团队，因此团队管理在并行工程产品研发管理中是一个非常重要的内容。并行工程团队的成员包括产品生命周期的各领域的人员，甚至包括顾客与供应商（图3-5）。

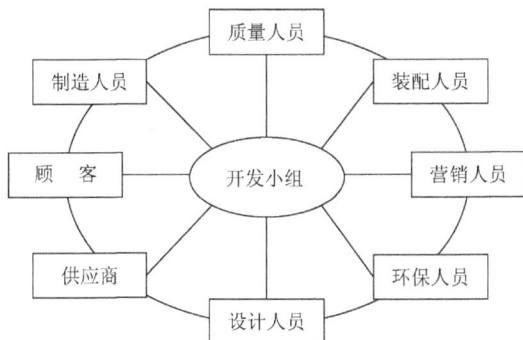

图3-5 并行工程团队成员构成

除了产品开发的设计人员，并行工程团队的成员还包括其他领域的三类人员。

（1）企业内部其他领域的人员，主要是制造、质量、营销、装配等人员。这些人员参加产品开发的早期活动，有利于防止设计中出现的先天性不足，减少研发的时间与费用。

（2）企业外部的供应商与顾客。顾客参与产品研发过程的活动，能够减少不确定性，在设计中更好地反映顾客需求；尽早发现顾客的需求与设计的偏差，从而减少不必要的反复与修改。供应商参与到产品开发中，可以使企业了解产品设计需要的原料及部件是否能及时满足、满足的质量情况、减少不必要的浪费、增加产品的可制造性与可装配性。

（3）环保人员。考虑环境因素是企业产品开发必不可少的一环，企业在产品设计时就考虑产品报废时的资源回收和环境保护问题。虽然一般企业在产品设计过程中很少邀请环保人员参与产品开发的讨论，但是至少企业在进行产品开发时应该通过有关途径获取环保方面的信息，考虑所开发的产品是否受到有关环保法律的制约。

6. 并行工程的方法

1）重视前期工作

重视前期工作是并行工程的基本思路。基于整个产品生命周期的顾客需求是否实现最优化，与策划阶段详细程度和事先洞察力是否透彻有密切的关系。并行工程的本质在前期工作的计划中。如图3-6所示，产品的质量、成本、是否畅销主要取决于前期阶段的工作。而并行开发在最前面的策划阶段便决定了所开发产品的内容，同时实现各部门的信息分享，划分各部门的任务，并对目标达成共识，从而使之成为可能。

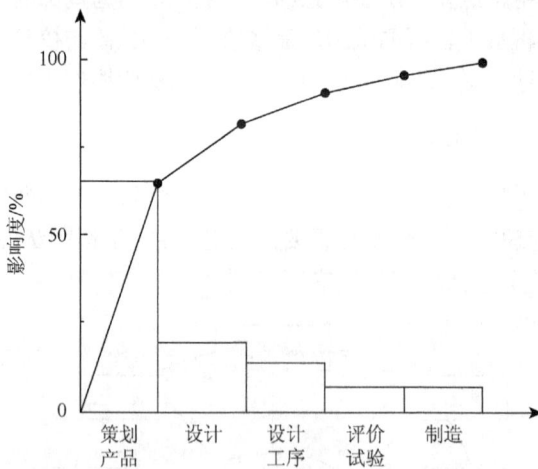

图3-6　产品的质量、成本与前期工作的关系

2）过程创新

并行工程是过程创新。企业发展首先应从产品创新出发，接下来对产品及过程两方面进行改进，提高质量及降低成本。但是不久后改进并成熟达到顶点，难以大幅度提升。为了打破僵局，必须寻求产品或过程的创新，切换到全新的发展曲线上。此时又需要改进并渐趋成熟。为了进一步发展，再度切换到新的发展曲线上。通过不断反复，企业持续地得到发展。各种创新中，技术创新大多数场合由技术部门负责推进。而过程创新不通过管理是无法实现的。并行工程是应该通过管理推行的课题，如图3-7所示。

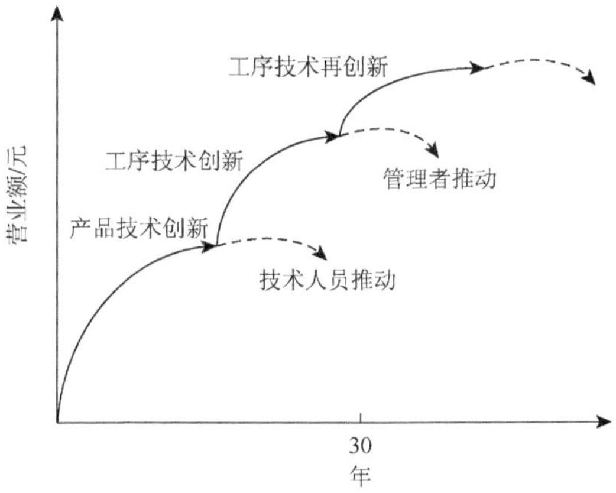

图 3-7 技术创新与过程创新

3）跨部门管理

研发新产品时，与开发相关部门间的协调是不可或缺的。如图 3-8 所示，部门间的隔墙会使得所有活动的效果大打折扣，特别对新产品研发影响更明显。即便部门间没有墙壁般的隔阂或障碍，现实中为数不少的企业依然缺少部门间的协调机制。若将此现象视为部门间的隔阂，则并行工程能够管理部门间的隔阂，或建立处理隔阂的机制。

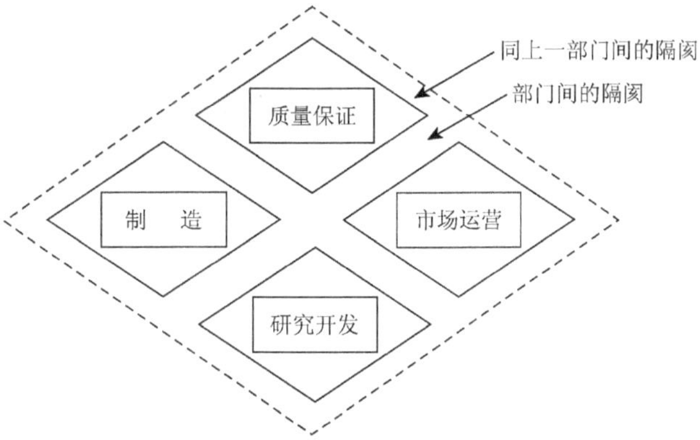

图 3-8 部门隔阂的管理

3.3.2 价值工程

1. 价值工程的定义

价值工程（Value Engineering，VE）又称价值分析（Value Analysis，VA），是对产品设计方案进行技术经济分析的一种有效方法，目前广泛应用于新产品的研究开发与老产品的技术改造等方面。价值工程于 20 世纪 40 年代起源于美国，迈尔斯（L. D. Miles）是价值工程的创始人。在二战之后，由于原材料供应短缺，采购工作常常碰到难题。经过实际工作中孜孜不倦地探索，迈尔斯逐渐总结出一套解决采购问题的行之有效的方法，并且把这种方法的思想及应用推广到其他领域。例如，将技术与经济价值结合起来研究生产和管理的其他问题，这就是早期的价值工程。迈尔斯发表的专著《价值分析的方法》使价值工程很快在世界范围内产生巨大影响。

所谓价值工程，指的都是通过集体智慧和有组织的活动对产品或服务进行功能分析，使目标以最低的总成本（寿命周期成本），可靠地实现产品或服务的必要功能，从而提高产品或服务的价值。价值工程的基本思想就是在确保产品的必要功能的前提下，通过有组织地对产品进行功能与成本分析，以提高产品的价值。

价值过程的基本关系是

$$价值V = \frac{产品的功能F}{产品的成本C}$$

从上面的式子可以看出，产品价值提高的途径主要有如下几种方法。

（1）功能不变，降低成本：$V \uparrow = \dfrac{F \rightarrow}{C \downarrow}$；

（2）成本不变，提高功能：$V \uparrow = \dfrac{F \uparrow}{C \rightarrow}$；

（3）功能提高，同时降低成本：$V \uparrow = \dfrac{F \uparrow}{C \downarrow}$；

（4）适当提高成本，功能大幅度提高：$V \uparrow = \dfrac{F \uparrow\uparrow}{C \uparrow}$；

（5）功能略有下降，成本大幅度降低：$V \uparrow = \dfrac{F \downarrow}{C \downarrow\downarrow}$。

通常，前三种方法是积极的方法，特别是第三种方法，提高功能的同时降低成本是最佳的选择，因为价值工程的目标是改善功能，降低成本。

2. 价值工程的实施原则

迈尔斯在长期实践过程中，总结了一套开展价值工作的原则，用于指导价值工程活动的各步骤的工作。

（1）分析问题要避免一般化、概念化，要作具体分析；
（2）收集一切可用的成本资料；
（3）使用最好、最可靠的信息；
（4）打破现有框框，进行创新和提高；
（5）发挥真正的独创性；
（6）找出障碍，克服障碍；
（7）充分利用有关专家，扩大专业知识面；
（8）对于重要的公差，要换算成加工费用来认真考虑；
（9）尽量采用专业化工厂的现成产品；
（10）利用和购买专业化工厂的生产技术；
（11）采用专门生产工艺；
（12）尽量采用标准化；
（13）以"我是否这样花自己的钱"作为判断标准。

这13条原则中，第（1）～（5）条是思想方法和精神状态的要求，提出要实事求是，要有创新精神；第（6）～（12）条是组织方法和技术方法的要求，提出要重专家、重专业化、重标准化；第（13）条则提出了价值分析的判断标准。

3. 价值工程的实施步骤

价值工程的一般方法程序如下。

1）选择价值工程的对象

一般说来，价值工程的对象要考虑企业生产经营的需要以及对象价值本身提高潜力。选择价值工程对象的方法有经验分析法、ABC分析法、百分比法等。

（1）经验分析法。主要是通过有丰富业务经验的技术人员，集体讨论共同提出实施价值工程的对象。

（2）ABC分析法。这种方法主要是按照产品或零件的成本比例大小进行排列，选择占成本比例大而数量占少数的产品或零件进行。

（3）百分比法。这种方法是通过产品的两个或两个以上的技术经济指标进行比较，选择成本高、利润低的对象进行。

2）收集对象的有关资料

选择了价值工程的分析对象后，就需要对相关的信息进行收集，为进行功能分析和创新方案的选择提供依据。需要收集的信息如下。

（1）企业的基本信息（生产能力、技术、销售情况、规模等）；

（2）与技术有关的信息（技术图纸与资料、标准、国内外技术发展）；

（3）市场经济信息（国内外同类产品的功能与成本、销售价格走势、顾客的需求等）；

（4）生产组织信息（生产质量标准、原材料的供应、生产工艺等）。

3）功能分析

功能分析是价值工程的核心阶段。功能分析有三个目的。

（1）系统、科学地确定产品或零件的必要功能，消除不必要的功能；

（2）明确功能的性质、地位、重要性，以合理分配产品成本；

（3）依据所确定的功能，寻找更好地实现功能的方案。

功能分析最终要对产品或零件进行功能评价，得出其功能评价系数。

$$功能评价系数 = \frac{某零件的评价得分}{全部零件评价总得分}$$

功能评价一般可采用两两对比法进行，采用0-1评分法，例如，甲零件比乙零件重要，则甲得分为1，乙得分为0。当然，也可采用其他的方法。

4）成本分析

成本分析就是要分析某零件的成本占产品总成本的比例，从而得出其成本系数。

$$成本系数 = \frac{某零件的成本}{全部零件的成本}$$

得出零件的成本系数后，还要确定目标成本与成本的降低幅度。

某零件的目标成本=产品的目标成本×该零件的功能评价系数

某零件的成本降低幅度=该零件现实成本–该零件的目标成本

5）价值分析

价值分析是通过零件的价值系数，确定改进工作的重点与方向。

$$价值系数 = \frac{某零件的功能系数}{某零件的成本系数}$$

根据价值系数的大小，可以判断出哪些零件是重点的改进对象（价值工程对象）。价值系数有以下三种情况。

（1）价值系数等于1，说明该零件的功能与成本的分配合理；

（2）价值系数小于1，说明该零件的成本比例偏高，应设法降低成本，特别是价值系数偏离1较大的零件，更是改进的重点；

（3）价值系数大于1，表明实现功能的成本偏小，这种情况要对功能与成本进行检查，如果功能过剩，则应降低功能；如果功能合理，则可能是成本偏低，如采用了低劣廉价材料，就需要改变材料。

6）提出改进的方案，并实施改进措施

经过分析和评价，分析人员可以提出多种改进方案，从中筛选出最优方案加以实施。在决定实施方案后，还应该制订具体的实施计划，提出工作的内容、进度、质量、标准、责任等，确保方案的实施质量。为了掌握价值工程实施的效果，还要组织成果评价。成果的鉴定一般以实施的经济效益、社会效益为主。作为一项技术经济的分析方法，价值工程的独到之处还在于它注重于提高产品的价值、注重研制阶段开展工作，并且将功能分析作为自己独特的分析方法。

案例研讨：并行工程在整车项目开发中的应用

早在20世纪90年代，欧美日各大汽车公司的产品研发就普遍应用并行工程，目前我国汽车企业产品开发过程也应用此方法，只是使用的程度和效果各不相同。一般地，一提到并行工程都会想到产品开发过程中各相关部门的工作相互穿插、互相渗透、提前介入，达到缩短开发周期、降低成本、提高质量、满足顾客需求的目的。可是如何才能做到各种资源、各部门工作最大限度地并行，似乎还停留在抽象深奥的学术研究，真正执行起来，细节上的方法和技巧还需长期探索和相互学习。

思想观念、文化形态及组织机构必须变革

要做好并行工程，首先必须在思想观念、文化形态和组织机构上进行变革。在思想观念上，并行工程强调系统集成与整体优化，追求产品整体的竞争能力，而不完全追求单个部门、局部过程和单个部件的最优。要充分体现小组合作、信任及信息共享，强调团队协作和团队精神。

在文化形态上，并行工程集中了各学科的人才，运用现代化的手段组成产品开发群组协同工作，使产品开发的各个阶段，既有一定时序，又有并行，充分利用上、下游的各种有用信息，共同决策产品开发各阶段工作的方案；同时着眼于整个过程和产品目标，使产品开发的早期就能及时发现和纠正产品开发过程中的问题，从而缩短产品开发的周期，提高产品的质量，降低产品成本，增强企业的竞争能力。

在组织机构上，建立一支跨部门矩阵式的开发团队，团队全体成员共同对团队的目标负责，每一个成员都能理解其职责。全体成员相互依赖，在协同环境中工作，实施信息预发布、设计评审及反馈，定期组织团队会议，进行信息交流、讨论，进行团队决策，确保团队计划向前推进。结构上可将开发团队划分成若干小组，从形式上开发团队又可划分为实际小组与虚拟小组，公司内部成员组成实际小组，与外围供应商组成虚拟小组，在项目经理的带领下开展工作，对总经理负责。

并行工程需要庞大系统结构的支持

并行工程所需的体系结构通常由工程设计、质量管理、过程管理、软件环境和生产制造五个系统组成（图 3-9）。

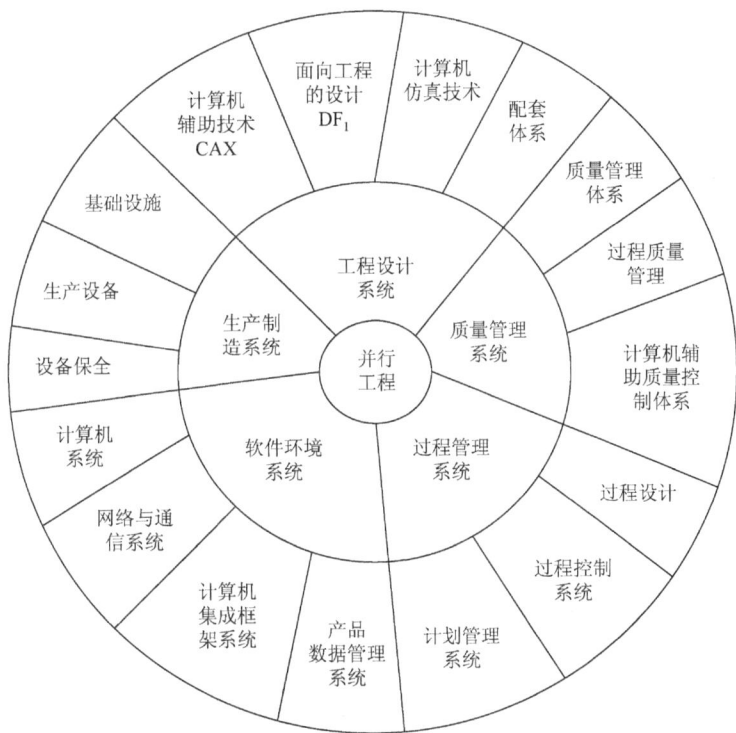

图 3-9 并行工程所需的体系结构

这些系统是保障并行工程顺利实施的必要条件，缺一不可。特别是软件环境系统中计算机集成框架系统、产品数据管理（PDM）系统具有分布式数据管理、良好的系统开放性、应用集成与过程管理等功能，是实施并行工程不可缺少的框架系统。

并行工程在整车研发中的应用

有了跨部门矩阵式的开发团队和强大的支持环境体系，进行整车项目的并行开发就有了基础，以满足顾客不断增长的需求。通常，汽车整车产品开发共有四个阶段，即策划阶段、设计阶段、样品试制阶段和小批试制阶段。

并行工程在实施过程中对设计进度和质量控制都可分多级并行循环体,对开发进行协同、配合、反馈和修改的循环工作。设计部门与技术支持、工艺、质量管理、制造系统、销售、软件系统等部门形成一个大的循环体,各部门内部又有各专业小组之间的小循环体,根据需求不同可建立不同的循环体(图3-10)。

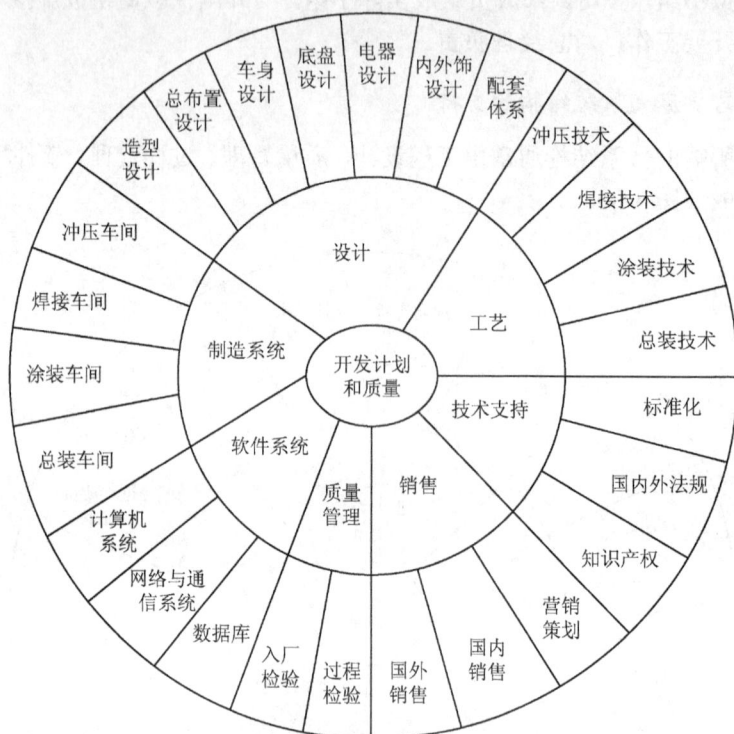

图3-10　围绕并行开发组成大循环体的相关部门

1. 在整车项目开发周期管理中的作用

产品开发早期把开发产品的所有过程与大循环相关的部门全部列出来,每一个过程需要完成什么工作、需要多少时间以及哪些部门参与等,做出详细的图表,然后召集相关部门人员进行研究、统一思想,讨论哪些工作可并行,并行到什么程度,哪些工作必须串行,预定的时间能否完成等,使产品开发计划更合理、更可行、周期更短。

如图3-11所示为整车开发过程的大计划,纵向列出全部工作内容,横向列出整体开发的时间,在什么时间完成什么内容,由什么部门完成,一目了然。大计划通过各部门充分讨论,达成共识、会签,并经总经理签字下发。各部门再根据大计划编制各部门更详细的计划,然后按计划并行实施。项目经理根据此计划跟踪、监督、检查,召开节点评审会。一旦某个环节出现了异常,项目经理应立即召集相关部门研究应对异常的方案,必要时需调整大计划。随着对并行工程更深入的应用和理解,以及开发流程越来越成熟,开发周期也会越来越短,产品成本也会越来越低。

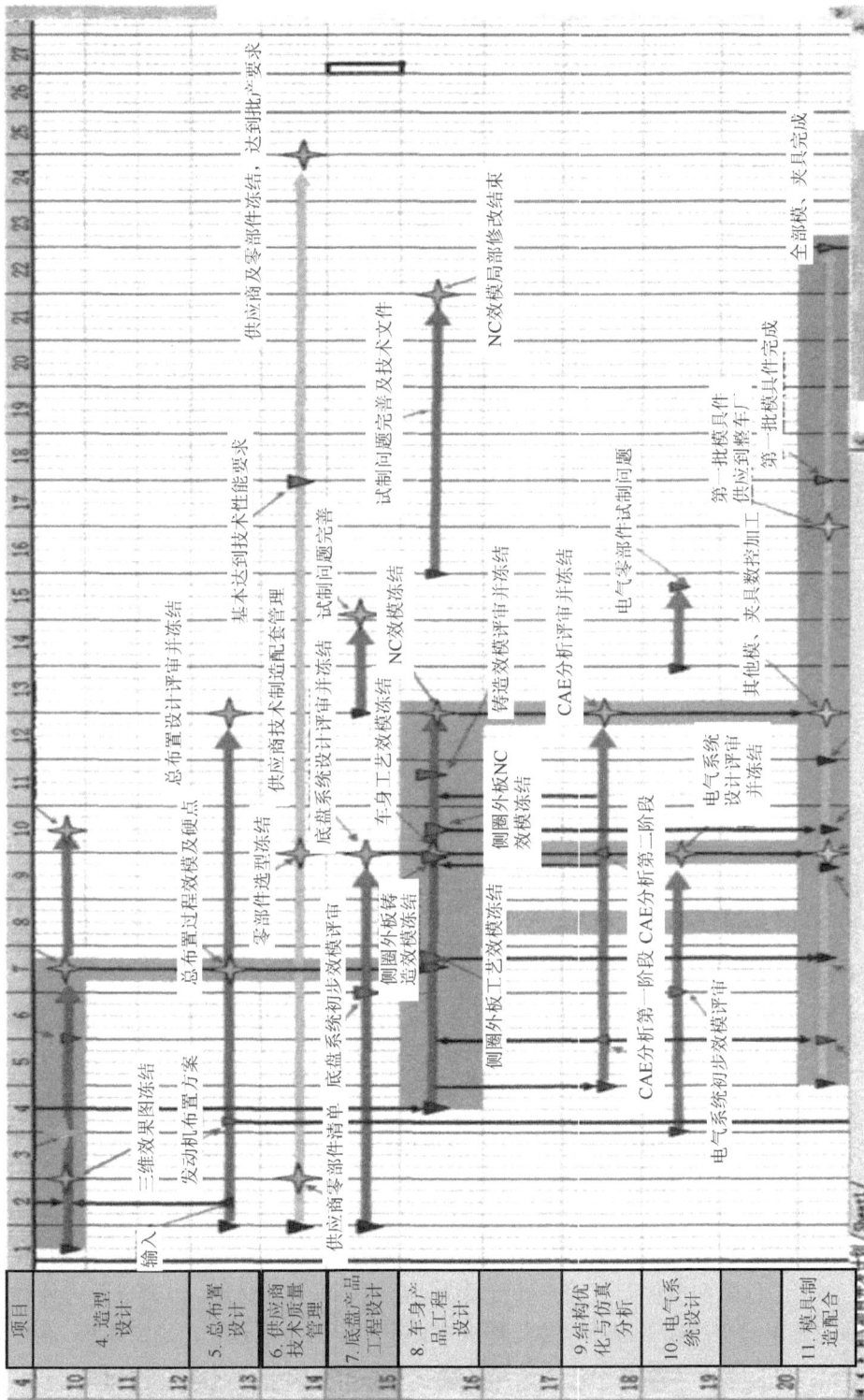

图 3-11 整车开发过程的大计划

从图中可以看出,大部分工作下游部门都提前几个月介入,这是缩短开发周期的关键,即所谓的并行,而传统的开发流程总是需要上游部门完成后再进行下游部门的工作。以模、夹具的开发为例,运用并行工程,其与车身工程设计几乎同时进行,从整个计划第 4 个月开始介入,在整个开发周期的第 22 个月完成。而运用串行工程,其在车身工程设计完成后进行,从整个计划第 15 个月才介入,在整个开发周期的第 34 个月才完成。运用并行工程开发时间上节约近 36%,整个产品开发周期可以缩短 40%~50%。

2. 对整车项目研发质量的作用

在车型各系统详细设计阶段,相关部门提前渗入(图 3-12),设计部门不断预发布、评审、输出,相关部门评审、验证意见和建议不断反馈,然后设计不断更改,通过预发布设计、评审、修改若干个循环,这样可以把不必要的失误和不足消灭在设计阶段,同时优化设计。在产品开发的早期阶段解决设计问题,所冒的风险和损失最小。

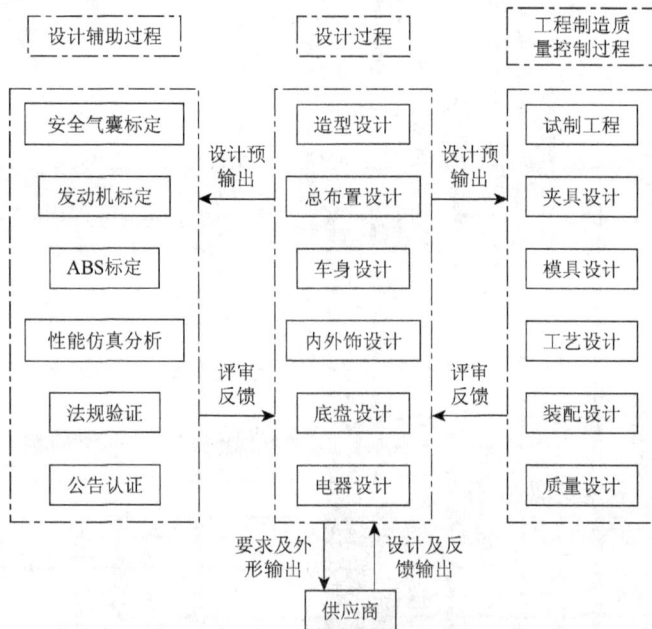

图 3-12　车型各系统设计阶段相关部门提前渗入

各系统的设计和预发布评审都需相关部门的工程师参加,反馈意见马上修改。例如,造型设计和预发布评审需邀请设计部门的领导、设计总师、设计工程师、工艺工程师、模具工程师、制造工程师和销售人员等。总布置设计需邀请车身、底盘、电器以及内外饰各系统工程师、整车安全法规工程师等参与预发布评审。车身工程设计,确定 RPS 点时,需要模具、工艺、制造及质量部门共同确定达成共识;安装硬点,需总布置、底盘、电器和内外饰共同确认。车身零件结构设计需模具、冲压工艺、制造和质量部门参与,CAE部门需对车身进行相关的仿真分析,预发布评审需邀请总布置、底盘、电器、内外饰设计工程师及模具、工艺、制造、质量和主被动安全法规工程师参与。底盘、电器和内外饰设计，供应商直接参与结构设计、工艺分析、质量控制、试制试验以及 3C 认证、海外认证，发现问题直接反馈、修改，CAE 部门需对系统进行相关的仿真分析，预发布评审需邀请总布置、车身、总装工艺、法规认证工程师参与。

样品试制阶段，试制是验证设计物理结构是否合理的必要过程，很多样件可能还是手工样件，车身冲件可用一序拉延件激光切割，只要对焊接精度不造成影响，做到整车试制与模具及零部件开发同时进行，节省很多时间，需要设计工程师、试制工程师、工艺工程师、模具工程师现场跟踪、指导，发现问题及时修改。为了节省时间，并行进行，一般试制阶段的车可用作试验、发动机标定、公告环保 3C 认证、安全气囊标定和 ABS 标定，所以试验工程师、发动机标定工程师、公告环保 3C 认证工程师、安全气囊标定工程师和 ABS 标定工程师此阶段检验车的状况能否满足工作需求，初步认定合格后进行相应的工作。在进行相应工作中，发现问题及时反馈给设计部门修改。

小批试制阶段，小批试制是批产前的关键过程，所有的问题必须在此阶段解决，无论是技术性的还是生产性的问题，设计、工艺、模具、夹具、制造和质量工程师必须全程跟踪，发现问题及时修改、验证。公告环保 3C 认证、安全气囊匹配验证和 ABS 匹配验证等验证工作大都选用此阶段生产的车，因为时间上可以提前，可并行完成，车况上与量产车非常接近。

总之，在整车开发的各个过程中，相关的部门都提前渗入、协同工作、及时反馈、及时修改，使开发全过程方案更改次数减少 50%以上，质量达到最佳，为质量的"零缺陷"打下基础。

3. 对设计和制造过程一体化的作用

设计和制造过程一体化是以并行工程为基础，利用信息技术、仿真技术、计算机技术对现实制造活动中的人、物、信息及制造过程进行全面的仿真，以发现制造中可能出现的问题，在产品设计阶段就采取预防措施，使产品一次性制造成功，从而达到降低成本、缩短产品开发周期、增强产品竞争力的目的，即所谓虚拟制造。实施并行工程建立的高度集成信息系统主模型，可实现不同部门人员的协同工作，许多系统进行了仿真分析，这些都是虚拟制造技术的一部分，为虚拟制造技术的应用创造了条件。

并行工程强调信息技术的充分应用，其为 CIMS 提供良好的运行环境。设计和制造过程一体化，可使制造成本降低 30%～50%。

（资料来源：杨海深，周峰. 2009. 并行工程在整车项目开发中的实际应用. 汽车制造业，3：24-26. http：//auto.vogel. com.cn/2011/0715/paper_3784. html.）

根据案例讨论下列问题

（1）要真正做好并行工程，企业需要作哪些改变？
（2）阐述并行在整车研发过程中的作用。
（3）并行工程在我国的企业中的应用效果不够理想，对此你有什么建议？

复习思考题

1. 新产品的概念是什么，有哪些分类？
2. 新产品研发对企业有什么意义？
3. 产品研发的质量管理包括哪些活动？它们之间的关系是什么？
4. 基于新产品视角，提高研发质量的关键因素有哪些？
5. 基于新产品研发流程视角，提高研发质量的关键因素有哪些？
6. 简述质量研发过程的主要阶段。
7. 并行工程的基本思想是什么？分析并行工程的开发模式与传统产品开发模式的异同。
8. 简述价值工程的基本思想和实施程序。

第4章 质 量 设 计

本章目录

本章导读

产品设计是产品开发的核心，也是企业实现顾客需求、保持竞争优势的关键。产品设计从明确任务书开始，包括确定产品的基本结构、性能参数和技术指标等一系列活动。由于产品的设计位于产品生命周期的前端，该阶段工作质量的好坏直接影响最终产品质量的高低。

本章首先讨论了质量设计和设计质量问题，主要从产品的概念和产品生命周期、产品设计和产品设计需求出发，阐述了设计质量的定义、形成过程及其控制；其次讨论了质量设计的一般过程，包括明确任务、概念设计、初步设计和详细设计四个方面；最后重点列出了一些质量设计方法，如质量功能展开、稳健设计法、TRIZ 方法，并对公理化设计、试验设计等作了简要介绍。

4.1 质量设计与设计质量

4.1.1 质量设计

1. 产品的概念

产品是指能提供给市场，用于满足人们某种欲望和需要的任何事物，包括实物、服务、组织、思想、创意等。产品整体概念的五个基本层次如图 4-1 所示。

（1）核心产品是指向顾客提供的产品的基本效用或利益。从根本上说，消费者购买产品，不是为了产品本身，而是为了获得某种需要的满足。例如，人们购买空调不是为了获取装有某些电器零部件的物体，而是为了在炎热的夏季满足凉爽舒适的需求。

（2）形式产品是指核心产品借以实现的形式，由五个特征构成，即品质、式样、特征、商标及包装。即使纯粹的服务，也具有相类似的形式上的特点。

（3）期望产品是指购买者在购买产品时期望得到的与产品密切相关的一系列属性和条件。例如，旅客对宾馆的服务产品的期望是干净整洁的房间、毛巾、卧具；方便的交通、饮食、通信等。消费者对期望产品的评价往往以行业的平均质量水平为依据。当普遍公认的期望产品得不到满足时，将直接影响其对产品的满意度、购后评价及重购率。

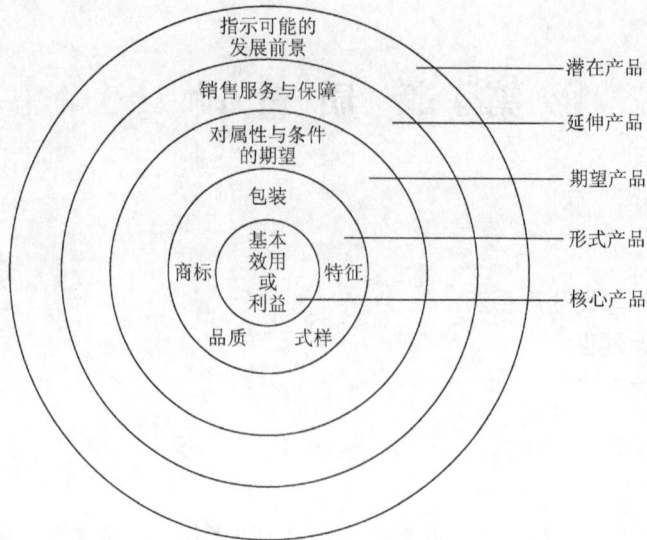

图 4-1　产品整体概念的层次

（4）延伸产品是指顾客购买形式产品所有过程中所获得的除产品基本效用及功能之外的各种利益的总和，包括产品说明书、安装、维修、送货、技术培训等。许多情况表明，新的竞争并非凭借各公司在其工厂中所生产的产品，而是依靠附加在产品上的包装、服务、广告、顾客咨询、资金融通、运送、仓储及其他具有价值的形式。能够正确发展延伸产品的公司，必将在竞争中赢得主动。

（5）潜在产品是指产品最终会实现的全部附加价值和新转换的价值，即包括现有产品所有延伸及演进部分在内、最终可能发展成为未来实质性的产品。潜在产品指出了现有产品的可能的演变趋势和前景。例如，彩色电视机可发展为智能家庭电脑终端等。

2. 产品生命周期

产品的生命周期是指产品从研制成功投入市场开始，经过导入期、成长期、成熟期和衰退期，最终被淘汰退出市场的全过程。产品生命周期特指产品的市场寿命，而不是产品的自然生命或使用寿命。产品经过研发、试销，然后进入市场，其市场生命周期就开始了。产品被消费者拒绝或淘汰，退出市场，则标志着产品生命周期的结束。典型的产品生命周期一般可分为四个阶段，即导入期、成长期、成熟期和衰退期，如图 4-2 所示。

1）导入期

新产品投入市场，便进入了导入期。此时，顾客对产品还不了解，只有少数追求新奇的顾客可能购买，销售量很低。为了扩展销路，需要大量的促销费用，加大产品宣传。在这一阶段，由于技术方面的因素产品不能大批量生产，所以成本高，销售额增长缓慢，企业不但得不到利润，反而可能亏损。导入期产品的市场特点是生产成本高、营销费用大、销售数量少、竞争不激烈、销售利润常常很低甚至为负值。

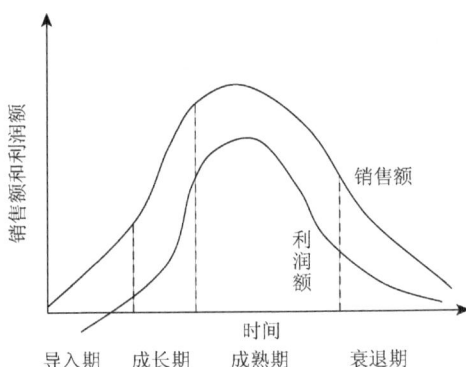

图 4-2　产品生命周期

2）成长期

新产品经过市场导入期，消费者对该产品已经熟悉，消费习惯也已形成，销售量迅速增长，这种新产品就进入了成长期。进入成长期以后，老顾客重复购买，并且带来了新的顾客，销售量激增，企业利润迅速增长。随着销售量的增大，企业生产规模也逐步扩大，产品成本逐步降低，新的竞争者会投入竞争。随着竞争的加剧，新的产品特性开始出现，产品市场开始细分，分销渠道增加。

3）成熟期

产品经过成长期的一段时间以后，销售量的增长会缓慢下来，利润开始缓慢下降，这表明产品已开始走向成熟期。进入成熟期以后，产品的销售量增长缓慢，逐步达到最高峰，然后缓慢下降；该产品的销售利润也从成长期的最高点开始下降；市场竞争非常激烈，各种品牌、各种款式的同类产品不断出现。

4）衰退期

在成熟期，产品的销售量从缓慢增加达到顶峰后，会发展为缓慢下降。在一般情况下，如果销售量的下降速度开始加剧，利润水平很低，就可以认为这种产品已进入生命周期的衰退期。衰退期的主要特点是：产品销售量急剧下降；行业生产能力过剩，企业从这种产品中获得的利润很低甚至为零；大量的竞争者退出市场；消费者的消费习惯已发生转变等。

3. 产品设计

在 ISO 9000：2005 标准中，产品设计（Product Design）的定义为：设计和开发是将要求转换为产品、过程或体系的规定的特性或规范的一组过程。

从设计的定义中可以看出，设计是将已确定的与产品有关的要求转换为规定的产品图样及质量特性（制造业）或服务规范、服务提供规范和服务质量控制规范（服务业）的一组过程。其中，设计的输入是与产品有关的要求，这些要求来自顾客或市场信息、法律法规、组织的附加要求；设计的输出是规定的产品特性（对于制造业而言）或规范（对于服务业而言），同时为后续的产品实现过程（如采购过程，生产、服务提供过程）、测量过程提供规定的产品信息；设计的转换即设计过程。

产品设计阶段要全面确定整个产品的构型、结构、规格，从而确定整个生产系统的布局，具有"牵一发而动全局"的重要意义。好的设计，不仅表现在功能上的优越性，而且便于制造，生产成本低，从而使产品的综合竞争力得以增强。许多在市场竞争中占优势的企业都十分注意产品设计的细节，以便设计出造价低而又具有独特功能的产品。

对产品设计人员而言，产品质量是其要追求的首要目标，若某种产品的质量达不到要求，它的使用价值就会显著降低，甚至完全丧失使用价值。同时，设计人员所考虑的问题不应仅局限于产品最终使用用户对产品质量的要求，而应考虑包括产品质量在内的五大因素，质量（狭义的质量）、成本、时间、售后服务与环境。这些要求可以概括为用户、企业及社会对产品设计提出的质量总体的要求。为了达到上述目标，产品设计人员应充分了解产品设计质量所包含的内容。

4. 产品设计需求

一个成功的设计，要在市场和顾客需求的基础上，既满足产品在功能、性能、可靠性等方面的使用需求，也满足工艺设计、制造、装配等方面的生产需求，还满足使用、维修等方面的适用需求，同时满足经济效益、报废和环保等方面的社会需求。在产品设计过程中，设计人员要综合地考虑使用、生产、适用和社会等方面的需求，并将这些需求转化成设计思路和设计规范。

1）使用需求

新产品要为市场所认可，并能取得经济效益，就必须从市场和顾客需求出发，充分满足使用需求。使用需求主要包括以下四个方面的内容。

（1）产品的可用性。确保产品符合市场和顾客的期望，实现产品功能、性能的目标，同时易于使用。

（2）产品的安全性。消除产品使用过程的种种不安全因素，采取有效措施加以防止和防护。同时，设计还要考虑产品的人因工程因素，尽可能改善使用环境。

（3）产品的可靠性。满足产品在规定的时间内和预定的使用条件下的正常使用。

（4）美观性。产品设计充分考虑和产品有关的美学问题，正确处理产品外形和使用环境、用户特点等的关系。在可能的条件下，应设计出用户喜爱的产品，提高产品的市场价值。

2）生产需求

可制造性是对产品设计的最基本要求。产品零部件应符合可加工性原则，产品结构应符合装配工艺原则。在确定的生产规模条件下，尽可能采用经济的加工方法，这就要求所设计的产品能够最大限度地降低制造工作量，减少材料消耗，缩短生产周期，降低制造成本，并能够为企业创造良好的经济效益。

3）适用需求

产品的耐用度和使用寿命、维修及备件的保障程度、产品的成熟度和市场化程度等均是产品适用需求的重要组成部分。

4）社会需求

社会需求，不仅指当前的社会需求，而且还包括未来较长时期的发展需要。开发新产品，加速技术应用，是长期以来推动市场进步的动力。为此，必须加强对技术发展的关注，在产品设计中尽可能地吸收先进技术，实现有效降低成本、提高劳动生产率、减轻环境压力、提高资源利用率的目标。

4.1.2 设计质量

1. 设计质量的定义

"质量是设计和制造出来的，不是检验出来的"说明了设计质量管理至关重要。设计质量是产品设计过程有效地提供能够重复地满足如成本、安全性和性能等设计目标的过程和产品特征的程度。产品的设计位于产品生命周期的前端，该阶段工作质量的好坏直接影响后续各阶段的质量。因此，在产品设计过程中必须要考虑产品全生命周期其他阶段对产品设计与开发活动的要求，即产品设计过程的需求分析应该是面向产品全生命周期的。

产品的设计是一个复杂的过程，涉及许多方面的知识和常识，工作风险性较大。怎样设计出质量好、利润高的产品，并使设计的新产品在运行和使用中尽量少出问题，已成为产品质量管理的重要方面。在设计过程中，发现质量缺陷越早，付出的代价就越小，并且产品的大多数缺陷出现在新产品刚刚推出时，因此在质量管理活动中，应重视新产品的设计质量控制。

综上，产品设计质量可以定义为：为了满足对产品的明示或隐含的需求或期望，产品的设计与预先设定的有关产品功能、性能、可靠性、安全性、经济性、环境友好等目标的符合程度。

2. 设计质量形成过程

从产品质量形成的角度分析，产品的设计过程也就是产品设计质量的形成过程。即在明确任务阶段，首先将最初的用户对产品质量的需求经过去除冗余和精简处理后得到确定的用户需求，然后将用户需求映射为一组与之对应的产品质量特性集；在概念设计阶段将产品的质量特性集映射为与产品的功能结构相对应的产品功能结构质量特性；在初步设计阶段将部件的功能结构质量特性分解转化为零件级的质量特性；在详细设计阶段将零件级的质量特性分解、转化、落实到组成零件的总体信息、形状特征、几何尺寸、精度要求、材料要求等质量特性。最终的产品设计质量通过各个零部件的形状特征、几何尺寸、材料要求、精度要求（尺寸公差、形位公差）等体现出来。产品设计质量的形成过程如图 4-3 所示。

然而，在产品设计质量形成过程中，由于受到设计人员认识上的限制、企业资源的限制以及产品全生命周期其他阶段各种约束的限制，产品设计过程各阶段间质量特性的转换很难实现百分之百的等价转换，即在每个阶段中都或多或少存在质量损失。例如，在明确任务阶段由于受到企业在资金、人员、设备等各方面资源的限制和对用户定性、模糊的需求理解的准确度上存在不同程度的不一致性，用户需求与产品需求之间不可避免地会存在差异，即用户需求与产品需求之间的质量损失；在概念设计阶段，在进行产品功能的分解与原理解答的寻求过程中，由于受到设计人员认识的局限性、个人偏好和生命周期各阶段约束考虑不周等因素的影响，概念产品方案可能存在不同程度的缺陷与不足，导致概念产品与产品需求之间不能实现等价转换，即产品需求与概念产品之间的质量损失。在初步

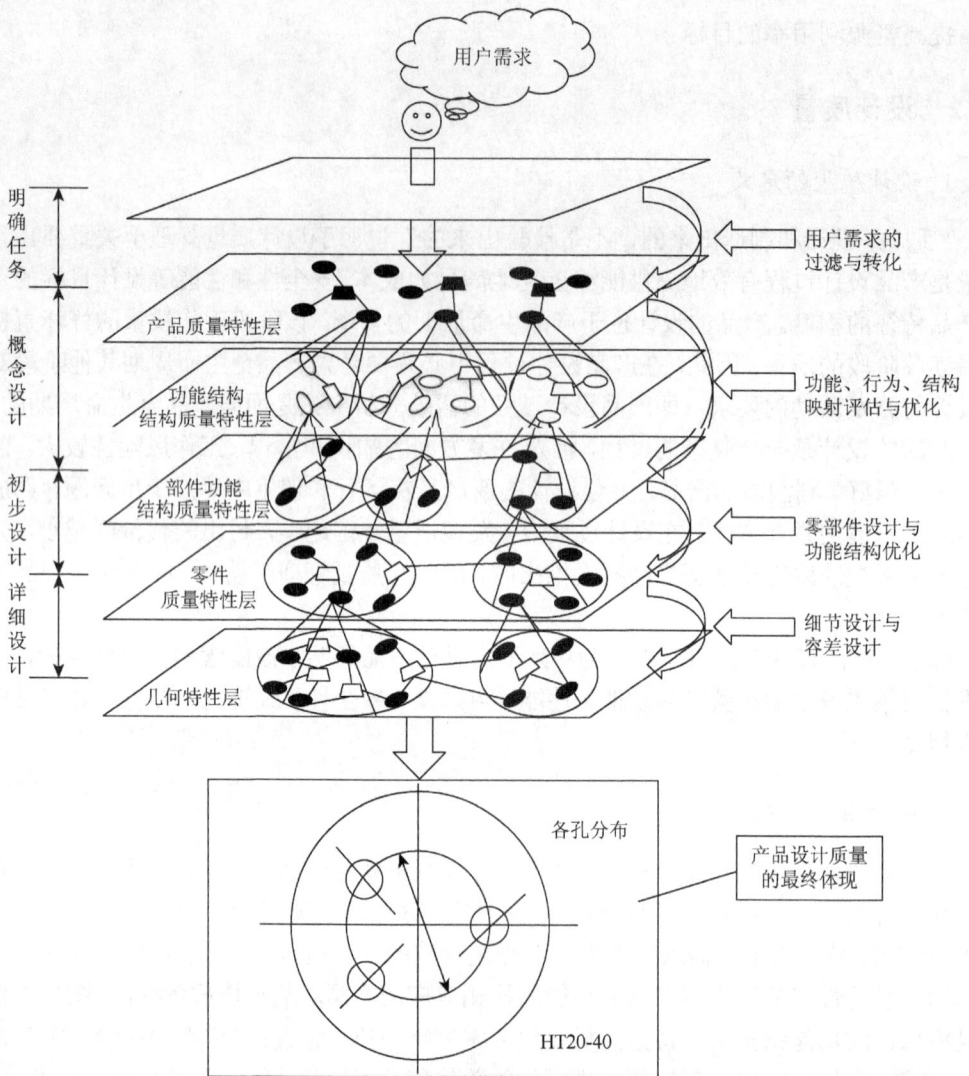

图 4-3　设计质量形成过程

设计阶段和详细设计阶段中设计参数选取的随意性，对后续的产品可制造性、可装配性等考虑不全面也将导致产品功能结构与部件、部件与零件、零件与几何特征之间存在质量损失。此外，缺乏有效的产品设计过程质量控制方法与工具支持、设计质量信息的管理不够完善等，也是产品设计过程质量损失的主要原因。

要使产品的设计质量满足用户需求，即将质量设计融入产品，就需要保证从用户需求出发，做到层与层之间质量特性的传递与转换是等价的，或质量损失尽可能小。要做到这一点，就必须对产品设计过程进行有效的质量控制。

3. 设计质量控制

设计质量控制就是按规定程序和规范控制和协调各阶段的设计工作，以保证产品的设计质量，及时地以最少的耗费完成设计工作。产品设计质量控制的实质是：产品设计过程中为了满足顾客对产品的明示或隐含的需求或期望，达到能够重复地满足如成本、安全性和性能等设计目标而进行的作业技术和活动。因此，设计过程应怎样开展、怎样控制设计过程的质量是质量管理的关键活动之一，直接影响产品的质量。

一般说来，质量控制实施"作业技术和活动"的程序如下。

（1）确定计划与标准。

（2）实施计划与标准，并在实施过程中进行连续的监视、评价和验证。

（3）发现质量问题并找出原因。

（4）采取纠正措施，排除造成质量问题的不良原因，恢复其正常状态。

（5）完善计划与标准。

产品设计质量控制的目标是使产品设计过程、产品设计过程的每一个阶段乃至设计阶段中的每一个设计内循环都处于有效的受控状态，实现产品设计过程各阶段质量特性的等价传递与转换、设计过程质量保证能力的稳步提升，从而达到如下目的。

1）保证产品的符合性和适用性

产品设计质量的好坏直接影响最终产品的符合性和适用性。加工制造过程控制得再好，也只能使产品质量接近或达到设计时所确定的质量水平，一般是不可能超过的。设计的先天不足，必然导致生产及使用中的后患无穷，甚至是花费大量人力、物力、资源制造出来的产品却没有销路。因此，只有一开始就采用一系列行之有效的现代设计方法和质量控制与保证方法进行设计，才能确保开发出来的产品技术水平高、成本低、工艺性能好、能够满足顾客需求。

2）保证产品设计过程的持续稳定性

产品设计质量控制与保证使得产品设计过程始终围绕满足顾客需求这一最终目标。对产品开发过程进行前馈控制，使得产品开发过程的输入更加集中于顾客隐含的或明显的需求上；通过在产品开发过程中不断监控开发过程的实际情况，与质量目标进行对照，并采取措施消除两者的差异，使得产品的设计过程始终保持稳定状态，从而避免了设计过程中出现大的反复。同时，将质量控制过程中产生的质量问题与解决措施进行分析与总结，进而转化为指导产品设计开发的计划与方法体系，以求有效地缩短产品的开发周期，使得企业在第一时间以质量稳定的产品抢占市场，获得商机。

4.2 质量设计过程

1. 质量设计过程

质量设计过程是将产品市场需求映射成产品功能要求，并将功能要求转化成能实现该功能要求的产品几何结构的过程。一方面，上一阶段的输出是下一阶段的输入；另一方面，各阶段之间又存在着迭代与反馈，即整个产品设计过程就是一个在用户需求的驱动下不断设计→优化→验证→再设计的过程。

通常，产品设计过程可划分为四个阶段，即明确任务、概念设计、初步设计和详细设计。产品设计的一般过程如图 4-4 所示。

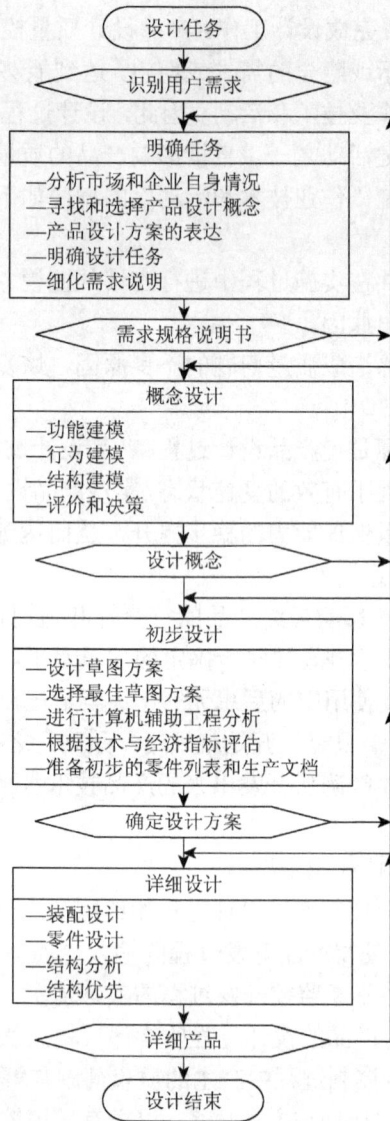

图 4-4 产品设计过程

产品设计过程各阶段的主要任务如下。

1）明确任务阶段

该阶段起始于识别用户需求，终止于给出产品的需求规格说明书，其主要任务是确定产品的设计目标。它是连接市场和后续产品开发过程的重要纽带，明确任务阶段产生的失误将导致整个产品开发的失败。

该阶段的输出是反映用户对产品要求和愿望的用技术语言描述的规格说明书，其主要内容包括产品的功能、性能、外形、成本、维护与上市时间等指标。因此，该阶段的关键是实现用户需求向产品技术需求的映射转换。

2）概念设计阶段

概念设计是从需求产品规格说明书到生成设计概念的过程。概念设计阶段包括功能建模、行为建模、结构建模以及评价和决策等主要内容。概念设计是以一组产品技术需求和目标规格开始的，并以一组产品设计概念结束。该过程通过功能-行为-结构的"之"字形映射（图 4-5），将总的功能需求分解为子功能需求和功能元，进而寻找满足各项功能（子功能、功能元）的原理解及相应的系统结构，再对各功能（子功能、功能元）的原理解进行组合，经过评价与决策，从而得到一组可供选择的产品概念。

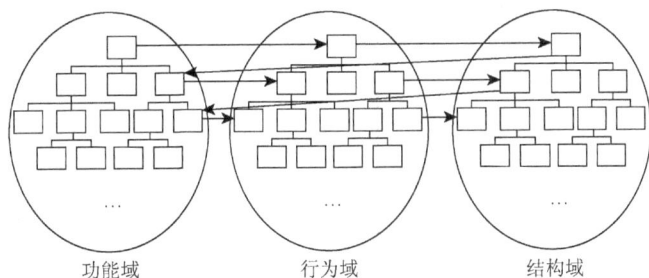

功能域   行为域   结构域

图 4-5　功能-行为-结构映射

概念设计的输出是设计概念，设计概念是满足功能需求的设计解，有一定的可视性，能用来与顾客进行交流或得到市场反馈信息、进行初步设计评价的产品模型。

3）初步设计阶段

初步设计是从一组设计概念中产生最佳设计方案的过程。初步设计阶段主要包括通过绘制草图和进行计算机辅助工程分析检验和测试功能域、行为域和结构域上变量的一致性、完备性，确定产品的可生产性、竞争力，采用综合分析与评价方法对可供选择的概念产品设计方案进行选择，然后，确定最终产品设计方案并进入详细设计阶段，或返回概念设计循环。

所确定的最终产品设计方案起码应有产品零部件尺寸、形状及其关系的大致描述，主要是围绕实现功能的功能面和连接所需的并满足几何外形约束的那部分零部件尺寸、形状和装配关系，设计方案描述的形式和详尽程度与产品设计类型有关，也与产品开发的支持环境有关。

4）详细设计阶段

详细设计是根据最终的设计方案确定完整的产品零部件外形、各部件的产品装配关系及其总体结构的过程。详细设计阶段包括装配设计、零件设计和结构分析及优化。

（1）装配设计。考虑构形、结构、材料、安全等具体要求，同时结合加工工艺、装配工艺、使用维护等工艺性和经济性的要求，决定零部件的划分、零部件的连接形式和装配配合参数。

（2）零件设计。从产品设计方案的大致形状出发，在满足装配参数等要求的基础上，确定零件材料、几何形状、特征参数、尺寸公差、表面粗糙度、形状位置公差、热处理、检验要求的数据。

（3）结构分析。对零件的结构设计结果进行强度计算。

（4）结构优化。在保证产品达到规定的性能要求的前提下，减轻产品的重量和体积，降低产品的造价。

该阶段的输出是详细产品。详细产品包含完备的零部件材料、尺寸、形状和装配关系，可以进行制造和装配的产品模型。

综合分析上述产品设计过程，可以将产品设计过程分成宏观和微观两个层面进行分析。从宏观上讲，产品的设计过程包括通过分析市场和用户需求明确设计目标；根据产品的设计目标、技术水平以及企业现有的资源状况，形成满足预定功能要求的产品概念模型；通过充分分析研究与评估选定设计方案，进而进行产品的总体规划、产品功能结构、性能指标、零部件等的详细设计。整个过程就是一个将产品设计目标不断分解、细化、落实，并最终体现在产品的尺寸要求、形状特征、精度特征、技术特征、材料和装配特征等方面的过程。

从微观上讲，每个阶段又是由若干个设计子过程组成的，在每个子过程中又包括明确目标、设计、优化和验证四项主要活动。各个设计循环之间相互联系，互为因果，前一个循环不仅是后一个循环的延续，而且是对前一个循环结果的验证。这样不仅可以及时发现设计过程中的问题，不断地进行设计过程的优化，而且可以及早发现并消解各种矛盾和冲突，避免矛盾和冲突的转移与放大，达到减少问题设计结果向制造过程流入的目的。宏观产品设计流程与各设计阶段内的微循环流程如图 4-6 所示。

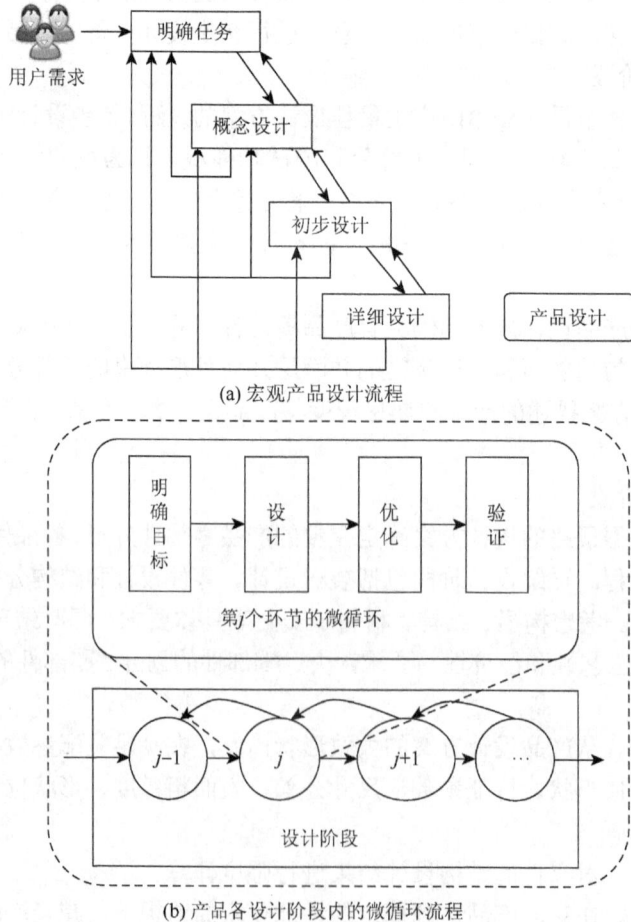

(a) 宏观产品设计流程

(b) 产品各设计阶段内的微循环流程

图 4-6   产品设计流程

由图 4-6 可见，产品设计过程是一个不断推进、持续改进和优化的渐进迭代过程，每个阶段之间存在交叉和相互重叠，每个阶段内部存在微循环，所不同的是各个阶段的输入、输出不同，采用的优化方法和验证的手段不同而已。

2. 设计过程质量管理内容

产品设计质量管理就是保证设计工作质量、组织协调各阶段质量职能、以最短时间最少消耗完成设计任务。其内容包括以下五个方面。

（1）产品设计的总体构思。根据市场调研结果，掌握顾客的质量要求，进行产品创意，形成产品总体构思。产品创意不是天马行空，原有功能的杂交则屡建奇功，例如，沙发+床=沙发床、电话+传真+复印机=一体机、手机+血糖仪=测血糖的手机、手机+网络技术+显示屏=手机电视等。

（2）确定产品设计的具体质量目标。利用各种经济指标和核算方法，对产品的经济价值、质量成本等进行分析，寻求最有利的方案，即最佳工艺方案，以实现质量和经济的统一。常用方法有价值工程、试验设计、容差设计、方案比较法、投资与成本对比法、成本效益分析法、最优化设计等定量计算方法。

（3）明确产品设计的工作程序。将设计部门中各层次、各环节的技术人员在产品设计及设计质量管理活动中的责、权、利进行合理划分，并以制度形式固定下来。同时规定设计部门的各个组成部分之间、各技术人员之间的关系和设计活动过程中的联系方式与程序。

（4）组织设计质量评审。安排好"早期报警"，包括设计评审、故障分析，搞好产品实验验证，消除先天性缺陷。

（5）质量特性的重要性分级。做好质量特性重要程度的分级和传递，使其他环节的质量职能按设计要求进行重点控制，确保符合质量特性。

4.3　质量设计方法

4.3.1　质量功能展开

1. QFD 的基本概念

质量功能展开（Quality Function Development，QFD）理论在 20 世纪 60 年代后期起源于日本的三菱重工神户造船厂，由日本质量管理大师赤尾洋二（Yoji Akao）和水野滋（Shigeru Mizuno）提出，旨在时刻确保产品设计满足顾客需求和价值。后来被日本其他公司广泛采用，现已成为一种重要的质量设计技术，得到世界各国的普遍重视，认为它是满足顾客要求、赢得市场竞争、提高企业经济效益的有效技术。

QFD 包含两层含义：一是狭义的质量功能展开，即用目的手段，将形成质量的功能乃至业务，以不同的层次展开到具体的部分。二是质量展开，是将顾客的需求转换为图样和设计要求及产品生产过程中各阶段的要求，以确定产品的设计质量，并将其系统地、关联地展开到部件要求、零件要求、工艺要求以及工序要求等过程，如图 4-7 所示。

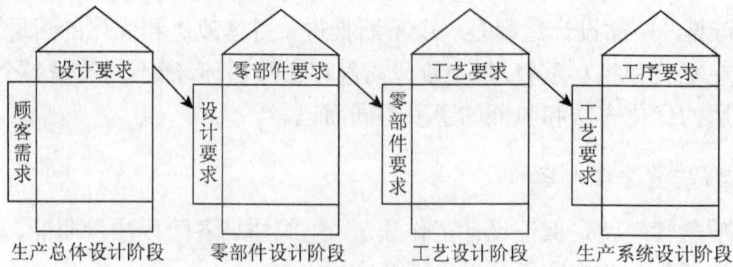

图 4-7 质量功能展开示意图

QFD 展开的过程是：先用一系列的矩阵和图表把顾客需求转化为工程特性或设计要求，再根据同样的原理把设计要求转化为部件和零件质量特征，把部件和零件质量特征转化为工艺和工序要求，直到制造过程中详细而精确的操作和控制。设计要求、部件质量要求、零件质量要求、工艺要求和工序要求大多为定量的工程技术要求，故又称为工程特性，有时也称为代用的质量特性，以区别于顾客需求的真正产品质量特性。

QFD 是一种集多学科团队工作过程为一体的用于规划和设计开发新产品的方法，它通过收集顾客或市场需求信息，用一系列的矩阵和图表将顾客的需求特性转化为产品设计过程中产品质量特性和设计要求，进而展开为部件、零件质量特性的技术要求，工艺要求，制造和检验技术要求。这样，来自顾客或市场的需求信息准确地转移到产品生命周期中的每一个设计阶段中，减少顾客或市场需求和产品设计制造之间的"隔阂"，保证产品的设计质量满足顾客或市场需求。由于质量功能展开过程加强了各部门的协作和配合，可以大大缩短产品研制设计周期，减少设计和试制过程技术文件的更改，提高工作效率和降低成本。

2. QFD 实施步骤

QFD 的核心是质量屋（House of Quality，HOQ），质量屋是由一系列的二维矩阵和图表构成的，根据不同的应用目的，质量屋构成上有一定的差异，但构建质量屋的基本思想和方法是一致的。QFD 的质量屋基本上是由八个不同参数的矩阵图表构成，如图 4-8 所示。

在如图 4-8 所示的质量屋中，各部分组成及步骤如下。

1）顾客需求及其重要度

顾客需求及其重要度图表在质量屋的左部，该部分是对质量屋中顾客要求及其重要度的描述。顾客满意首先得听取顾客的要求，产品设计的初始阶段是确定顾客需求的阶段，根据顾客的需求选择和确定产品设计方案。通过对顾客或市场进行调查，获取顾客对需要设计产品即目标产品的要求，并对获取的每个要求进行重要性度量，即确定权重。

顾客提出的有些要求比较笼统，必须对所提要求分类、分级，逐步展开、细化。对顾客提出的所有要求，要确定其重要度，确定这些要求中哪一项更重要，可用 1～5 或 1～10 来衡量重要性，数字越大说明重要性越大。重要性度量在 QFD 过程中起到很重要的作用，对重要度的确定必须准确反映顾客的意见。

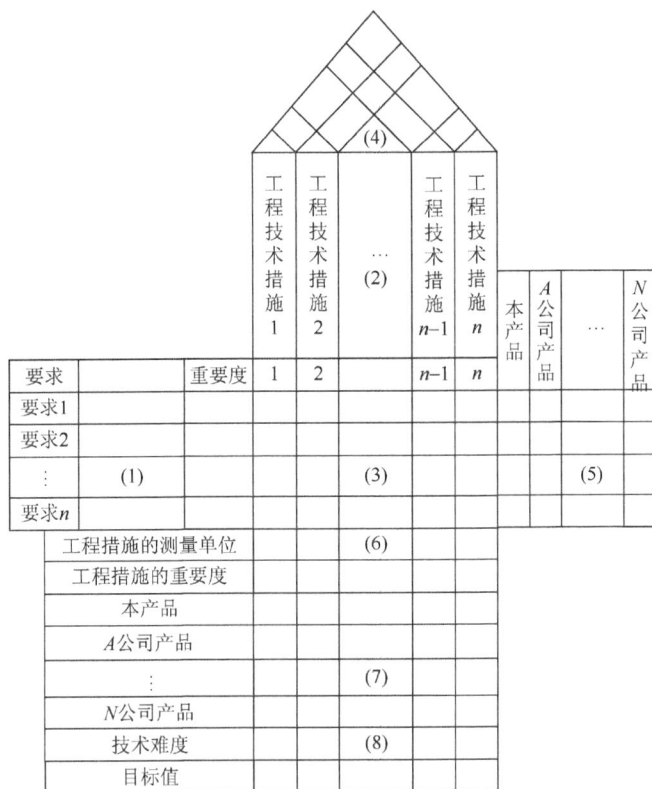

图 4-8 QFD 质量屋的构成

2）工程技术措施

工程技术措施在质量屋的上部，描述实现顾客需求的方式。通过顾客需求及其重要度分析，明确了顾客对所设计的产品的看法，顾客需要"什么"已经清楚，而具体"如何"做，就需要用设计生产过程中有关人员都能懂的工程语言来描述产品的特性。根据顾客的各项要求，产品设计和生产过程中相关的人员应协作，运用集体智慧，制定可定量的工程技术措施。

3）关系矩阵

关系矩阵位于质量屋的中部，描述顾客需求特性与工程技术措施之间的关系，是分析每项工程技术措施怎样实现相应顾客需求的方法，它明确了哪一项措施可以最佳地实现所有的顾客需求。

关系矩阵有助于设计、生产等过程的人员对复杂事物的清晰思维，并提供机会对思维的正确性进行反复交叉检查。关系矩阵图表中的顾客需求可能与一项工程技术措施相关，也可能与多项工程技术措施相关。一方面，当在关系矩阵图表上发现某项工程技术措施与任何一项顾客需求没有关系时，就可确定该工程技术措施可能是多余的，或者设计人员在收集顾客需求时漏掉了某项需求。另一方面，当某项顾客需求与所列的任何工程技术措施都没有关系时，就应增加工程技术措施以满足顾客需求。

关系矩阵图表中可用数字表示工程技术措施与顾客需求之间关系紧密的程度，也可用符号来表示。用数字表示时，可用 0～5 或 0～10 来表示。例如，用 0～5 表示：0 表示没有关系存在；1表示关系不紧密；3表示关系一般；5表示关系紧密；2和4分别表示1~3和3~5的中间关系。用符号表示时，表示相关与不相关的符号有：两个"+"号表示强烈明确的正相关关系；一个"+"号表示正相关关系；一个"−"号表示负相关关系；两个"−"号表示强烈的负相关关系；通常两个"×"号运用于要删除的负相关关系，没有标注表示无关系。符号的种类不是唯一的，仅仅是一种表示方法，还可用其他符号表示，所用的符号要在质量屋图表上说明其含义。

4）相关性矩阵

相关性矩阵位于工程技术措施顶部的一个三角形矩阵，形状像一个屋顶，故也称为"屋顶"，表示各个工程技术措施之间的相互关系。相关性矩阵是由各个工程技术措施的 X、Y 两条轴线相交旋转45°而形成的，它体现了各个工程技术措施之间，哪些措施是相互支持的，而哪些措施又是有冲突的。如果某两项措施之间有冲突，则表明需要对这两项措施进行更多的研究。相关性矩阵可以帮助设计研究人员运用同一资源达到多种目标。

在相关性矩阵中运用符号来表示工程技术措施之间的关系，以便在质量屋图表上一目了然地知道各个措施之间的相互关系。相关性矩阵的符号表示方法与关系矩阵是一样的。在"屋顶"相关性矩阵中，一个正相关关系说明两种措施之间关系协调，而一个负相关关系则说明两者之间会有不利影响。

5）市场竞争性评价矩阵

市场竞争性评价矩阵位于质量屋的右部，在顾客要求特性方面描述了顾客对本公司的产品和其他公司产品的看法。顾客要求矩阵图表中已经明确了顾客对产品的具体要求，对照这些要求调查顾客对本公司产品和其他公司产品的评价，用顾客的评价作为同竞争对手进行比较的依据。这样有助于明确本公司与其他公司之间的差距并消除这种差距，保持自己的优势，提高自己的竞争能力。

用数字对本公司和其他公司产品在顾客需求特性方面的优势进行度量，把每项顾客要求中得分值最高的竞争对手作为公司的最低奋斗目标。如果在某项顾客要求中自己公司的分值最高，则继续保持。随着顾客对产品的市场竞争性评价工作结束，产品设计开发人员很清楚地知道什么样的产品或服务能满足顾客，这样开发出来的产品就畅销，就有市场竞争能力。

6）工程技术措施特性指标及其重要度

工程技术措施特性指标及其重要度位于关系矩阵的下部，描述每项工程技术措施的指标（单位）及其重要度度量。

7）技术竞争性评价矩阵

技术竞争性评价矩阵位于质量屋的下部，是由工程技术人员提供的评估数据，描述本公司和其竞争对手的产品在所采取的工程技术措施方面的具体观测值和技术难度。根据对观测值的对比分析，可以确定每项工程技术措施的最大值，找出本公司与其他公司在某项工程技术措施方面的差距。

8）技术难度和目标值

技术难度和目标值位于质量屋的最下部。设计人员根据工业技术水准和本公司的水平，确定各项技术措施的技术难度，设定各项工程技术措施的目标值，以便对原有产品进行相应的改进，使产品在技术特性上立于不败之地。

图 4-9 中显示的是关于质量屋的一个简单例子。这是一家汽车公司汽车车门设计与开发的案例。按照以上步骤，这家汽车公司建立起了一个质量屋。房间是每一个顾客要求与技术特征的关系矩阵。例如，"易于从外部关闭"与"关门动力"的关系密切，"不反弹"与"开门动力"有一定关系。在质量屋的顶部，"车门封闭性"与"减少公路噪声"强正相关（封闭性越好，噪声越低）。通常需要进一步对这些关系作量化处理，然后经过数据分析，找出对满足顾客需求贡献最大的技术特征，即关键特性，作为下一步展开的重要输入。

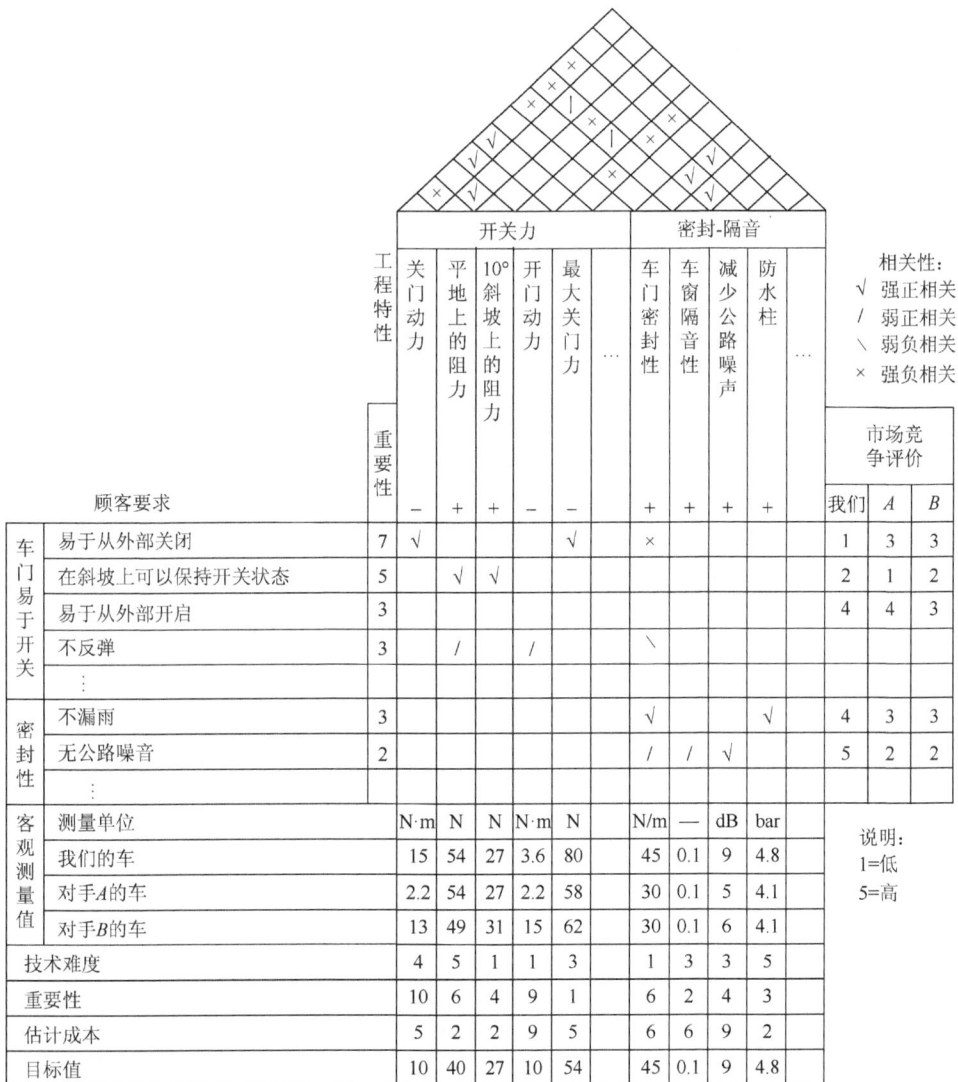

图 4-9 汽车车门设计质量屋

4.3.2 稳健设计法（田口方法）

1. 基本概念

稳健设计（Robust Design）法是一种低成本高质量的统计分析设计方法，起源于20世纪70年代日本田口玄一（Taguchi）提出的"三次设计法"，国际上又称为"田口方法（Taguchi Method）"。

田口认为，产品质量是"产品出厂后，直到使用寿命完结，给社会带来的有形与无形的损失程度"。该定义与传统的产品质量定义不同。田口的观点是产品质量是用产品对顾客和社会造成的损失来衡量的。例如，手机出现质量问题时，用户就要修理。修理过程中的维修费、路费以及用于修理手机时间等方面的费用，就是对顾客造成的损失，也是对整个社会造成的损失。该质量损失和产品出厂后的功能特性与目标值之间的偏差成正比。偏差越大，给社会带来的损失就越大，产品质量就越差；反之，产品质量就越好。控制这种质量偏差的传统方法是，在生产过程中，对产品的材料、工艺等质量因素进行严格控制，并对制造出来的产品进行检验或测量，以剔除超差部分的不合格品。而田口方法则是从传统的制造过程的质量控制转向设计过程的质量控制的方法，从产品的源头上控制产品质量。

任何产品都有影响其质量性能的因素。例如，产品性能与其中某个质量因素有关，当该因素发生微小变化时，产品性能也随之发生变化。如果产品性能发生的变化很小，产品发生的变化就很小，则认为产品的性能对该质量因素的变化不敏感，即产品具有稳健性。产品的性能与很多个质量因素有关，当产品性能对某个因素敏感时，可以通过调整其他控制因素的变化，使产品性能对总的因素的变化不敏感。

稳健设计的基本原理就是在设计产品或工艺时，就考虑到产品在制造和使用中各种因素发生的偏差，进而在规定的寿命期间内产品发生老化、性能变差时，都能使产品的性能保持稳定的一种设计方法。选用廉价的零部件（指要求的加工精度低或二级、三级品等类零部件），通过稳健设计，调整影响产品质量的可控因素（即设计参数）的水平和组合及容差，使总的产品性能对其他质量因素的敏感程度降低，提高和稳定产品抗干扰的能力，以获得低成本高性能的产品。不进行稳健设计的产品，有时即使都选用优质零部件，也未必能组装出质量好、性能稳定的产品。

2. 三次设计法

田口提出的"三次设计法"是指将产品的设计优化过程分为三个阶段：系统设计、参数设计、容差设计。

1）系统设计

产品设计的第一次设计称为系统设计，是指决定产品功能和结构的设计。它是在市场调查确定用户需求的基础上，应用科学理论、专业技术知识，探索新产品功能原理，对产品功能原型进行设计开发，决定产品的功能、结构，因此也称为概念设计或功能设计。

系统设计的方式有技术引进、利用专利的方式；自行设计与技术引进相结合的方式；

独立研制方式。系统设计属于专业技术范畴，不属于管理技术范畴。

2）参数设计

产品设计的第二次设计称为参数设计，它是稳健设计的核心，是田口"三次设计法"的重要阶段，是在系统设计确定产品功能、结构之后进行的。这一阶段是为了提高和保证产品性能，同时考虑成本因素，以优化产品性能为目标，设计出质量稳定、成本合理的产品。

产品是由许多部件、零件组成的复杂系统，产品的性能既取决于零部件的质量，又取决于产品的设计方法。零部件的质量性能好，其成本就很高；相反，质量性能差，成本就低。工程设计的经验表明，零部件全部采用优质产品，组装起来的产品性能未必能达到优质。当然即使达到优质，也不足为奇，但其成本就很高。因此，在质量设计过程中，如果各个零部件的参数水平及其组合选择得当，即使搭配使用部分价格低廉的零部件，也能设计出性能稳定的优质产品。

采用参数设计方法，能找出尽量不受误差干扰影响的最佳设计参数水平及其组合，抑制和衰减产品质量特性的波动。其目的就是搭配使用一部分成本低廉、质量波动大的次等品和一部分质量波动小、成本高的优质品，以便设计出成本合理、质量性能稳定的产品。因此，参数设计是稳健设计质量控制的中心环节。

3）容差设计

产品设计的第三次设计称为容差设计。经过系统设计和参数设计后的产品，其性能不一定能满足产品性能的稳健性要求。还需要进一步围绕设计参数的中心值，探索能减少产品质量波动、降低用户损失、提高产品质量稳健性的容许差值。

在工程技术中，一般把允许零部件或产品的质量特性值与目标值之间的最大偏差称为公差，在稳健设计方法中，定义为容差。容差设计就是在产品质量设计过程中，通过控制可控因素的容差，衰减或缩小误差因素所引起的产品质量波动，调整产品质量与成本关系的一种设计方法。

容差设计的目的是确定各种影响产品质量波动因素的主次，即确定哪一项是质量波动的主要原因，哪些是次要的，这样就有针对性地衰减或缩小主要因素所引起的质量波动。因此，容差设计的主要任务就是针对主要的误差因素，选择容差小的优质零部件，衰减或减小产品质量的波动。但是由于选择优质的零部件，价格较高，相应地要增加产品的成本。参数设计阶段，出于经济考虑，一般都选用低廉的零部件，其容差较大。如果参数设计后，产品的质量特性能达到要求，则不需要进行容差设计。

4.3.3　TRIZ 方法

1. TRIZ 基本概念

TRIZ 即发明问题解决理论（Theory of Inventive Problem Solving，俄文首字母），是一种创新性问题解决方法指导性理论。TRIZ 是苏联的 Genrich Altshuller 在阅读和研究分析世界各国大量专利后，提出的一种创新设计理论。TRIZ 认为，创新并不是灵感的闪现和随机的探索，它存在着解决问题的一般规律，这些规律和原则可以告诉人们按什么样的方法和过程进行创新，并对结果具有预测性和可控制性。**Altshuller** 经过对大量专利的研究发现，产品的创新设计是有规律可循的，同样的原则在不同行业问题的创造性解决方法中应用。因此，将已有解决问题的方法建立知识库问题就可通过类似的方法得到解决（即类推方法）。而对于一些可能从未遇到过的问题（创新性问题），也可以从现有专利中总结出设计的基本原则、方法和模式，通过对这些方法和原则的应用进行解决，同时反过来它又可以扩展类似问题的知识库。

TRIZ 设计理论将产品设计过程中的核心——概念设计过程具体化，为设计者提供了设计过程模型、设计工具和设计方法，因此可以很好地支持产品设计过程中设计质量的控制。

2. TRIZ 的工具

TRIZ 理论认为，产品在设计过程中，存在着管理、技术和物理三种矛盾冲突，TRIZ 理论只研究技术矛盾和物理矛盾。技术矛盾是指对产品或系统的一个作用同时导致有用和有害两种结果，常常表现为一个系统中两个子系统之间的矛盾。物理矛盾是指设计过程中为了实现某种功能，一个物体或系统中的子系统或部件应具有的一种特性，但同时，出现了与该特性相反的特性。即对一个系统同时提出相反的要求时就出现了物理矛盾。对于设计过程中的技术矛盾和物理矛盾，TRIZ 提供了解决问题的思路和过程，分别如图 4-10 和图 4-11 所示。

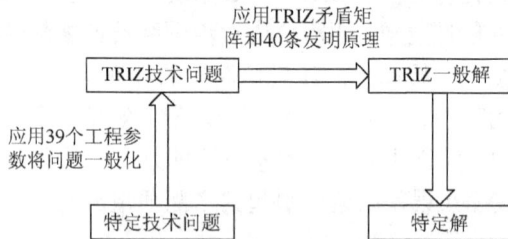

图 4-10　技术矛盾解决过程

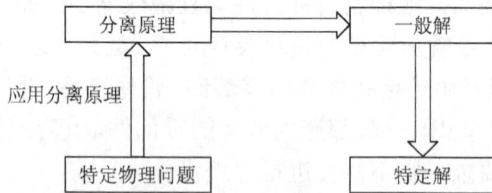

图 4-11　物理矛盾解决过程

下面介绍 TRIZ 理论中常用到的工具。

1）产品进化分析

TRIZ 认为，从历史的观点看，产品处于不断进化之中，是其核心技术从低级向高级变化的过程。TRIZ 根据时间与产品利润、产品专利数量、专利发明的级别三组曲线的进化分析，综合评价、预测产品性能的技术成熟度，并用分段线性 S 曲线来表示，分为婴儿期、成长期、成熟期和衰退期。S 曲线上的评价和预测结果可为企业的决策指明方向，决定是否需要对产品进行设计研究。对处于婴儿期和成长期的产品，企业应增加投入，对产品的结构、参数等进行优化，为企业带来更多的利润；对处于成熟期和衰退期的产品，企业应开发新的替代技术，推出新一代产品，使企业在未来的市场竞争中赢利。

2）39 个工程参数

TRIZ 理论对技术矛盾进行一般化处理，提出用 39 个通用工程参数描述实际设计问题的技术矛盾，把设计过程中的具体设计矛盾转化为一般的或标准的技术矛盾。表 4-1 列出了 39 个通用工程参数名称。

表 4-1 通用工程参数名称

序号	名称	序号	名称
1	运动物体的质量	21	动力
2	静止物体的质量	22	能量的浪费
3	运动物体的长度	23	物质的浪费
4	静止物体的长度	24	信息的浪费
5	运动物体的面积	25	时间的浪费
6	静止物体的面积	26	物质的量
7	运动物体的体积	27	可靠性
8	静止物体的体积	28	测定精度
9	速度	29	制造精度
10	力	30	物体外部有害因素作用的敏感性
11	应力、压力	31	物体产生的有害因素
12	形状	32	可制造性
13	物体的稳定性	33	可操作性
14	强度	34	可维修性
15	运动物体的耐久性	35	适应性及多样性
16	静止物体的耐久性	36	装置的复杂性
17	温度	37	控制与测试的困难程度
18	亮度	38	自动化水平
19	运动物体使用的能量	39	生产率
20	静止物体使用的能量		

3）40 条发明原理

TRIZ 提出了解决技术矛盾的 40 条发明原理，如表 4-2 所示，它是对不同领域的已有创新成果进行分析、总结后得到的具有普遍意义的规律，提示设计者最有可能解决问题的方法，是解决技术矛盾的关键。

表 4-2 发明原理

序号	名称	序号	名称	序号	名称	序号	名称
1	分割	11	预补偿	21	紧急行动、超高速作业	31	多孔材料
2	分离	12	等势性	22	变有害为有益	32	改变颜色
3	局部改变	13	反向、逆问题	23	反馈	33	同质性
4	不对称	14	曲面化	24	中介物	34	抛弃与修复
5	合并	15	动态化	25	自助机能	35	参数变化
6	多用性、多功能	16	未达到或超过的作用	26	复制、代用品	36	相变化
7	嵌套构成	17	维数变化	27	低成本、不耐用的物体代替昂贵、耐用的物体	37	热膨胀
8	质量补偿	18	振动	28	机械系统的替代	38	加速强氧化
9	预加反作用	19	周期性作用	29	气动与液压结构	39	惰性环境
10	预操作	20	有效作用的连续性	30	柔性壳体或薄膜	40	复合材料

4）矛盾矩阵

虽然有 39 个工程参数和 40 个发明原理解决设计中的技术矛盾，但是如何选用发明原理是设计者比较关心的问题。TRIZ 提出了矛盾矩阵，如表 4-3 所示，将 39 个工程参数与 40 条发明原理建立了对应关系，很好地解决了选择发明原理的难题。

表 4-3 矛盾矩阵简表

恶化特性 ＼ 改善特性	1 运动物体质量	2 静止物体质量	3 运动物体长度	4 静止物体长度	5 运动物体面积	…	39 生产率
1 运动物体质量			15, 8, 29, 34		29, 17, 38, 34	…	35, 3, 24, 37
2 静止物体质量				10, 1, 29, 35		…	1, 28, 15, 35
3 运动物体长度	15, 8, 29, 34				15, 17, 4	…	14, 4, 28, 29
4 静止物体长度		35, 28, 40, 29				…	30, 14, 7, 26
5 运动物体面积	2, 17, 29, 4		14, 15, 18, 4			…	10, 26, 34, 2
⋮	⋮	⋮	⋮	⋮	⋮	⋱	⋮
39 生产率	35, 26, 24, 37	28, 27, 15, 3	18, 4, 28, 38	30, 7, 14, 26	10, 26, 34, 31		

3. 分离原理

TRIZ 在总结解决物理矛盾的各种方法的基础上，提出了四种分离原理解决物理矛盾：空间分离、时间分离、基于条件的分离、整体与部分的分离。

4. 分离原理与发明原理的关系

英国 TRIZ 专家 Mann 通过研究提出，解决物理矛盾的分离原理与解决技术矛盾的发

明原理之间存在一定的关系，对于一条分离原理，可以有多条发明原理与之对应。表 4-4
是其分离原理与发明原理的关系。

表 4-4　分离原理与发明原理的关系

分离原理	发明原理（序号）
空间分离	1、2、3、4、7、13、17、24、26、30
时间分离	9、10、11、15、16、18、19、20、21、29、34、37
条件分离	1、5、6、7、8、13、14、22、23、25、27、33、35
整体与部分分离	12、28、31、32、35、36、38、39、40

4.3.4　其他方法

1. 公理化设计

公理化设计是由美国麻省理工学院机械工程系 Suh N. P. 等于 20 世纪 90 年代初期提出的一种设计理论方法。该方法的出发点是将传统的以经验为主的设计，建立为以科学公理、法则为基础的公理体系。公理化设计将设计的问题域看作由顾客需求域、功能域、物理域和过程域四个依次通过映射机制相联系的概念模型组成，如图 4-12 所示。

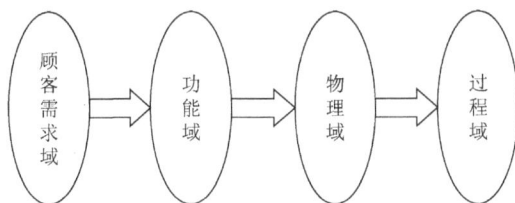

图 4-12　产品设计的映射过程

公理化设计体系的主要贡献在于提出公理抽象本身，推进了设计研究的深化，公理化设计提出了两个基本公理，即独立性公理和信息量最小公理。其余公理和法则均由这两个公理衍生而得。公理化设计理论方法一方面为产品设计提供了可供遵循的公理与法则，另一方面也为控制产品设计质量指明了控制目标，提供了方法与手段。

2. 试验设计

试验设计（Design of Experiment，DOE）作为相对独立的一门学科，既是应用数学学的一个新分支，也是试验优化的一个重要组成部分，在机械、纺织、化工、环保、医疗卫生、兵工等各行各业都能得到有效的应用。它从正交性、均匀性出发，利用拉丁方、正交表、均匀表等作为工具设计试验方案、实施广义试验、直接寻找最优点。试验设计的目的就是以最少的试验工作量、最低的试验成本，经济地确定和选择最优设计参数、最优工艺参数、最优配方、最优试验方案、最优工作方案等。在产品设计质量控制与保证过程中，试验设计工具可用于优化产品设计方案。即针对产品设计中存在的问题，对造成设计问题的多项质量特性进行其在不同因素、不同水平条件下的试验设计、质量特性值分析、最优化质量特性组合的选取等，用于找出解决问题的最佳质量特性组合。

3. 先期策划与控制计划法

先期策划与控制计划法（Advanced Product Quality Planning，APQP）是国际先进汽车企业集团的技术规范 ISO/TS 16949 的五大工具之一，该标准要求供应商开展必要的产品质量先期策划和进行控制计划的开发（包括样件控制计划、试生产控制计划和生产控制计划）。

APQP 是确保产品质量符合要求，提高效率和降低成本的必须的和有效的，特别是增强顾客满意和超越顾客期望的技术方法。从产品的立项研究、概念设计到产品设计；从过程设计、生产确认到批量生产以及在整个过程中开展测量、分析、评价和反馈的改进活动，APQP 在产品的生命周期发挥着重大作用。APQP 方法的突出特点是，计划-实施-研究-措施-计划（Plan-Do-Study-Act-Plan）循环贯穿于产品实现整个过程，甚至产品的整个生命周期。

APQP 包括两大方面，其一是产品质量先期策划，其二是产品生产控制计划。产品质量先期策划是一种质量工程专业活动，产品生产控制计划是一种指导产品样件制造、试生产、批量生产过程的文件。产品生产控制计划是产品质量先期策划的一项重要成果。

案例研讨：360 安全浏览器质量分析

自从 20 世纪 90 年代互联网快速发展以来，网络已经成为人们的日常生活方式。浏览器是最常用的上网软件工具之一，通过它，人们可以访问网络上各种资源，包括阅读新闻、查阅资料、网络交流、购物、发表言论等。本案例以 360 安全浏览器为对象，以顾客和市场需求为出发点，运用 QFD 对 360 安全浏览器的质量进行分析。

1. 确定顾客需求

在运用 QFD 对 360 安全浏览器服务质量进行改进的过程中，首先就是要掌握顾客对浏览器的需求重点，为此需要运用访谈法和问卷调查法获取浏览器用户的需求，作为质量屋的输入部分。本次访谈 20 位浏览器用户，针对不同的被访对象，对收集到的主要观点进行归纳总结。将访谈结果整理成表格形式，作为 360 安全浏览器用户需求问卷调查的基础。本次共发送问卷 100 份，回收 94 份，其中有效问卷 90 份，有效回收率为 90%。

根据问卷调查结果，浏览器用户有如下需求：①访问速度快；②保证用户信息的安全；③智能填表；④页面广告少；⑤满足全天 24 小时运行，要求非硬件问题情况下不能有任何系统运行问题；⑥页面清晰，结构合理；⑦页面可缩放；⑧无假死现象；⑨界面美观，可设置个性皮肤；⑩会话恢复。然后对收集到的顾客需求信息进行分类与整理，并把这些原始的基础信息转化为确定的需求特性，进而形成有层次的、系统的顾客需求质量展开，如表 4-5 所示。

表 4-5 浏览器用户需求质量展开表

一级需求	二级需求	三级需求
浏览器用户总需求	快速响应	访问速度快
		无假死现象
	信息安全	保证用户信息的安全
	界面友好	页面广告少
		页面清晰，结构合理
		页面可缩放
		页面美观，可设置个性皮肤
	运行可靠	全天 24 小时运行
	操作方便	智能填表
		会话恢复

2. 确定顾客需求重要度

确定顾客需求后，将其输入质量屋的左部，对于需求重要度的确定，可以应用层次分析法（AHP）对需求的重要度进行量化。首先，将顾客需求进行分解组合，建立递阶层次结构。各层次间的递阶结构及各需求的从属关系可用框图的形式来表述，如图 4-13 所示。

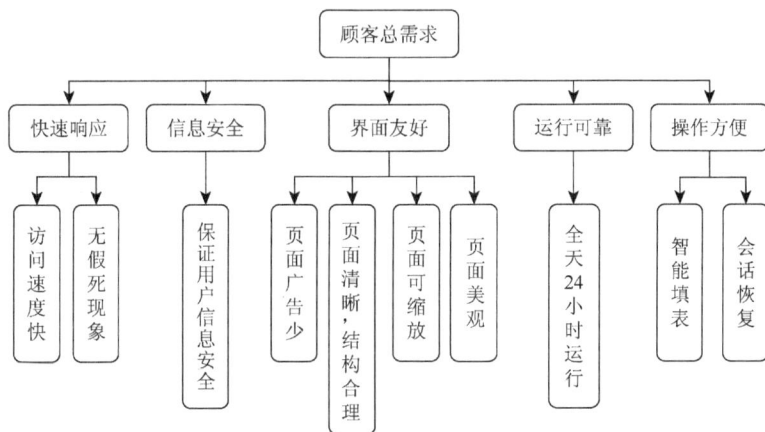

图 4-13 浏览器用户需求层次结构图

用上述各层次的权重，计算出顾客需求的重要度，结果如表 4-6 所示。

表 4-6 顾客需求重要度

一级需求	二级需求	三级需求	重要度
浏览器用户总需求	快速响应（0.469）	访问速度快（0.68）	0.319
		无假死现象（0.32）	0.150
	信息安全（0.265）	保证用户信息的安全（1）	0.265
	界面友好（0.072）	页面广告少（0.57）	0.041
		页面清晰，结构合理（0.11）	0.008

续表

一级需求	二级需求	三级需求	重要度
浏览器用户总需求	界面友好（0.072）	页面可缩放（0.21）	0.015
		页面美观，可设置个性皮肤（0.11）	0.008
	运行可靠（0.045）	全天 24 小时运行（1）	0.045
	操作方便（0.149）	智能填表（0.52）	0.077
		会话恢复（0.48）	0.072

从所得到的数据来看，在有关顾客需求方面，访问速度、用户信息安全及无假死现象是浏览器企业关注的重点，其次为智能填表和会话恢复需求，对于页面广告少、全天 24 小时运行的需求重要程度差不多，对页面可缩放、界面美观及页面清晰的需求重要程度较小。

3. 确定技术需求

有什么样的浏览器使用需求就应有相应的技术要求来有效保证。依据表 4-5，参考各方面资料，经过分析配置出与顾客需求相对应的技术需求，如表 4-7 所示。

表 4-7　浏览器技术需求表

序号	1	2	3	4	5	6	7
技术要求	访问时间	防假死功能	可靠性能	安全性能	页面设置功能	自动完成功能	历史功能

这种对应是多相关性的，一种浏览器用户需求可能需要多种相应的浏览器技术要求的有机整合来满足。同时，一种浏览器技术要求也可能满足顾客的多种需求。例如，页面设置功能不仅能满足个性皮肤、页面清晰等界面友好的需求，也能通过页面安全设置满足信息安全的需求。

4. 确定技术需求间的相互关系

技术需求之间的相互关系表现为三种形式：无关系、正相关和负相关。一般用单圆圈表示正相关，用符号×表示负相关，标注到质量屋屋顶的相应项上，作为确定各技术需求具体技术参数的参考信息。技术需求之间的相互关系矩阵见图 4-14。

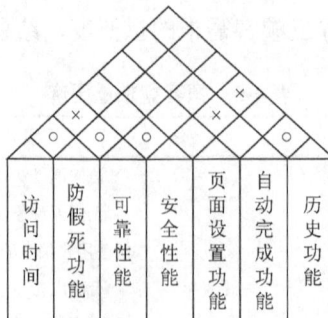

图 4-14　技术需求之间的相互关系矩阵

5. 确定关系矩阵

在顾客需求和技术需求都确定下来之后,接下来要配置两者的关系矩阵。在确定顾客需求与技术需求之间的相关程度时,要理论分析与实际经验相结合,并充分重视企业的质量保证现状和能力,以便准确地界定顾客需求与技术需求之间的关系。配置好的顾客需求与技术需求之间的关系矩阵见表 4-8。

表 4-8　顾客需求与技术需求的关系矩阵

技术需求 顾客需求	访问时间	防假死功能	可靠性能	安全性能	页面设置功能	自动完成功能	历史功能
访问速度快	9	7	3			2	2
无假死现象	5	9	5	1			
保证用户信息的安全			6	9	4	7	5
页面广告少		5	2	3	7		
页面清晰,结构合理		2			9		
页面可缩放					7		
界面美观,个性皮肤					9		
全天 24 小时运行		5	9	5			
智能填表				5		7	9	7
会话恢复		2	3	5	5	5	9

6. 进行竞争分析

在浏览器行业中,除了 360 安全浏览器,竞争力较强的还有微软、Firefox、Opera 等浏览器。360 安全浏览器设立的竞争对手有微软、Firefox、Opera。在进行顾客需求重要度评判的调查时,首先让顾客给本公司以及微软、Firefox、Opera 对各项顾客需求的竞争性状况用数字 1~5 进行打分,1 表示最差,5 表示最好。其次根据本企业现状和改进目标计算出对顾客需求的改进程度。最后再根据改进程度、重要性等计算出顾客需求的权重,如表 4-9 所示。

表 4-9　竞争分析表

	微软	Firefox	Opera	本企业	目标	改进比例	销售点	重要度	绝对权重	相对权重
访问速度快	3	4	5	3	5	5/3	1.5	0.319	0.80	0.42
无假死现象	4	4	4	4	5	5/4	1.5	0.150	0.28	0.15
保证用户信息的安全	3	3	3	5	5	1	1.5	0.265	0.40	0.20
页面广告少	2	3	3	3	5	5/3	1.2	0.041	0.08	0.04
页面清晰,结构合理	4	4	4	4	5	5/4	1.2	0.008	0.012	0.006

续表

	微软	Firefox	Opera	本企业	目标	改进比例	销售点	重要度	绝对权重	相对权重
页面可缩放	3	4	4	3	5	5/3	1.2	0.015	0.03	0.016
界面美观	3	3	3	3	5	5/3	1	0.008	0.013	0.007
全天 24 小时运行	4	4	4	4	5	5/4	1	0.045	0.056	0.03
智能填表	4	4	4	4	5	5/4	1.5	0.077	0.144	0.075
会话恢复	4	4	4	4	5	5/4	1.2	0.072	0.108	0.056

7. 进行技术评估

通过试验、查阅有关文献等方式给微软、Firefox、Opera 及本公司的各项技术需求的技术水平状况进行评估。利用竞争分析的结果和关系矩阵中的信息,计算各项技术需求的重要程度,以便作为制定技术需求具体技术指标的依据。重要程度 $T_j = \Sigma R_{ij} w_i$,相对重要程度 $=(T_j/\Sigma T_j) \times 100\%$,其中 i 表示顾客需求的编号,j 表示技术需求的编号,R_{ij} 是关系矩阵值,w_i 是顾客需求的权重。技术评估配置表如表 4-10 所示。

表 4-10   技术评估配置表

	访问时间	防假死功能	可靠性能	安全性能	页面设置功能	自动完成功能	历史功能
微软	3	3	4	4	3	4	4
Firefox	4	4	4	4	4	4	4
Opera	4	4	4	4	4	4	4
本企业	3	3	4	5	4	4	4
重要程度	3.62	4.17	4	3.63	2.50	3.55	3.15
相对重要度/%	15	17	16	15	10	14	13
技术指标	4	6	5	4	1	3	2

从所得到的数据来看,在技术需求方面,各要素重要程度差距不大,其中防假死功能需求最高,页面设置功能需求最低。

8. 组合形成质量屋

按上述步骤构造出完整的质量屋见图 4-15。

以顾客需求为驱动力,将质量展开原理应用到 360 安全浏览器服务改进中,不仅把不可控的顾客需求转化为企业可操作的质量要素,还可以通过对浏览器竞争力的评价,为浏览器的改进提供理论和方向上的依据,有效地避免了服务改进中表现的主体意识太强等问题。

(资料来源:匡思莉. 2015. 基于 QFD 的 360 安全浏览器质量分析报告. 经营管理者,(4):311-312.)

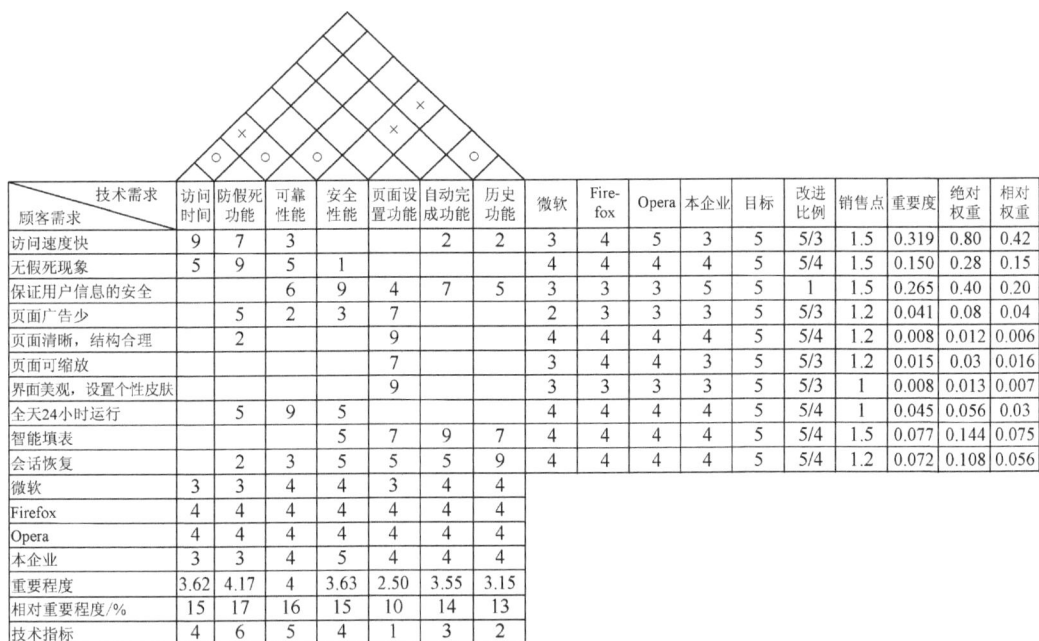

图 4-15 质量屋

根据案例讨论下列问题

（1）根据 QFD 核心思想，讨论 360 安全浏览器在满足顾客需求方面的优势与劣势。

（2）对于"质量是设计出来的，而不是检测出来的"的观点，你是怎样理解的？

（3）根据学到的质量管理方法，你认为有哪些可以与 QFD 方法相结合，从而进一步解决企业中质量管理难题？

复习思考题

1. 产品周期包括哪几个阶段？每个阶段各有什么特点？
2. 试述设计质量与产品质量的关系。
3. 设计质量控制的程序有哪些？
4. 简述质量设计过程及其主要任务。
5. 试述质量功能展开质量屋的构建步骤。
6. 稳健设计的基本原理是什么？
7. TRIZ 理论中常用到的有哪些工具？
8. 对质量设计的其他方法进行探讨。

第 5 章　质量制造与控制

本章目录

本章导读

产品的质量首先是设计出来的。但是，如果产品质量没有稳定的制造过程给予保障，产品的设计质量再高也是难以实现的。因此，为了确保产品质量的实现，除了重视产品设计质量，还必须重视产品制造过程中的质量保证能力。

本章立足于与质量因素有关的环节来研究产品的生产（制造）过程控制问题，以确保生产出来的产品符合产品的设计要求。主要内容包括质量工艺过程、质量控制和质量控制方法三部分。首先，认识工艺及工艺类型的定义、工艺过程和工艺过程设计；其次，阐述了质量控制的基本概念、质量控制的一般过程、质量控制目标、质量控制标准及质量制造；最后，罗列了常用的质量检验、六西格玛管理、统计过程控制、过程能力分析等几种质量控制方法，并简要介绍了老七种常用工具。

5.1　质量工艺过程

5.1.1　工艺及工艺类型

工艺是指一个组织将输入品转化为输出品的过程中的任何一个环节。经过这些环节的转化后的输出品，实现了价值增值，其价值要高于原始输入品的价值。

按照不同的标准，可以将工艺分成不同的类型。按照满足需求的方式，可以将工艺分为根据订单进行生产的工艺和根据存货进行生产的工艺。根据订单进行生产时，工艺只有在对现实订单作出反应时才有效，库存被限定在最小范围内。根据存货进行生产时，工艺用于生产标准化的产品，并以实物产品的形式进行储存，产品可以迅速从实物库中送到顾客手中。

按照用途，工艺可以分为转化工艺、制造工艺和装配工艺。其中，转化工艺又称为化学工艺，是指在转化过程中发生化学变化的工艺，例如，将铁矿石转化为钢板，将所有列在牙膏盒上的成分合成牙膏；制造工艺又称为物理工艺，是指将原材料加工成特定形状的产品的工艺，例如，将金子制成金饰品；装配工艺则是指将制品进行组装的工艺，例如，将汽车零部件组装成汽车。

5.1.2　工艺过程

产品设计出来后,就要为试制与正式生产制定合理的工艺路线,设计出全部的工艺参数并制定工艺文件,设计制造和调整各种工艺装备。工艺过程是产品结构设计过程与制造过程之间的桥梁,它把产品的结构数据转换为面向制造的指令性数据。一方面,工艺过程的结果反馈给产品设计,用以改进产品设计;另一方面,工艺过程的结果作为生产设施的依据。图 5-1 是某快餐店的工艺过程。

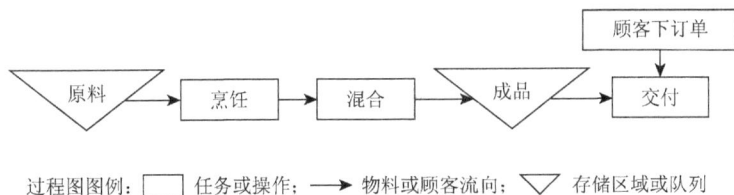

过程图图例:□ 任务或操作;→ 物料或顾客流向;▽ 存储区域或队列

图 5-1　某快餐店的工艺过程图

5.1.3　工艺过程设计

工艺过程设计的主要任务是明确产品的制造工艺及其相应的后勤支持过程,具体而言是指按产品设计要求,安排或规划出从原材料加工成产品开始所需要的一系列加工步骤和设备、工时消耗和工艺装备需求等的说明。图 5-2 描述了工艺过程设计的内容。

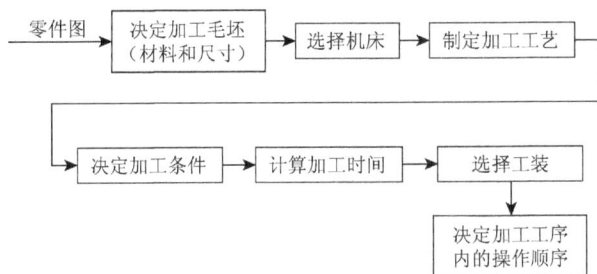

图 5-2　工艺过程设计内容

工艺过程设计的程序包括产品工艺分析与审查、制订工艺方案、编制工艺规程以及工艺装备的设计与制造等。

1. 产品工艺分析与审查

产品工艺分析和审查,主要是审查产品和零部件结构的工艺性,即从工艺的角度,分析评价产品和零部件结构设计的合理性、生产制造的可行性以及使用维修的难易程度,提出修改的建议和意见。产品工艺分析与审查的主要内容有产品结构是否与生产类型相适应、是否充分地利用已有的工艺标准、零件的形状尺寸和配合是否合适、所选用的材料是否适宜,以及在企业现有设备、技术力量等条件下的加工可能性和方便程度。

2. 制订工艺方案

工艺方案是工艺过程中的纲领性文件。在工艺方案中，要明确产品制造过程中存在哪些主要问题、关键件用什么方法加工、工艺路线怎样安排、工艺装备的原则和系数如何确定等重大原则问题。具体来说，工艺方案的内容一般包括如下七个方面。

（1）确定工艺原则。工艺原则是根据产品设计与企业的生产条件确定生产工艺的基本要求，为编制工艺规程提供依据。

（2）确定工艺上达到的技术指标。例如，产品应达到的性能、质量要求、材料的利用率、设备利用率和制造成本等。

（3）确定产品的各类加工的关键、必须具备的物质条件和所采取的措施。

（4）确定产品加工的工艺路线、产品加工车间的划分和零件的分布等。

（5）规定工艺规程编制的要求、形式。

（6）确定产品加工的组织方式与外协关系。

（7）工艺方案的有关技术经济分析。

工艺方案的内容随着产品的性质、生产类型和产品复杂程度的不同而不同。有的产品的工艺方案简单，主要是确定一些基本的工艺要求；有的产品的工艺方案可能比较完整，并要进行方案的技术经济分析。

产品的工艺方案可能有多种，因此需要对多种工艺方案进行比较分析。工艺方案的技术评价主要是工艺技术的适用性和合理性、工艺设备的操作性和性能稳定性等。工艺方案的经济评价是工艺评价的重点。工艺方案的经济评价可以采用产量与质量指标（如单机产量、制成率、合格率、废品率等）、投资与产值指标、工艺成本指标、工艺准备周期与生产周期指标等。

工艺方案的评价方法比较多。当工艺方案的成本接近时，可以采用比较收益的方法；当成本差异大而收益差异不大时，可采用比较成本的方法；当成本与收益差异都比较大时，可采用收益与成本之比的方法。当生产周期较短时，可采用静态分析法；当生产周期较长时，可采用动态分析法。

3. 编制工艺规程

工艺规程是最主要的工艺文件，它是安排生产作业计划、生产调度、质量控制、原材料供应、工具供应和劳动组织的基础数据，是指导工人进行加工制造操作、组织生产、保证产品符合设计图纸及技术标准要求的具体文件。工艺规程的内容与企业的生产工艺特点有关。加工装配企业由于加工的工艺路线复杂，工艺规程主要有四种：工艺过程卡（工艺路线卡）、工艺卡片、工序卡片和工艺守则。

（1）工艺过程卡。工艺过程卡是一种最简单、最基本的工艺规程，它对零件的全部制造过程进行粗略的描述，包括工艺路线、车间与工序的名称、使用的设备与工艺装备等。

（2）工艺卡片。工艺卡片是按零件的每一工艺阶段编写的，如机械加工工艺卡和装配卡。工艺卡片规定了加工对象在该工艺阶段顺序经过的各道工序的名称、使用的设备与加工规范、零件草图等。

（3）工序卡片。工序卡片是按零件的每一道工序编写的，它详细规定了每一道工序的操作细节与要求。

（4）工艺守则。工艺守则规定了操作的要领与注意事项，通常只对关键工序制定工艺守则。

工艺规程的详细程度取决于生产类型、零件重要程度与复杂程度。一般对于大批量生产，全部零件都要编写工艺卡片、工艺过程卡、工序卡片；对于中批量生产，全部零件都需要编写工艺过程卡和工艺卡片，而只对重要与复杂的零件编写工序卡片；对于单件生产，全部零件都要编写工艺过程卡，重要而复杂的零件编写工艺卡片，工艺卡片只对最重要、最复杂的零件编写。

4. 工艺装备的设计与制造

为实现工艺过程所需要的工具、夹具、卡具、模具、量具等，总称为工艺装备。工艺装备的设计与制造对贯彻工艺规程、保证加工质量、提高生产效率具有重要作用。要实现工艺设计的工艺要求，除了基本的生产设备，生产技术准备中还会涉及工艺装备的设计与制造问题。

设计和制造工艺装备的工作量是很大的。在成批和大量生产的机械工业中，工艺装备的设计和制造工作量占工艺装备总工作量的 $50\% \sim 80\%$，费用占产品成本的 $10\% \sim 15\%$。因此，有效地组织企业专用工艺装备的设计和制造，对缩短生产技术准备周期、降低成本等有重要意义。

在进行工艺装备（简称工装）的准备时，应注意如下四点。

（1）尽量采用标准化与通用化工装；

（2）提高工装的继承性，尽可能利用现有的工装，减少新设计的数量，提高工装利用率；

（3）尽可能利用外购或租用的方式，减少本企业的工装制造与使用成本；

（4）加强工装的使用与保管工作，做到常备无患。

5.2　质　量　控　制

"产品的质量首先是设计出来的"。但是，如果产品质量没有稳定的制造过程作保障，产品的设计质量再高也是体现不出来的。因此，为了得到高质量的产品，除了重视产品设计质量，还必须重视产品在制造过程中的质量保证能力。也就是说，质量首先是设计出来的，然后是制造出来的，产品是过程（设计和制造）的结果。在确保设计质量的前提下，产品的质量在很大程度上依赖于产品的生产过程（制造）的质量。因此，需要研究面向制造的质量控制问题。

5.2.1　质量控制基本概念

自从 20 世纪早期出现"质量控制"这一概念以来，世界各国对其有多种理解和认识。目前，质量管理界比较公认的定义为：质量控制（Quality Control，QC）是质量管理的一部分，是致力于满足质量要求的活动。为了满足质量要求，需要监视质量形成过程及其相关质量体系要素，发现和消除引起不合格或不满意效果的因素。在企业领域，质量控制活动主要是企业内部的生产现场管理，是指为达到和保持质量而进行控制的技术措施和管理措施方面的活动。

在质量管理活动中，需要重点控制的对象或实体称为质量控制点。一般说来，凡属于下列情况的都应设定为质量控制点：对产品的适用性（性能、精度、寿命、可靠性、安全性等）有严重影响的关键特性、关键部件或重要影响因素；对工艺上有严格要求，对后续过程有严重影响的关键质量特性、部件；由于质量过程不稳定，出现不合格的项目；用户反馈的重要不良项目；紧缺物资可能对生产安排产生重大影响的关键项目等。

设置控制点要突出重点管理的原则，一般说来，应当首先在主导产品、创优产品、出口产品、量大面广的产品上建立控制点。就一个重点产品来说，应首先对其关键零件，选择其关键过程的关键质量特性进行重点控制。在设定质量控制点时，一般分为如下六个步骤。

（1）结合有关质量体系文件，按质量环节明确关键环节和需要特殊的质量特性与主导因素；

（2）由设计、工艺和技术等部门确定本部门所负责的必须特殊管理的质量控制点，编制质量控制点明细表，并经批准后纳入质量体系文件中；

（3）编制质量控制点流程图，并以此为依据设置质量控制点；

（4）编制质量控制点作业指导书，包括工艺操作卡、自检表和操作指导书；

（5）编制质量控制点管理办法；

（6）正式纳入质量体系的控制点，所编制的文件都要和质量体系文件相结合，并经过批准正式纳入质量体系中进行有效运转。

5.2.2 质量控制的一般过程

质量控制的关键是使所有质量过程和活动始终处于完全受控状态。事先应对受控状态进行安排，并在实施中进行监视和测量，一旦发现问题应及时采取相应措施，恢复受控状态，把过程输出的波动控制在允许的范围内。质量控制的基础是过程控制。无论是制造过程还是管理过程，都需要严格按照程序和规范进行。控制好每个过程特别是关键过程，是达到质量要求的保障。

质量控制通常包括如下五个主要环节。

（1）制定质量控制操作规程。根据国家、地方和行业的质量标准和规定，结合本企业的实际情况，编制质量控制操作规程，报送主管领导审核、审批后下发各部门，各部门组织学习并且贯彻实施。质量控制操作规范的具体内容包括但是并不局限于质量控制的组织管理及各部门质量控制人员职责；质量控制的实施流程及具体操作规范；质量工作各环节的质量目标与标准；质量控制的相关制度。

（2）编制质量控制计划。编制质量控制计划，是作为企业质量控制工作方案及具体的实施依据。质量控制计划应包括企业的质量控制目标；质量控制活动的职责和权限；质量控制工作过程中需采取的质量保证措施；出现问题的解决程序等。

（3）巡视与质量评估。在企业的运作过程中，各部门质量控制人员按照质量控制操作规程的规定对本部门各项工作实施监督与质量控制，确保各环节按照质量标准执行。各部门质量控制人员定期将质量控制工作报告上交质量管理部质量控制主管，及时反馈质量管理状态、存在的质量问题等。质量管理部在各部门质量控制人员的配合下，定期进行现场质量巡视，并对企业质量控制的重要环节和关键环节的质量状况进行评审。

（4）质量问题分析。各部门在质量管理过程中，随时将出现的质量问题反馈给质量管理部或相关部门，质量管理部就评审中的质量问题进行讨论和分析。经判断，若属于常规问题，由相关部门按照以前的处理方案进行处理。如果出现的问题不属于常规问题，则质量管理部组织相关部门讨论问题的解决方案，直到最终文案的确定与下发实施。

（5）质量控制信息汇总存档。质量控制过程中产生的相关资料、文件等由质量管理部收集、存档，为今后企业质量控制活动提供有效的信息，以便高效率地开展质量控制工作。

5.2.3　质量控制目标

质量控制目标是指受控对象需要达到的绩效水平。按目标的描述情况区分，质量控制目标可以分为定量目标和定性目标。定量的质量控制目标，通常是组织的定量质量目标具体化的结果，是指能够通过定量方法加以精确描述的质量控制的绩效指标，如产品的合格率、技术性能指标等。定性的质量控制目标，通常是组织的定性质量目标具体化的结果，是指通过文字方式加以定性描述的质量控制的绩效状态，如舒适、灵敏、操作方便等。有些定性的质量控制目标可以通过一定的方法和手段将其定量化，进而转化为定量的质量控制目标。质量控制目标无论定量的，还是定性的，其根本出发点都是为了更好地满足组织内外顾客的需要和期望。质量控制目标一般可以细化为产品控制目标、过程控制目标、质量管理体系控制目标三类。

质量控制的目标针对部门或个人，这些目标所衡量的绩效结果成为公司建立奖惩制度的根据。制定质量控制的目标应该遵循如下原则。

（1）正当性。目标应该具有不容置疑的正式地位，可以作为奖惩制度制定的依据。

（2）可测性。目标应该是可以测量和评价的，从而有利于有效的沟通和控制。

（3）可达性。目标应该是可以达到的或有事实表明曾经有人达到过。过高的目标会使员工失去士气，不利于企业文化的建设和绩效的提高。

（4）公平性。对于职责相当的人员，目标应该具有大致相同的可达性。

5.2.4　质量控制标准

设定质量控制标准，为组织发现和纠正质量偏差提供了衡量标准，也为组织为达到顾客的各种要求提供了客观依据。质量控制标准的表现形式多种多样，按照不同的依据进行划分，有不同的表现形式。

按照业务内容进行划分，质量控制标准可以分为技术标准和管理标准。

1）技术标准

技术标准是对技术活动中需要统一协调的事物制定的技术准则。技术标准又可分解为基础标准、产品标准和方法标准。基础标准是标准化工作的基础，是制定产品标准和其他标准的依据，常用的基础标准主要有通用科学技术语言标准、精度与互换性标准、结构要素标准、实现产品系列化和保证配套关系的标准、材料方面的标准等。产品标准是指对产品质量和规格等方面所作的统一规定，是衡量产品质量的依据，一般包括产品的类型、品种和结构形式，产品的主要技术性能指标，产品的包装、储运、保管规则，产品的操作说明等。方法标准是指以提高工作效率和保证工作质量为目的，对生产经营活动中的主要工作程序、操作规则和方法所作的统一规定，主要包括检查和评定产品质量的方法标准、统一的作业程序标准和各种业务工作程序标准或要求等。

2）管理标准

管理标准是指为了达到质量的目标，而对企业中重复出现的管理工作所规定的行动准则。它是企业组织和管理生产经营活动的依据和手段。管理标准一般包括以下四类。

（1）生产经营工作标准，它是对生产经营活动的具体工作的工作程序、办事守则、职责范围、控制方法等的具体规定。

（2）管理业务标准，它是对企业各管理部门的各种管理业务工作要求的具体规定。

（3）技术管理标准，它是为有效地进行技术管理活动，推动企业技术进步而作出的必须遵守的准则。

（4）经济管理标准，它是指对企业的各种经济管理活动进行协调处理所作出的各种工作准则或要求。

按照适用范围和领域划分，质量控制标准又可以分为国际标准、国家标准、行业标准（或部颁标准）和企业标准等。

（1）国际标准是指国际标准化组织（ISO）、国际电工委员会（IEC），以及其他国际组织所制定的标准。

（2）国家标准是对需要在全国范围内统一的技术要求，由国务院标准化行政主管部门制定的标准。例如，2008年我国实施的GB/T 19001—2008族国家标准，其技术内容和编写方法与ISO 9001族相同，使产品质量标准与国际同轨。

（3）行业标准又称为部颁标准，由国务院有关行政主管部门制定并报国务院标准行政主管部门备案，在公布国家标准之后，该项行业标准即行废止。当某些产品没有国家标准而又需要在全国某个行业范围内有统一的技术要求时，则可以制定行业标准。

（4）企业标准主要是针对企业生产的产品没有国家标准和行业标准时，制定企业标准作为组织生产的依据。企业的产品标准须报当地政府标准化行政主管部门和有关行政主管部门备案。已有国家标准或者行业标准的，国家鼓励企业制定严于国家标准或者行业标准的企业标准，企业标准只能在企业内部适用。

5.2.5　质量制造

产品在开发完成后，就转入制造阶段。制造就是根据产品研发确定的制造工艺，准备各种制造资源（包括工装、检具、原材料、辅料、刀具、设备等），然后开展包括零部件加工、装配和采购在内的一系列制造活动，直到产成品入库的整个过程，如图 5-3 所示。制造过程是制造企业生产经营活动的重要内容，是保证产品质量的重要环节。

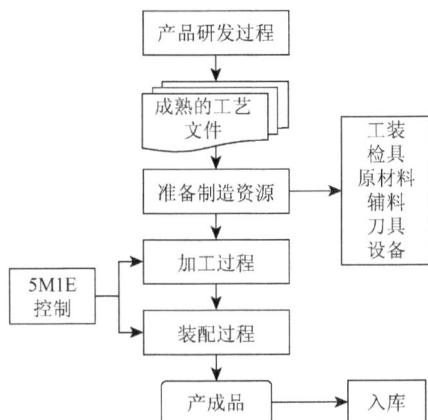

图 5-3　产品制造过程

制造过程质量控制是指在制造过程中为确保产品质量而进行的各种活动。产品制造是通过各种生产过程（加工过程、装配过程、采购过程）来完成的，因此工艺质量控制是其重点内容。工艺质量状态的优劣决定了产品质量的好坏，从现场质量管理角度来看，工序质量的稳定涉及操作者（Man）、设备（Machine）、材料（Material）、方法（Method）、环境（Environment）和测量（Measure），任何一个因素发生变异，都会直接影响产品的质量。

在制造过程中，产品质量波动是必然的，因此，制造过程质量控制的重点是保持过程的稳定并逐步改进（减少过程变异）。为了做好制造过程的质量控制，应采取如下措施。

1）明确控制因素

在制造过程中，影响产品质量的因素很多，在诊断产品质量问题时，可能某一个因素会起关键作用，只要解决了这个问题，生产过程就会重新恢复到受控状态。在分析影响产品质量问题的因素时，可以采用分层法、排列图、因果图和直方图，其中，可以利用因果图确定引起质量问题的所有可能的因素，利用排列图确定影响因素的重要程度。

2）采用正确的分析和控制方法

分析产生质量问题的原因可以采用本章介绍的老七种工具，也可以采用过程能力分析。该方法也是最常用的方法之一，利用此方法可以判断过程能力是否满足工艺质量的要求。对于过程稳定性的控制常用统计过程控制技术。

3）对操作者的控制

在产品质量形成过程中，人是最主要的因素，起着决定性的作用。造成操作失误的主要原因有操作时粗心大意，没有责任心；不遵守操作规程；操作技能低，技术不熟练；由于工作简单重复而产生厌烦情绪等。所以，首先要通过培训形成"质量第一，用户第一，下道工序是用户"的质量意识；其次要编写明确详细的作业指导书，加强操作技能培训，颁发操作合格证，持证上岗；然后要建立健全质量责任制与追溯机制，赏罚分明，培养严谨的工作作风；最后要通过工种间的人员调整、工作经验丰富化等方法，消除操作人员的厌烦情绪。总之要广泛开展质量控制小组活动，提高员工的自我提升和自我改进能力。

4）对机器设备的控制

机器设备包括加工设备和装配设备。产品（特别是零部件）是通过机器设备制造出来的，机器设备的状态（精度和性能）对产品质量有着极其重要的影响。随着制造自动化程度越来越高，产品质量越来越倾向于由设备来保障。因此，要加强设备的维护和日常保养，实施保养责任制，制定明确详细的设备保养规范。要定期检测机器设备的关键精度和性能项目，并建立设备关键部位的日点检制度，对关键工序质量控制点的设备进行重点控制。要采用首件检验制，调整定位或定量装置，保证加工质量。要尽可能配置加工精度的自动显示和自动记录装置，减少通过工人调整工作质量来提高可靠性的方式，从而降低这种依赖。

5）对材料的控制

制造过程的材料包括原材料（各种金属和非金属）和辅料（包括油漆、润滑液、冷却液等），毫无疑问，材料的质量对产品的质量具有非常重要的影响。材料的缺陷包括尺寸误差、硬度误差、表面平整度误差、材料组织的均匀性误差、材料中的杂质、铸件中的气孔等。由于材料一般是通过外购的形式得到的，所以加强对材料质量的控制尤为重要，对材料质量的控制，主要包括对供应商的质量控制和对进厂材料的质量检验两个方面：在对供应商质量控制方面，要在材料（原材料、辅料、外购件、外协件）采购合同中明确规定质量要求，并送样承认；在选择供应商时，实行评鉴制度；搞好协作厂间的协作关系，督促、帮助、辅导供应商做好质量控制和质量保证工作。在进货质量检验方面，要加强原材料进厂的理化检验，加强厂内自制零部件工序间的质量检验。

6）对工艺方法的控制

工艺方法包括工艺流程的安排，工序之间的衔接，工序加工手段的选择（加工环境条件的选择、工艺装备的选择、工艺参数的选择）和工序加工指导文件的编制（如工艺卡、操作规范、作业指导书、工序质量控制计划等）。工艺方法对工序质量的影响主要来自两个方面：一是制定的加工方法，即选择的工艺参数和工艺装备等是否正确合理；二是贯彻、执行工艺方法是否严格。对工艺方法进行控制的措施包括加强技术培训，使操作人员熟悉设备、工装和检具的安装和调整方法，尽可能采用数据显示的方式进行调整；保证控制装置的准确性，严格首件检验，防止加工质量特性值数据分布中心偏离规格中心值；加强现场检验，坚持"三检"制度；加强刀具与模具的磨损管理，实行使用次数记录与强制更换制度；积极推行控制图管理，以便及时发现问题并采取调整措施；加强工模具和计量器具管理，切实做好工模具周期检查和计量器具的周期校准工作；严肃工艺纪律，对操作规程的执行情况进行检查和监督。

7）对现场环境的控制

现场环境一般是指生产现场的温度、湿度、噪声干扰、振动、照明、室内净化、现场污染程度和现场整洁程度等。现场环境对加工质量有一定的影响，例如，温度变化会使得设备和工件发生热胀冷缩现象，从而影响加工精度和密封性能；湿度变化会使设备中的零件生锈卡死；空气中的微粒进入运动结合面，会加剧运动表面之间的磨损。环境条件还会影响操作者的情绪，从而影响工作效率，造成质量缺陷。对环境条件进行控制的措施包括设置温度、湿度、振动等环境参数的实时监测和报警装置，在超出标准值时进行报警；将重要设备安装在专门的恒温洁净车间；在工作现场持续开展 5S 管理和定制管理活动。

8）对测量方法的控制

制造过程中的测量包括对材料、半成品和成品的检查和检验，并与规定的标准值进行比较，确定其合格性并采取控制措施。测量分为离线测量和在线测量，离线测量是将需要检测的物品从生产线上取下，送到专门的检测设备上测量；在线测量是对生产线上的物品进行测量，不需要将物品取下，从而可以提高效率，更好地保证质量。对测量方法的控制措施包括确定测量任务及所要求的准确度，选择适用的、具有所需准确度和精密度能力的测量设备；定期对所有测量和试验设备进行确认、校准和调整；规定必要的校准规程，其内容包括设备类型、编号、地点、校验周期、校验方法、验收标准以及发生问题时应采取的措施；发现测量和试验设备未处于校准状态时，立即评定以前的测量和试验对结果的有效性，并记入有关文件。

5.3　质量控制方法

5.3.1　质量检验

1. 质量检验的定义

根据国际标准 ISO 9000：2005，质量检验（Quality Inspection）是通过观察和判断，适当时结合测量、试验所进行的符合性评价。对产品而言，质量检验是指根据产品技术标准或检验规程对原材料、半成品、成品进行观察、测量或试验，并把所得到的特性值和规定值作比较，判定各个物品或成批产品合格与不合格，以及决定接收还是拒收该产品或零件的技术性检查活动。

质量检验的另外一项功能是根据检测结果判断工序的质量状况，尽早发现工序异常现象并予以消除。质量检验数据作为重要的质量记录，也是判断质量管理体系运行是否正常的重要依据。

质量检验过程实质上是一个观察、测量、分析和判定的过程，并根据判定结果实施处理。这里的处理是指单个或一批被检物品的合格放行以及对不合格品做出返工、报废或拒收的结论。具体来讲，质量检验的目的有以下五点。

（1）判断产品质量是否合格；

（2）确定产品质量等级或产品缺陷的严重程度，为质量改进提供依据；

（3）了解生产工人贯彻标准和工艺的情况，督促和检查工艺纪律，监督工序质量；

（4）收集质量数据，并对数据进行统计、分析和计算，提供产品质量统计考核指标完成的状况，为质量改进和质量管理活动提供依据；

（5）当供需双方因产品质量问题发生纠纷时，实行仲裁检验，以判定质量责任。

2. 检验流程图

绘制检验流程图是编制质量检验计划的重要的步骤之一。检验流程图就是用图形的方式来表达检验活动的流程、检验站的设置、选定的检验方式和程度及其相互关系。检验流程图可以以工艺流程图为参考，沿着产品→部件→主要零件这一顺序描绘检验过程；也可以直接利用工艺流程图，在上面标出所需的检验标识符号，即形成一张检验流程图。

检验流程图常用的符号有两种，即顺序符号和检验符号。

（1）顺序符号。根据生产过程中物质的不同状态，一般可以有下面六种顺序符号：作业是指工作过程，符号为"O"；停留是指非工作的辅助停留时间，符号为"D"；搬运是指物资处于有目的的移动状态，符号为"⇨"；储存是指物资处于库存保管状态，符号为"▽"；检验是指物资处于受检状态，符号为"□"或"◇"；综合活动是指作业和检验的组合状态，符号为"回"或"◈"。

（2）检验符号。顺序符号只能表示处理的顺序，不能说明具体采取的方式和手段，因此还应规定检验符号，并写到表示"作业"和"检验"的符号中。常用的符号有进厂检验"E"；工序检验"P"；成品检验"ZP"；完工检验"ZF"；合格证验收"C"；一般性检查"A"；质量审核"O"；理化检验"F"；感官检验"S"；外观检验"N"；全数检验"L"；抽样检验"SP"；控制图"W"；记录"R"；调试"X"；监视点"WP"；停止点"HP"等。图5-4为以工艺流程为基础设计的某零件检验流程图。

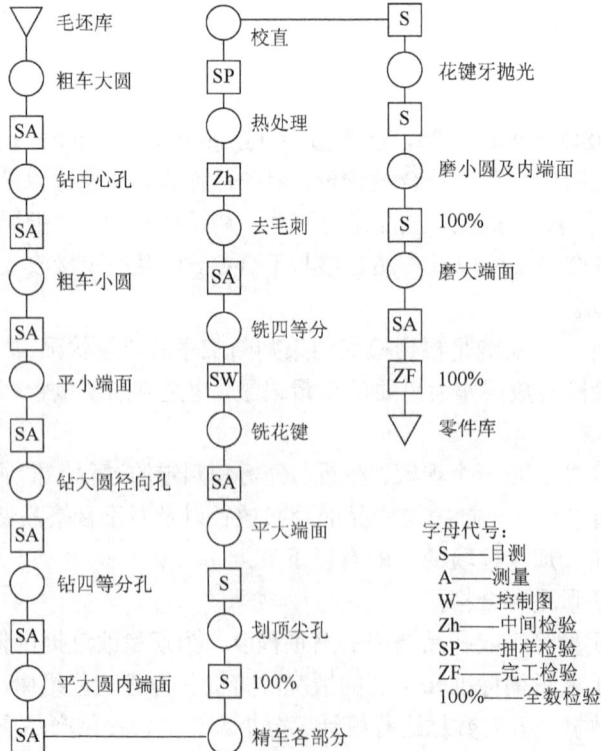

图5-4 某零件检验流程图

3. 全数检验和抽样检验

全数检验又称为 100%检验，它是对一批产品逐个进行的检验。全数检验的主要目的是将产品区分为合格品和不合格品两大类。从全数检验的特点来看，全数检验能够提供产品完整的检验数据和较为充分、可靠的质量信息。但是全数检验工作量较大，检验的周期长，涉及的费用也较高。在下列情况下，全数检验不宜使用：检验过程是破坏性的、产品批量很大、检验时间很长、检验费用很高。在上述情况下常采用抽样检验法。

抽样检验是按数理统计的方法，从一批待检产品中随机抽取一定数量的样本，并对样本进行全数检验，再根据对样本的检验结果来判定整批产品的质量状况，整个过程如图 5-5 所示。

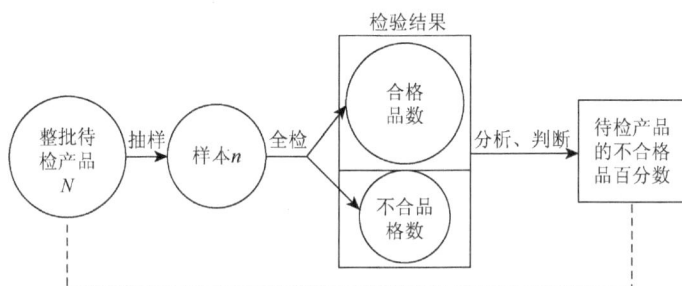

图 5-5　抽样检验示意图

抽样检验具有全数检验所不具备的优点，如花费少、所需时间短、可以适用于破坏性验的场合等。因此，抽样检验在企业中有着广泛的应用。

5.3.2　六西格玛管理

1. 六西格玛管理的基本概念

西格玛（σ）是希腊文的字母，用来衡量正态分布的数据偏离中心值 μ 的程度，当 σ 较大时表明偏离程度较大，反之，表明偏离程度较小。根据概率论的统计规律，质量特性值分布于 $\mu \pm 3\sigma$ 范围内的概率为 93.32%，即每百万个产品出现的次品数为 66810 个；质量特性值分布于 $\mu \pm 6\sigma$ 范围内的概率为 99.99966%，即每百万个产品出现的次品数仅为 3.4 个。相当于 29 万次只允许出错一次，也就是说人们阅读一本 30 万字的书，只允许有一个印刷错误。六西格玛理论认为，大多数企业的质量水平在 $3\sigma \sim 4\sigma$，也就是每百万次的操作失误在 6210～66810 次，这些缺陷要求经营者进行事后的弥补或修正的费用大约占企业销售额的 15%～30%，而如果企业能够做到六西格玛的质量水平，事后弥补的费用将会降低到销售额的 5%左右。

六西格玛（Six Sigma）管理是一套系统的业务改进方法，是一种旨在持续改进企业业务流程，实现客户满意的管理方法。它通过质量改进流程，实现无缺陷的过程设计，并对现有过程进行定义、测评、分析、改进和控制，消除过程缺陷和无价值作业，从而提高产品和服务的质量，降低成本，增强企业竞争力。目前，六西格玛已成为一种基于客户驱动的连续质量改进计划，其目的在于综合运用质量管理的理念和方法，以连续改进为基本策略，达到并超越六西格玛水平。

2. 六西格玛管理的组织与实施

1）六西格玛管理的组织

六西格玛管理的成功策划和实施必须要有一套合理、高效的人员组织结构作为保证。一般可以分为三个层次：领导层、指导层和操作层（图 5-6）。具体包括倡导者、执行负责人、财务主管、黑带大师、黑带和绿带。

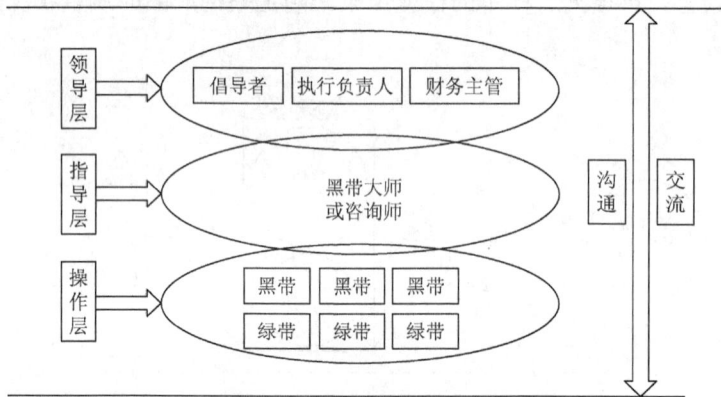

图 5-6　六西格玛管理组织层次

管理委员会的职责是制定六西格玛管理初始阶段的各种职位；确定具体的改进项目及改进次序，分配资源；定期评估各项目的进展情况，并对其进行指导；当各项目小组遇到困难或障碍时，帮助小组排忧解难等。执行负责人则需要具备较强综合协调能力，一般由企业的副总裁以上的高层领导担任。黑带是六西格玛变革中坚力量（即操作层）。黑带大师是六西格玛管理专家的最高级别，一般是统计方面专家，提供六西格玛管理实施的技术指导。绿带一般是项目小组的兼职人员，由黑带负责培训、协调和监督。

2）六西格玛管理的实施

六西格玛管理是一种自上而下的系统方法，它由企业最高管理者领导并驱动，由最高管理层提出改进或革新目标、资源和时间框架。推行六西格玛管理可以采用 DMAIC 过程：界定（Define）、测量（Measurement）、分析（Analysis）、改进（Improvement）和控制（Control）（图 5-7）。

（1）界定：界定阶段的主要内容是确认顾客的关键需求，识别需要改进的产品或流程，决定要进行测量、分析、改进和控制的关键质量因素，将改进项目界定在合理的范围内。界定阶段的主要任务包括找出业务机会，制定团队宪章，明确过程并绘制过程图，明确快速取胜的过程和过程整理，将顾客的需求转化为顾客的关键需求以及起草团队准则。

（2）测量：通过对现有过程的测量和评估，制定期望达到的目标及业绩衡量标准，识别影响过程输出 Y 的 X 因子，并验证测量系统的有效性。测量阶段的主要任务包括明确输入、处理、输出等指标，起草操作定义和测评计划，采集并分析数据，确定是否存在特

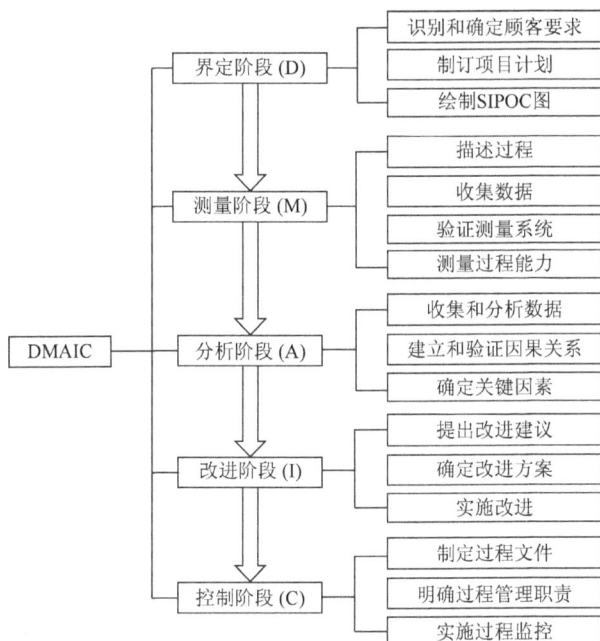

图 5-7 DMAIC 的阶段和工作

殊的原因,确定 σ 水平以及收集其他基准业绩数据。

(3)分析:利用统计学工具对整个系统进行分析,找到影响质量的少数几个关键因素。分析阶段的主要任务包括整理过程,整理数据并找出具体问题,起草问题陈述,找出问题的根本原因,确认和分析根本原因。可以采用的方法包括比较方法、波动源研究、故障模式及影响分析、回归分析、过程控制与过程能力和实验设计等。

(4)改进:寻找最有效的改进方案优化过程输出并消除或减小造成波动的因子,使过程的缺陷或变异降至最低。改进阶段的主要任务包括进行试验设计、解决方案构思、确定解决方案的影响或好处、评估并选择解决方案、起草过程图和粗计划、起草并讲解纲要和向所有利益相关方沟通解决方案。

(5)控制:控制阶段的主要目标是使改进成果标准化。通过修订文件使成功经验制度化,通过有效的监测方法维持过程改进的成果,并寻求进一步提高改进效果的持续改进方法。控制阶段的主要任务有起草试运行计划和试运行解决方案,确认由解决方案触及根本原因而产生的 σ 水平的改进,确定实现目标是否必需的其他解决方案,找出类似的情况,对机会进行标准化处理,将解决方案融入日常工作过程并进行管理,对形成的经验标准化,明确团队的下一步行动计划以及针对其他机会的计划。

5.3.3 统计过程控制

1. SPC 的基本概念

统计过程控制(Statistical Process Control,SPC)是由美国贝尔实验室的休哈特于 1924 年提出的。简单地说,SPC 是利用数理统计方法对生产过程中的各个阶段进行控制,从而达到改进和保证质量的目的。SPC 强调在生产过程中以预防为主进行质量管控，不仅可用于制造过程，而且可用于服务过程，以改进与保证服务质量。

统计过程控制的最大特点是对异常波动的及时预警。制造过程的质量职能可以分为两个部分，即工艺质量职能和生产质量职能。工艺质量职能属于生产前的准备工作，它为保证制造质量提供必要的技术上和管理上的条件。生产质量职能则是一系列实施过程，其重点是搞好工序控制，保证产品质量。

在制造过程中，影响过程质量的因素的变化及其对产品质量的作用是一个极其复杂的过程。统计过程质量控制就是发现和利用这个极其复杂过程的内在规律，把产品质量特性值控制在一定范围内而开展的作业技术和活动。统计过程控制的主要作用如下。

（1）及时发现工序过程中所出现的系统性变异，以便及时采取纠偏措施，防止更大的质量损失。

（2）及时发现生产过程中的异常现象和缓慢变异，预防不合格品发生，从而降低生产费用，提高生产效率。

（3）有效地分析判断生产过程中质量的稳定性，从而可降低检验、测试费用，包括通过供货方制造过程中有效的控制图记录等证据，购买方可免除进货检验，同时仍能在较高程度上保证进货质量。

（4）可查明设备和工艺手段的实际精度，以便作出正确的技术决定。

（5）为真正地制定生产目标和规格界限，特别是配合零部件的最优化确立可靠的基础，也为改变未能符合经济性的规格标准提供依据。

（6）使生产成本和质量成为可预测的参数，并能以较快的速度和准确性测量系统误差的影响程度，从而使同一批产品之间的质量差别减至最小，以评价、保证和提高产品质量，进而提高经济效益。

2. SPC 的流程

对生产性企业来说，统计过程控制是控制和提高产品质量的基础。一般地，统计过程控制的基本工作程序如图 5-8 所示。

1）确定关键工序

产品的制造过程是由几道甚至几十道工序组成的。在现场控制中，不可能对每道工序不分轻重主次都予以控制，而是要选择一些对产品质量影响较大的，或在现阶段质量问题较多的工序加以控制。被选择来重点进行控制的工序称为关键工序或质量控制点。

2）确定关键质量特性

质量控制的第二步就是要明确控制的对象，要明确哪个质量特性是需要重点控制的，即明确关键质量特性是什么。要找出关键质量特性，需要作大量的现场调研及工艺过程分析才能加以确定，不能靠主观推断，否则很可能造成虽然花费了成本却起不到有效控制生产过程的结果。

关键质量特性多数是计量值数据，如长度、直径、弹性、压力等，但对某些产品可能无法找到计量值质量特性，或者找到的计量值数据并不是关键质量特性，这时可以根据情况考虑选择属性值质量特性。属性值质量特性包括两类，一类是计件值数据，另一类是计点值数据。

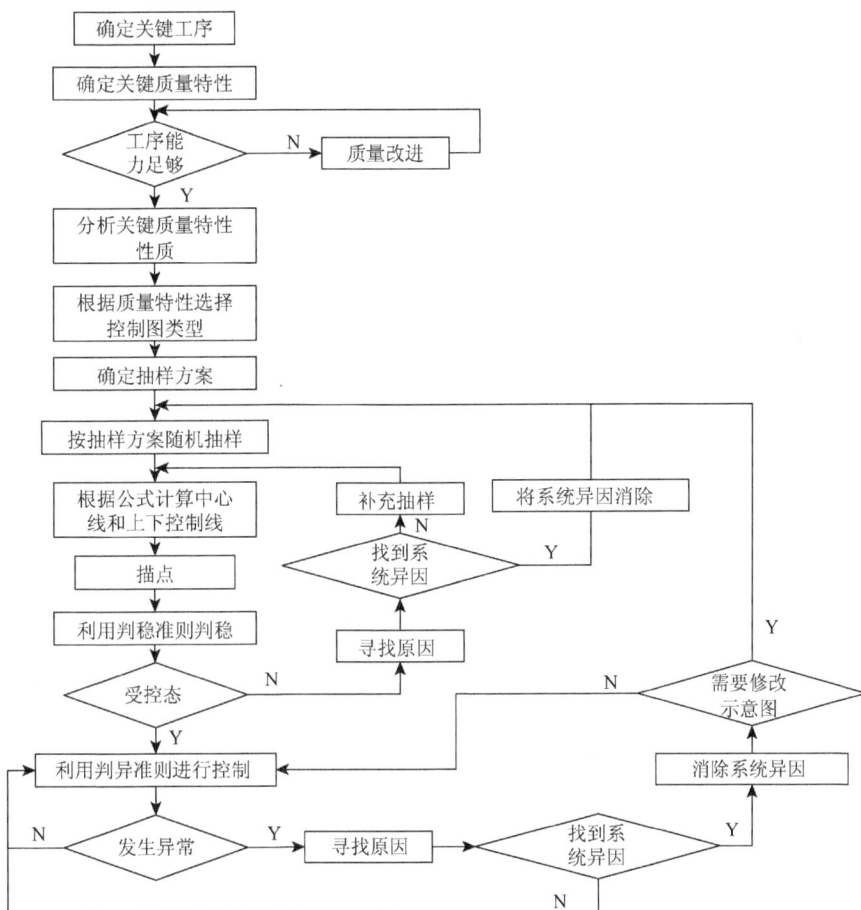

图 5-8　统计过程控制流程

3）工序能力分析

在确定了关键质量特性后，就要针对关键质量特性进行工序能力分析。工序能力指数是衡量工序能力的指标。将计算所得的工序能力指数，与顾客提出要求或质量管理体系的要求进行对比分析，如果计算所得的工序能力指数大于或等于所要求的工序能力指数，且管理层认为质量水平已经比较高，则可转入下一步。反之，则需要进行质量问题的分析，找到解决问题的措施加以纠偏，直到质量水平达到要求，方可转入下一步。

4）确定抽样方案及控制图类型

选择控制图的总体原则是经济性与准确性。计件值或计点值数据控制图往往需要的样本量较大，所以抽样成本高、检验时间长，因此，一般原则是以计量值控制图为先，在确实没有找到合适的计量值控制图的情况下，再考虑计件或计点值控制图。控制图的选型流程如图 5-9 所示。

5）按抽样方案随机抽样

按照确定的抽样方案，对生产的在制品或成品进行随机抽样，并将检测结果记录下来。表 5-1 为某一计量值数据的抽样检验表。

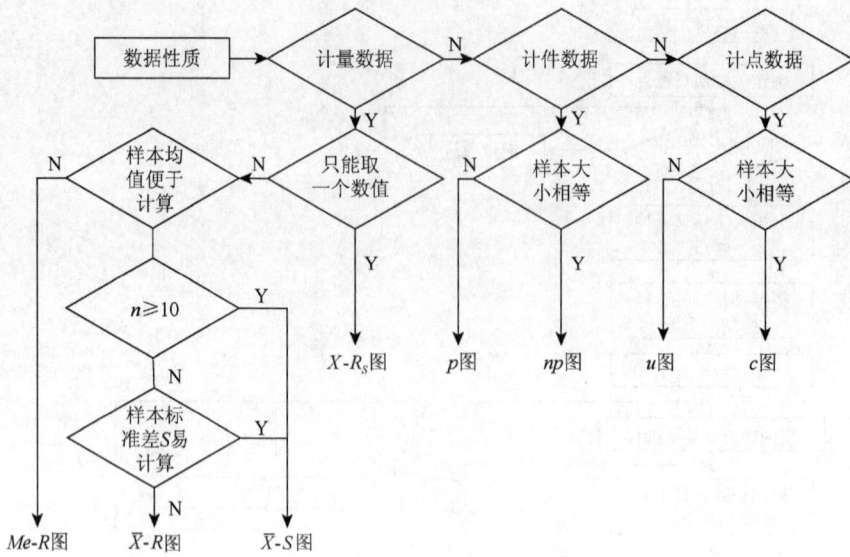

图 5-9 控制图选型流程图

表 5-1 计量值抽样检验表

序号	X_1	X_2	X_3	X_4	X_5
1	19.8	20.2	20.1	20	20
2	19.8	20	19.9	20	20
3	20	20	20	19.9	20
4	20.1	20	20.1	20	20
5	19.9	20	19.9	20	20
6	20	20.1	20	20.2	20
7	20	19.9	19.9	20	20
8	20	20.1	20.1	19.9	20
9	20	20	20	20	20
10	20	20	19.9	20	20
⋮	⋮	⋮	⋮	⋮	⋮
23	19.9	19.9	20	19.9	20
24	20.1	20	20	19.9	20
25	19.9	20.2	20.1	20	20

6）根据公式计算中心线及控制上下限

以 $\bar{X}-R$ 图为例，$\bar{X}$ 图的中心线及上下控制限如式（5.1）所示：

$$\begin{cases} \mathrm{UCL}_{\bar{X}} = \mu_{\bar{X}} + 3\sigma_{\bar{X}} = \mu + \dfrac{3\sigma}{\sqrt{n}} = \bar{\bar{X}} + \dfrac{3\bar{R}}{d_2\sqrt{n}} = \bar{\bar{X}} + A_2\bar{R} \\ \mathrm{CL}_{\bar{X}} = \mu_{\bar{X}} = \mu = \bar{\bar{X}} \\ \mathrm{LCL}_{\bar{X}} = \mu_{\bar{X}} - 3\sigma_{\bar{X}} = \mu - \dfrac{3\sigma}{\sqrt{n}} = \bar{\bar{X}} - \dfrac{3\bar{R}}{d_2\sqrt{n}} = \bar{\bar{X}} - A_2\bar{R} \end{cases} \quad (5.1)$$

R 图的中心线及上下控制限如式（5.2）所示：

$$\begin{cases} \mathrm{UCL}_R = \mu_R + 3\sigma_R = \overline{R} + \dfrac{3d_3\overline{R}}{d_2} = D_4\overline{R} \\[2mm] \mathrm{CL}_R = \mu_R = \overline{R} \\[2mm] \mathrm{LCL}_R = \mu_R - 3\sigma_R = \overline{R} - \dfrac{3d_3\overline{R}}{d_2} = D_3\overline{R} \end{cases} \qquad (5.2)$$

7）控制图的建立与判稳

根据第六步计算的中心线和控制上下限，及第五步得到的抽样数据，建立初始控制图。控制图在使用之前需要先进行判稳，即判断过程是否处于统计受控状态。如果过程为非统计受控状态，则用其样本点建立的控制图控制后续生产过程，不但难以起到良好的控制效果，反而可能带来错误的预报，给企业带来经济损失。

8）控制图的使用与判异

若经过初始控制图分析，过程可判定为统计受控状态，便可以用初始控制图对生产过程进行日常控制，控制时需采取判异准则来进行过程判断。

9）判断是否需要修改控制图

控制图的修改一方面考虑管理层的意向，另一方面考虑工序质量水平。当工序质量水平得到了大幅度提升时，反映为工序能力指数得到了大幅度提高，或控制图上连续 15 个点以上均在 C 区，这时如果管理层赞成在更高水平上进行严格控制，则需要修改控制图；反之，如果管理层没有这个意向，则继续使用原来的控制图进行控制。

一般来说，在下面六种情况下，需要修改控制图。

（1）更换了质量水平更高的原材料供应商；

（2）机器设备更新；

（3）技术更新；

（4）员工加工装配技术提升；

（5）市场要求更高（规格公差变小）；

（6）管理层有意向超越原有的质量水平。

5.3.4 过程能力分析

1. 过程能力的基本概念

过程能力（Process Capability）又称为工程能力或工艺能力，是指过程处于控制状态下的实际加工能力，或者说过程在稳定状态下能够生产出合格品的能力，即人员、设备、原材料、加工方法、检测手段、环境等质量因素处于稳定状态下所表现出来的保证过程质量的能力，而不是生产能力。

一般情况下，过程能力与产品质量的实际波动成反比，即过程能力越高，质量波动越小，过程质量越容易得到保证。在过程处于控制状态下，过程质量的波动通常是由一些随机因素引起的，因此，质量特征值波动的一般呈正态分布。图 5-10 表示了几种不同的过程能力。

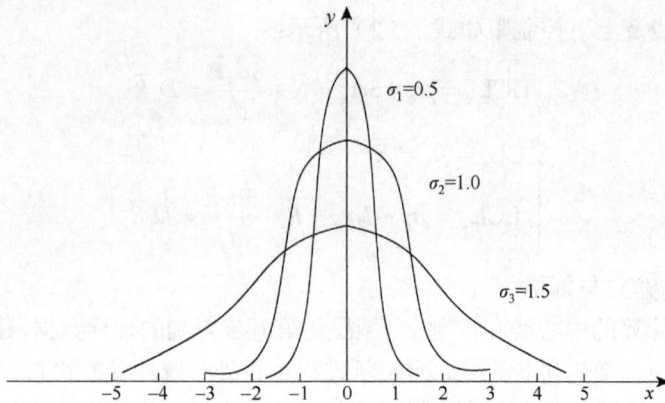

图 5-10　不同过程能力

根据过程质量的统计规律，一般采用 3σ 原则来描述过程能力的大小，即

$$B = 6\sigma \tag{5.3}$$

式中，B 为过程能力；σ 为处于正态分布下的过程质量特征值的标准层。

3σ 原则指出在 ±3σ 内，也就是在六西格玛的范围内包含了 99.73% 的质量特征值，几乎包括了全部可能的数值。如果把这一区间取得过小，如取 ±（1σ～2σ），则包含的概率低，即产品的合格品率太低；如果取得过大，如取 ±(4σ～5σ)，则达到这样高的产品合格率成本又太高，很不经济。因此，以六西格玛作为过程能力来控制生产过程既经济，又保证产品质量。

可见 σ 是表示过程能力的一个关键的参数，σ 越大，过程能力越差；σ 越小，过程能力越强。图 5-10 中的 3 条曲线，代表了 3 个不同的生产过程状态。其中，加工精度以 σ_1 代表的过程为最高，σ_2 次之，最差的是质量特征值标准差为 σ_3 的过程。

2. 过程能力指数

过程能力只表示一种过程固有的实际加工能力，而与产品的技术要求无关。产品的技术要求是指产品质量指标允许波动的范围即公差范围，它是确定制造质量的标准和依据。为了反映过程能力能否满足客观的技术要求，需要将两者进行比较，引入过程能力指数的概念。所谓过程能力指数就是表示过程能力对产品质量技术要求的保证程度，是加工质量标准与过程能力的比值，记为 C_P，可用式（5.4）表示：

$$C_P = \frac{T}{6\sigma} \approx \frac{T}{6S} \tag{5.4}$$

式中，T 为公差范围；σ 为总体标准差；S 为样本标准差。

此外，在双向公差且过程分布中心 μ 与公差中心 M 重合的情况下，过程能力指数计算公式为

$$C_P = \frac{T}{6\sigma} = \frac{T_U - T_L}{6\sigma} \approx \frac{T_U - T_L}{6S} \tag{5.5}$$

式中，T_U 为公差上限，T_L 为公差下限。过程不合格品率计算公式为

$$P = P_L + P_U = 2\left[1 - \Phi\left(3C_P\right)\right] \tag{5.6}$$

在双向公差且过程分布中心 μ 与公差中心 M 不重合的情况下，过程能力指数计算公式为

$$C_{PK} = C_P(1-k) = \frac{T-2E}{6\sigma} \qquad (5.7)$$

式中，C_{PK} 为修正过程能力指数；k 为修正系数且 $k=2E/T$，E 为绝对偏移量，即 $E = |M - \bar{X}|$。过程不合格品率计算公式为

$$P = P_L + P_U = 2 - \Phi(3C_P(1+k)) - \Phi(3C_P(1-k)) \qquad (5.8)$$

3. 过程能力的评价与调查

1）过程能力的评价

过程能力指数客观而又定量地反映了过程能力满足技术要求的程度。过程能力指数越大，产品的加工质量就越高，相应的加工成本也会越高。所以，可以根据过程能力指数的大小对过程加工的质量水平作出评价，以便于采取必要的措施，在保证质量的同时，又使制造成本最低。一般情况下，过程能力的判断是根据过程能力指数评定分级表（表 5-2）规定的判断标准来进行的。

表 5-2　过程能力指数分级表

等级	C_P（或 C_{PK}）	P/%	能力评价	处理意见
特级	$C_P > 1.67$	$P < 0.00006$	过程能力过于充足	即使质量波动有些增大，也不必担心；可考虑放宽管理，降低成本，收缩标准范围及放宽检查
一级	$1.33 < C_P \leq 1.67$	$0.00006 \leq P < 0.006$	过程能力充足	允许小的外来干扰所引起的波动；对不重要的工序可放宽检查；过程控制抽样间隔可放宽一些
二级	$1.0 < C_P \leq 1.33$	$0.006 \leq P < 0.27$	过程能力尚可	过程需严格控制，否则容易出现不合格品；检查不能放宽
三级	$0.67 < C_P \leq 1.0$	$0.27 \leq P < 4.55$	过程能力不足	必须采取措施提高工序能力；已出现一些不合格品，要加强检查，必要时全检
四级	$C_P \leq 0.67$	$P \geq 4.55$	过程能力严重不足	立即追查原因，采取紧急措施，提高过程能力；可考虑放宽标准范围；已出现较多的不合格品，要加强检查，最好全检

2）过程能力的调查

所谓过程能力调查，就是对产品生产过程（工序）采用一定的方法，测定其质量变动状况，并与标准进行比较，从而判断过程能力是否充足，过程是否处于受控状态，并制定相应的改进措施的全部活动。过程能力调查能及时掌握加工设备和过程的质量状态，是发现和解决质量问题的有效方法，也是确定和计算过程能力的重要准备。特别是对于关键过程和关键工位，要制订计划，分期进行过程能力调查，并对调查结果进行分析，加强过程质量控制。

过程能力调查是需要选定的调查对象，测量其质量特征值，判断过程能力是否充足，并制定相应改进措施的全部活动。过程能力具体步骤如图 5-11 所示。

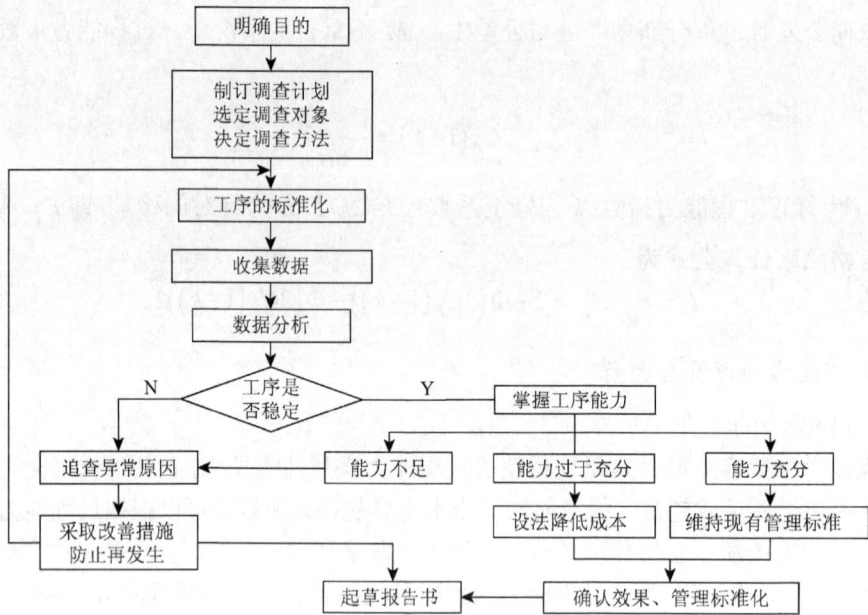

图 5-11 过程能力调查流程

3）提高过程能力的措施

从过程能力的计算公式 $C_{PK}=(T-2E)/6S$ 可知，影响过程能力指数的因素有三个，即公差范围（质量标准）T，样本的分布中心与给定的公差中心的偏移量 E 和产品质量特征值的分散程度 S。因此，要提高过程能力，减少废品，可以从以下三个方面着手。

（1）调整过程加工的分布中心，减少偏移量 E。首先找出造成过程质量分布中心偏移的原因，然后采取措施减少偏移量。如果偏移量是由设备、刀具、夹具等的定位误差和调整误差引起的，则可通过首件检验，重新调整。

（2）提高过程能力，减少分散程度。过程的分散程度，即过程加工的标准差 S。材料不均匀、设备精度低、可靠性差、工装及模具精度低、工艺方法不正确等因素对质量特性值的分散程度影响极大。

（3）在保证质量的前提下，放宽给定公差。在实际工作中，为提高保险系数，产品设计人员有紧缩公差的倾向。因此，如果 C_{PK} 的值过小，无法采取其他措施时，可以考虑与设计人员充分协商，在保证质量的前提下，适当放宽公差值，以降低生产成本。

5.3.5 老七种工具简介

1. 控制图

控制图是由美国贝尔电话实验室的休哈特 1924 年提出的一种质量管理工具。它是一种有控制界限的图，用来区分质量问题的原因是偶然的还是系统的、可以提供系统原因存在的信息，从而判断生产过程的受控状态。控制图按其用途可分为两类：一类是供分析用的控制图，用来控制生产过程中有关质量特性值的变化情况，看工序是否处于稳定受控状态；另一类控制图主要用于发现生产过程是否出现了异常情况，以预防产生不合格品。

控制图部分的基本格式如图 5-12 所示。横坐标是以时间先后排列的样本组号，纵坐标为质量特性值或样本统计量。两条控制界限线一般用虚线表示，上面一条称为上控制界限（记为 UCL，Upper Control Limit），下面一条称为下控制界限（记为 LCL，Lower Control Limit），中心线用实线表示（记为 CL，Control Limit）。

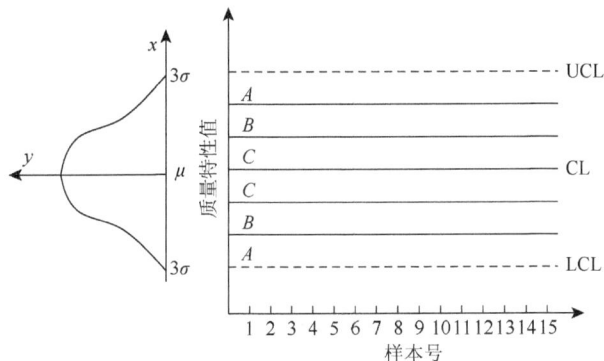

图 5-12 控制图部分的基本格式

在生产过程中，应定时抽取样本，把测得的数据按时间先后一一描在图上。如果点子落在两控制界限线之间，且点子排列是随机的，则表明生产过程仅有偶然性因素导致的随机误差存在。生产基本上是正常的，处于统计控制状态，此时对生产过程可不必干预。如果点子落在两控制界限线之外，或点子在两控制界限线内的排列是非随机的，则表明生产过程中有系统性因素导致的系统误差存在，过程已处于非统计控制状态。此时必须对过程采取措施使工序恢复正常。这样可用控制图对生产过程不断地进行监控，能够对系统性原因的出现及时警告，并对过程进行控制。

2. 分层法

数据分层法就是将性质相同的、在同一条件下收集的数据归纳在一起，以便进行比较分析找出数据的统计规律。因为在实际生产中，影响质量变动的因素很多，如果不把这些因素区别开来，难以得出变化的规律。分层的目的在于把杂乱无章和错综复杂的数据按其不同的目的进行分类，使之能更确切地反映客观事实。

分层的原则是使同一层次内的数据波动幅度尽可能小，而层与层之间的差异尽可能大。数据分层可根据实际情况按多种方式进行。例如，按不同时间、不同班次进行分层，按使用设备的种类进行分层，按原材料的进料时间、原材料成分进行分层，按检查手段、使用条件进行分层，按不同缺陷项目进行分层等。数据分层法经常与统计分析表结合使用。表 5-3 为某厂钢筋焊接质量分层统计表。

表 5-3 某厂钢筋焊接质量分层统计表

操作者	焊接质量	甲厂		乙厂		合计	
		焊接点	不合格率/%	焊接点	不合格率/%	焊接点	不合格率/%
A	不合格	12	75	0	0	12	32
	合格	4		22		26	

续表

操作者	焊接质量	甲厂		乙厂		合计	
		焊接点	不合格率/%	焊接点	不合格率/%	焊接点	不合格率/%
B	不合格	0	0	6	43	6	25
	合格	10		8		18	
C	不合格	6	30	14	78	20	53
	合格	14		4		18	
合计	不合格	18	39	20	37	38	38
	合格	28		34		62	

3. 调查表

调查表也称检查表、核对表、统计分析表，它是用来系统地收集和整理质量原始数据，确认事实并对质量数据进行粗略整理和分析的统计图表。因产品对象、工艺特点调查和分析目的的不同，调查表的表示也不同。常用的调查表有不合格项目调查表、不合格原因调查表、废品分类统计调查表、产品故障调查表、工序质量调查表、产品缺陷调查表等。表 5-4 为插头焊接缺陷调查表。

表 5-4　插头焊接缺陷调查表

序号	项目	频数	累计	累计频率/%
A	插头槽径大	3367	3367	69.14
B	插头假焊	521	3888	79.84
C	插头焊化	382	4270	87.69
D	插头内有焊锡	201	4471	91.82
E	绝缘不良	156	4627	95.02
F	芯线外漏	120	4747	97.48
G	其他	123	4870	100

调查表按形式可分为点检用调查表和记录用调查表。点检用调查表在记录时只作是非或选择的注记；记录用调查表用于收集计量或计数资料，通常使用划记法。图 5-13 为轿车保养作业点检用调查表。

4. 排列图

排列图又叫帕累托图，是建立在帕累托原理的基础上，即关键的少数和次要的多数（80/20 原则），由意大利经济学家 Pareto 和 Lorenz 发现，美国质量管理专家朱兰把这一原理应用于质量管理中，是为寻找主要问题或影响质量的主要原因所使用的图。应用这一原理，就意味着在质量改进的项目中，少数的项目往往起着主要、决定性的影响，只要能够抓住少数的关键原因，就可以解决 80% 以上的问题。

	点检内容	9月5日	9月6日	9月8日	9月9日
1处的点检	冷却水的量与是否漏水	√		√	√
	风扇皮带的损伤和挠曲	√		√	√
	机油的量与污浊程度	√		√	√
2处的点检	轮胎的气压，磨损与损伤	√	√	√	×
	弹簧的损伤	√	√	√	√
3处的点检	千斤顶，工具的有无	√		√	√
	备用轮的气压	√	√	√	√
4处的点检	发动机的起动情况	√		√	√
	各仪表的功能正常与否	√	√	√	√
	离合器的离合情况	△	△	△	√
	门、锁的情况	√		√	√
	喇叭、雨刮器的情况	√	√	√	√
备注					

图 5-13 轿车保养作业点检用调查表

排列图是由一个横坐标、两个纵坐标、几个按高低顺序依次排列的长方形和一条累计百分比折线所组成的图。它是根据整理的数据，以不良原因、不良状况发生的现象，系统地加以分类，计算出各项目所产生的数据（不良率、损失金额等）以及所占的比例，依照大小顺序排列，再加上累计值的图形。排列图的主要作用有：一是按重要顺序显示出每个质量改进项目对整个质量问题的作用；二是寻找主要、关键问题或原因，识别质量改进的机会。图 5-14 为某厂曲轴主轴颈不合格原因排列图。

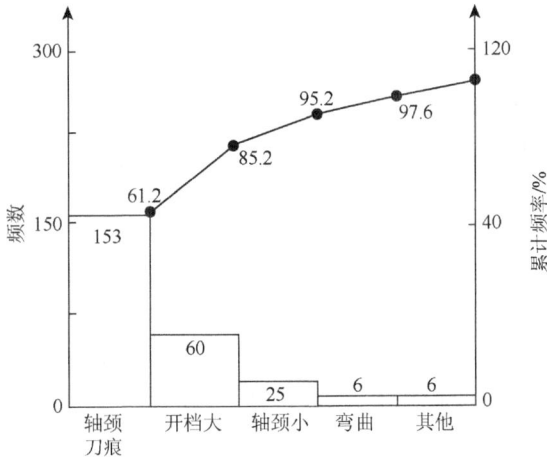

图 5-14 不合格原因排列图

5. 因果图

因果图也叫鱼刺图、特性要因图、树枝图、鱼骨图，是由日本管理大师石川馨先生在 1943 年提出的，所以又称为石川图。它是表示质量特性波动与其潜在原因的关系，即表达和分析因果关系的一种图表，广泛应用于制造业及服务业的质量控制分析和质量改进活动中。

问题的特性总是受到一些因素的影响，通过头脑风暴法找出这些因素，并将它们与特性值一起，按相互关联性整理而成的层次分明、条理清楚，并标出重要因素的图形就叫特性要因图。它是一种透过现象看本质的分析方法。图 5-15 为航班离港延误的原因分析因果图。

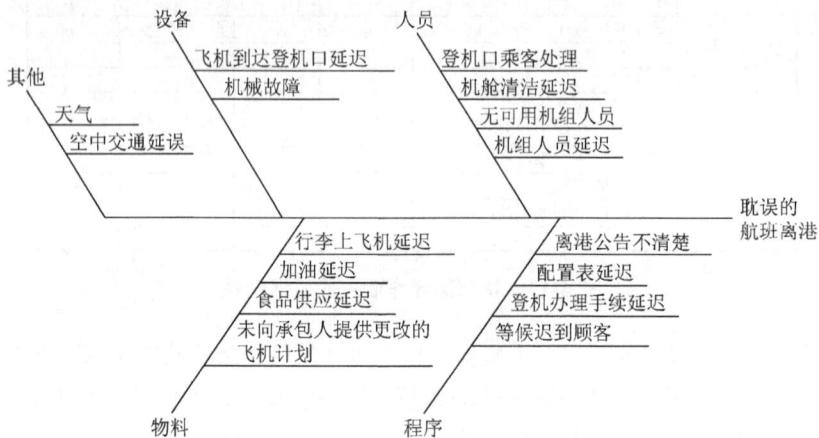

图 5-15　航班离港延迟因果图

6. 直方图

直方图是频数直方图的简称，又称质量分布图，是一种几何形图表，它是根据从生产过程中收集的质量数据分布情况，画成以组距为底边、以频数为高度的一系列连接起来的方型矩形图。直方图更适合于对大批量数据的统计研究分析，其作用是显示质量波动的状态；分析数据是否服从正态分布；判断数据有无异常。

正常生产条件下计量的质量特性值的分布大多为正态分布，从中获得的数据的直方图为中间高、两边低、左右基本对称的正态型直方图。但在实际问题中还会出现另一些形状的直方图。直方图的分布一般有以下六种情况。

（1）正态型。这是生产正常情况下常常呈现的图形，如图 5-16（a）所示。

（2）偏向型。偏向型又分为左偏型和右偏型。造成这种形状的因素是多方面的，有的是剔除了不合格品后作的图形，也有的是质量特性值的单侧控制造成的。孔加工习惯造成的特性值分布常呈左偏型，而轴加工习惯造成的特性值分布常呈右偏型。如图 5-16（b）所示是左偏型直方图。

（3）双峰型。这种情况的出现往往是将两批不同的原材料、两个不同操作水平的工人或两台不同状况的设备生产的产品混在一起造成的，如图 5-16（c）所示。

（4）孤岛型。这种图形往往表示出现某种异常，如测量工具有误差、原材料发生变化、生产过程发生改变、有不熟练的工人替班等，如图 5-16（d）所示。

（5）平顶型。这种情况往往是由生产过程中有缓慢变化的因素造成的，如刀具的磨损、操作者疲劳等，如图 5-16（e）所示。

（6）锯齿型。这个图形的出现可能是由测量方法不当，或者是量具的精度差引起的，也可能是分组不当引起的，如图 5-16（f）所示。

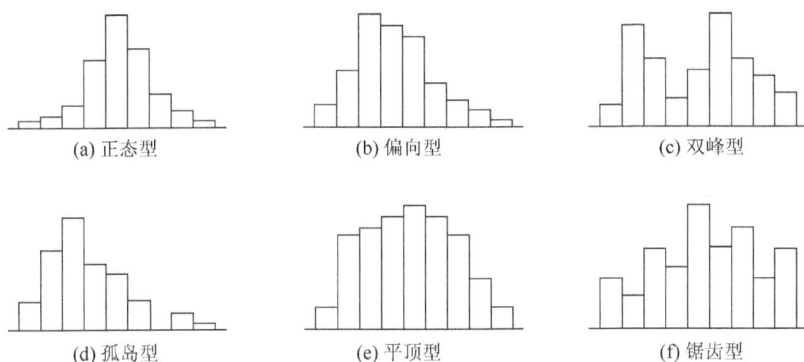

(a) 正态型　　　　(b) 偏向型　　　　(c) 双峰型

(d) 孤岛型　　　　(e) 平顶型　　　　(f) 锯齿型

图 5-16　常见的直方图形态

7. 散布图

散布图是一种研究成对出现的两组相关数据之间相关关系的图示技术。这种图示方式具有快捷、易于交流和易于理解的特点。在散布图中，成对的数据形成点子云，研究点子云的分布状态，便可推断成对数据之间的相关程度。在散布图（x，y）中，当 x 值增加，y 值也相应地增加时，x 和 y 是正相关；当 x 值增加，而 y 值相应地减少时，x 和 y 是负相关。常见散布图中的点子云形状如图 5-17 所示。

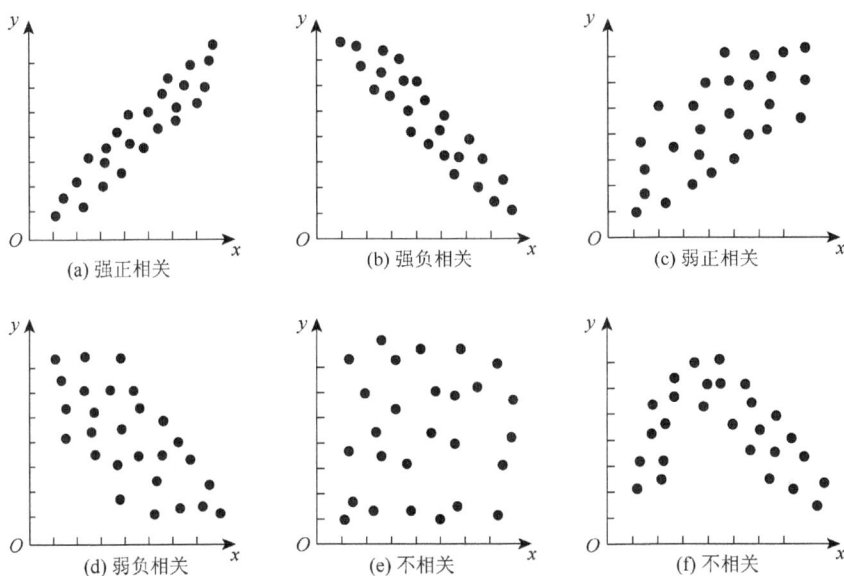

(a) 强正相关　　　　(b) 强负相关　　　　(c) 弱正相关

(d) 弱负相关　　　　(e) 不相关　　　　(f) 不相关

图 5-17　典型的点子云形状图

案例研讨：六西格玛管理在产品合格率提高中的应用

产品的一次合格率不仅反映了企业的技术水平、生产水平和管理水平，更大程度上反映了该企业质量控制体系的创新性。面对激烈的市场竞争环境，企业必须提高产品质量和生产效率，降低不必要的消耗和浪费，将产品缺陷降低到一个合理程度的同时，提高产品的一次合格率。

1. 界定阶段

国内某医疗器械公司生产的 X 光机（X 射线机）2013 年 10 月～2014 年 5 月最终检验的产品一次合格率仅为 61.8%，迫切希望通过实施六西格玛管理，提高产品的一次合格率。表 5-5 为该企业 X 光机连续 5 个月生产合格率的统计结果，使用这些数据通过 Minitab 软件拟合出 X 光机 5 个月的产品一次合格率统计图，如图 5-18 所示。从图中可以看到这 5 个月内检验的一次合格率仅为 62.94%。

表 5-5   X 光机 5 个月合格率统计

日期	良品数量	不良品数量	总数量	合格率/%
2013-10	19	8	27	70.37
2013-11	37	18	55	67.27
2013-12	20	19	39	51.28
2014-1	16	12	28	57.14
2014-2	15	6	21	71.43

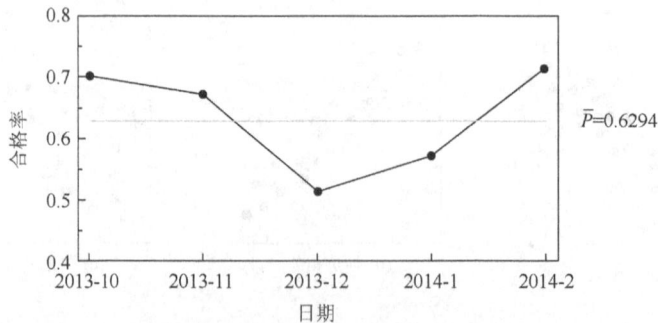

图 5-18   X 光机 5 个月一次合格率统计

在六西格玛管理的界定阶段，首先需要确定生产流程中质量控制的范围，对每一道工序深入分析其客户需求，研究界定范围内生产流程的缺陷，同时对缺陷进行定义。根据 X 光机生产流程图（图 5-19），将关键生产流程范围界定为"供应商物料准备"至"工位 30 产品最终检验、测试"，即图中的虚线框所确定的范围。

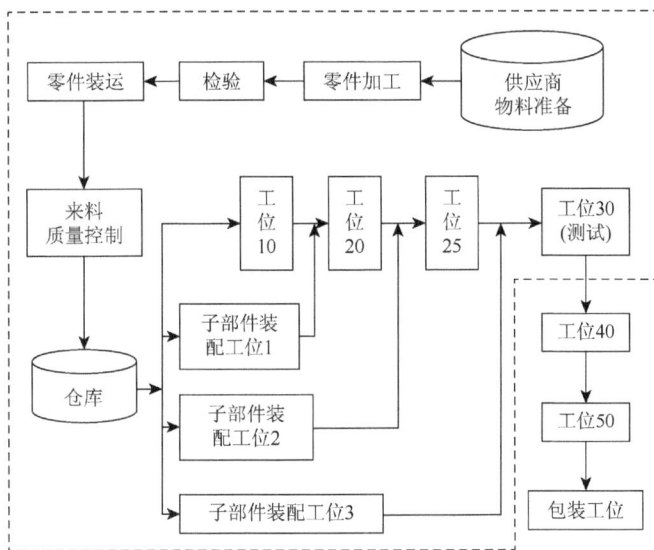

图 5-19 X 光机生产流程图

2. 测量阶段

一般来说测量系统都有一定的波动，如果波动的程度在可接受的范围内，并且具有足够的稳定性，那么这个测量系统是可以接受的。在六西格玛管理的测量阶段，可以运用 GR&R（定量数据）或者 Kappa 值（定性数据）对测量系统的稳定性进行验证，确保测量系统的可靠。由于一次合格率是定性数据（只有合格或者不合格两种结果），所以应采用 Kappa 值来检验该测量系统的稳定性。

该公司选取工位 30 已经评测过并得到专业评测结果的 12 台 X 光机，让两位检验员对其再次检测（两位检验员事先不知道专业评测结果），每人对 12 台机器检测 2 次。将得到的检测结果与专业评测结果通过 Minitab 软件测量系统分析模块计算出 Kappa 值，结果如图 5-20 所示，李明的 Kappa=0.874，张霞的 Kappa=0.875，检验员两次测量的 Kappa 值均在 0.7～0.9，稳定性处于可接受的范围。

```
                    测量系统分析 (MSA)

        每个检验员与标准
        评估一致性
        # Inspected   # Matched   Percent        95% CI
            12          10        83.33    (51.59,97.91)
        # Matched: All appraisers' assessments agree with the
        known standard

        Ming Li' Kappa Statistics
        Response    Kappa    SE Kappa         Z    P(vs>0)
        NG        0.873684   0.144338   6.05306     0.0000
        Pass      0.873684   0.144338   6.05306     0.0000

        Xia Zhang's Kappa Statistics
        Response    Kappa    SE Kappa         Z    P(vs>0)
        NG          0.875    0.142064   6.15918     0.0000
        Pass        0.875    0.142064   6.15918     0.0000
```

图 5-20 测量系统分析图的 Kappa 值

然后对两位检验员两次检验的一致性进行验证,对比两位检验员两次检测结果的一致性以及两位检验员的检测结果与标准(事先专业评测结果)的一致性,通过 Minitab 软件拟合出测量系统一致性分析图,如图 5-21 所示,两位检验员的一致性都在 90%以上。从 Kappa 值和评估一致性来看,检验员两次测量的 Kappa 值和一致性均在可接受范围内,说明该量测系统是稳定可靠的。

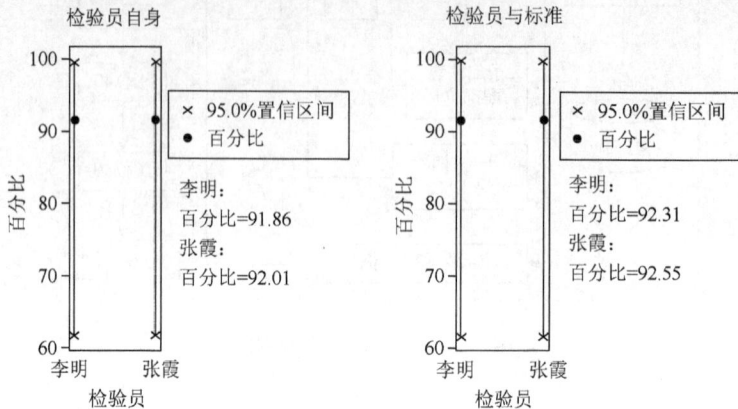

图 5-21   测量系统分析图的一致性分析

3. 分析阶段

在六西格玛管理的分析阶段,使用质量管理工具(如排列图、FMEA、因果图等)对 X 光机每一个缺陷进行分析,寻找产生缺陷的根本原因。针对有缺陷的 X 光机,从零件、装配工艺、设计、装配夹具等方面进行产生不良原因的统计,并使用 Minitab 软件拟合出 X 光机缺陷类型排列图,如图 5-22 所示。从图中能清楚地看出 X 光机不良主要是由零件不良所导致的,占总缺陷的 87.8%,其次是装配工艺原因,这两项占总缺陷的 96.7%。

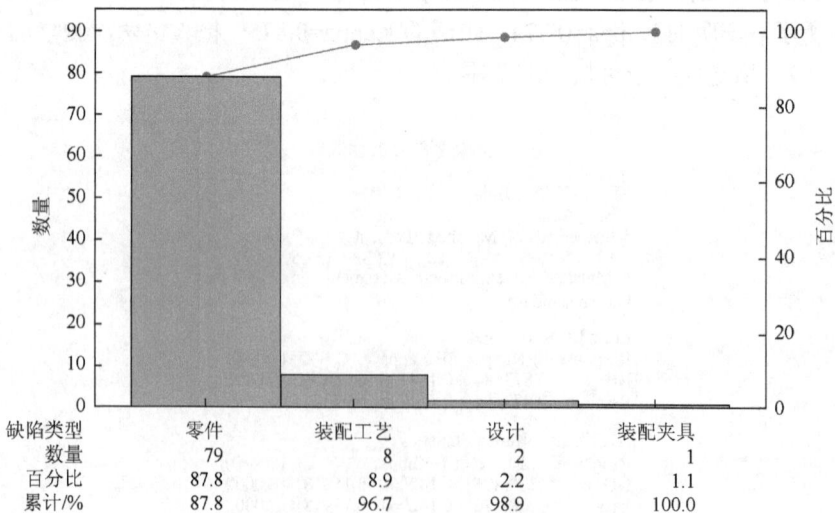

缺陷类型	零件	装配工艺	设计	装配夹具
数量	79	8	2	1
百分比	87.8	8.9	2.2	1.1
累计/%	87.8	96.7	98.9	100.0

图 5-22   缺陷类型排列图

　　然后对产生缺陷的主要因素——零件进行统计，找出导致 X 光机不良的所有零件发生频率，并使用 Minitab 软件拟合出零件缺陷排列图，如图 5-23 所示。从图中能直观看出导致 X 光机不良的高频零件，然后运用 FMEA 方法，从严重度、发生度和检测度三个方面对各个问题零件所导致产品的不良进行分析。根据最终的风险优先数 RPN 值进一步确定需要重点分析的零件，对于这些零件从人、机、料、法、环五个方面，采用质量检查工具（如因果图、5WHY 等），找出产生问题的根源。

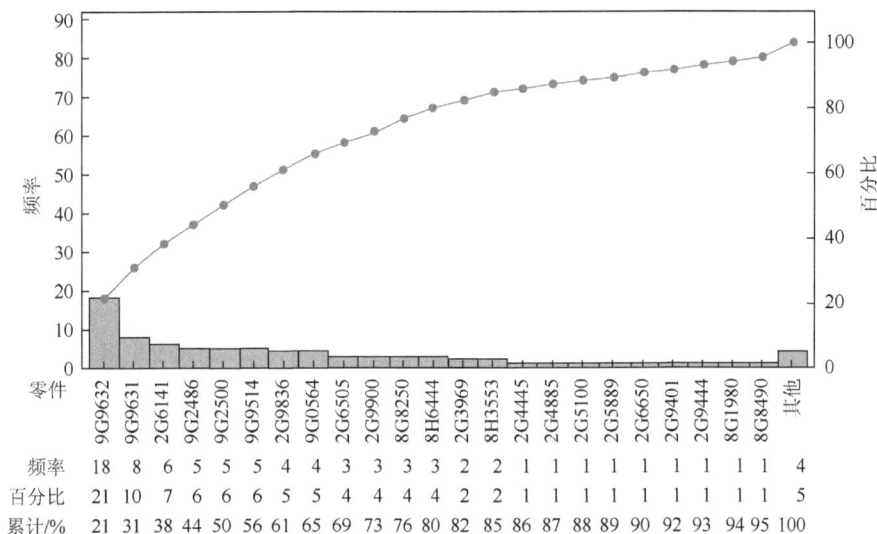

图 5-23　零件缺陷排列图（按零件号分）

　　根据以上分析，该公司选取对产品质量影响大（返工耗时长）、严重度高、检测度低（不易发现问题）的零件——立柱（零件号：2G3969）进行因果图分析，如图 5-24 所示。

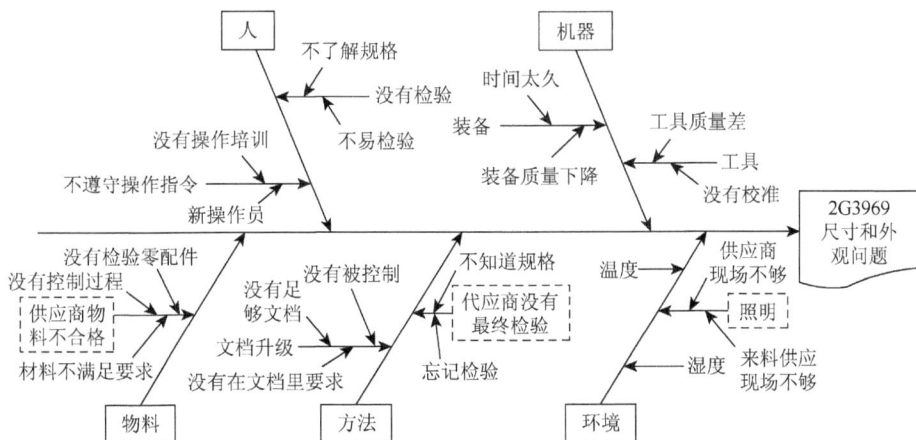

图 5-24　零件不良因果图

4. 改进阶段

由分析阶段可知，X 光机缺陷产生的主要原因是供应商零件缺陷以及后期装配工艺问题，在六西格玛管理的改进阶段，应制定相应的短期和长期对策。以供应商提供立柱的外观和尺寸不良为例，从图 5-24 的因果图分析可知产生不良的主要原因有以下三个方面。

（1）立柱本身不良（立柱材料或者立柱加工过程中存在问题）；

（2）供应商检验不严格（只是抽检）；

（3）环境亮度不够，无法看清立柱外观缺陷。

针对具体问题，提出改进措施如下。

（1）零件制造过程中增加夹具，控制关键尺寸；

（2）供应商提高作业要求，重新培训工人，要求 100%检验零件；

（3）作业环境中增加更多的日光灯，提高检出率，降低外观不良率。

5. 控制阶段

作为六西格玛管理的最后一个阶段，控制阶段十分重要。该阶段主要活动如下。

（1）针对每一项缺陷采取应对措施，使其标准化（例如，将改进措施写入作业指导书）；

（2）制订控制计划，进行长期的监控，确保改进措施的长期有效；

（3）将产品一次合格率作为每周例会的重要一项。

使用 Minitab 软件制定过程控制表（如一次合格率控制图），采集相关数据，进行长期监控。如图 5-25 所示，连续采集 13 个月 X 光机生产不良率数据，并拟合出一次合格率控制图。由图中可以看到，X 光机的一次合格率平均值从改进前的 61.79%，提高到改进后的 86.32%。

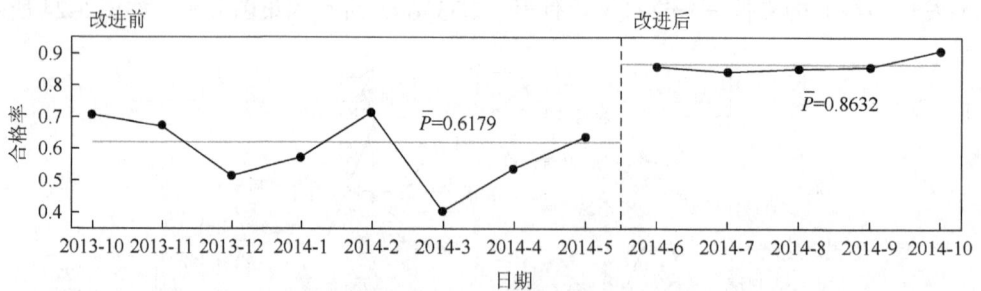

图 5-25　产品一次合格率改进前后对比

注：使用不相等样本量进行的检验

该公司应用六西格玛方法和各种统计分析工具极大提高了 X 光机的产品一次合格率，降低了产品成本，提高了企业效益。由此可以看出，六西格玛管理能为制造型企业带来质的飞跃，尤其是在企业减少浪费、提高产品质量、提高产品竞争力方面。

（资料来源：李立伟，耿军晓，马军，等. 2015. 基于六西格玛的 X 光机一次合格率的提高研究. 制造业自动化，（13）：79-81.）

根据案例讨论下列问题

（1）六西格玛管理的基本思想是什么？它包括哪些实施步骤？

（2）推行六西格玛管理能给企业和组织带来什么好处？

（3）有人认为："六西格玛管理是国外优秀组织采用的方法，而国内的企业科学管理基础薄弱，许多基础的管理工作都没有做好，不具备推行六西格玛管理的条件"，对此你有什么看法？

复习思考题

1. 什么是工艺，工艺过程设计有哪些内容？

2. 简述质量控制的内涵、一般过程和主要内容。

3. 什么是质量控制点？简述设置质量控制点的注意事项和一般过程。

4. 质量控制目标可以分为哪些类型？如何设定质量控制目标？

5. 简述质量控制标准的区分依据及其关系。

6. 为什么说质量检验是质量控制活动的一项重要内容？

7. 质量检验主要功能有哪些？

8. 什么是六西格玛管理？六西格玛管理 DMAIC 过程包括哪几个阶段？

9. 简述 SPC 的定义及实施步骤。

10. 什么是过程能力和过程能力指数？

11. 常用的质量改进工具包括哪几种？

第6章 质量改进

本章目录

本章导读

质量控制目的是消除偶发生性问题，使产品质量保持在规定的水平；而质量改进目的是消除系统性问题，对现有的质量水平在控制的基础上加以提高，使质量达到一个新水平。因此，满足顾客不断增长的要求和期望，需要在质量控制的基础上不断推进质量改进，以持续增强企业的市场竞争力和盈利水平。

本章首先给出了质量改进的定义；分析了质量改进的重要性，描述了质量改进的目标和原则，以及质量改进的基本过程和实施步骤；其次，陈述了可靠性管理的基本概念，定义了可靠性量度，包括可靠度、故障率、平均故障时间、维修度、修复率、平均维修时间、可用度等，讨论了可靠性模型及可靠性管理的主要工作；最后，给出了常用的几种质量改进方法，包括零缺陷管理、质量成本管理、故障模式及影响分析、故障树分析，以及新七种工具。

6.1 质量改进概述

6.1.1 质量改进的定义

ISO 9000：2008 标准对质量改进的定义为：质量改进（Quality Improvement）是质量管理的一部分，致力于增强满足质量要求的能力。它通过采取各项有效措施提高产品、体系或过程满足质量要求的能力，使质量达到一个新的水平、新的高度。质量改进贯穿于质量管理体系的所有的过程中，包括管理职责、资源管理、产品实现、测量分析过程的改进，也包括了产品、过程、体系的改进。

质量改进与质量控制是不同的。质量控制是消除偶发性问题，使产品质量保持在规定的水平，即质量维持；而质量改进是消除系统性问题，对现有的质量水平在控制的基础上加以提高，使质量达到一个新水平、新高度。但二者又是相互关联的。质量控制的重点是防止差错或问题的发生，充分发挥现有的能力；而质量改进的重点是提高质量保证能力。首先要搞好质量控制，然后在控制的基础上进行质量改进；没有稳定的质量控制，质量改进的效果也无法保持。

质量改进以有效性和效率作为质量改进活动的准则。所谓有效性是指完成策划的活动和达到策划结果的程度；效率是指达到的结果与所使用的资源之间的关系。对于企业质量管理活动而言，有效性和效率之间的关系是密不可分的。离开效率，将付出高昂的代价换得有效性的结果；离开有效性，高效率的后果将是很可怕的。质量改进要持之以恒，持续改进是指增强满足要求的能力的循环活动。有了持续改进，才会使顾客日益增长的要求和期望得到最终满意，才能使质量管理体系动态地提高，以确保生产率的提高和产品质量的改善。

6.1.2 质量改进的重要性

质量改进是质量工程与管理的重要内容，其重要性体现在以下五个方面。

（1）质量改进具有很高的回报率。俗话说"质量损失是一座没有被挖掘的金矿"，而质量改进正是要通过各种方法把这个金矿挖掘出来。因此，有些管理人员认为："最赚钱的行业莫过于质量改进。"

（2）可以促进新产品的开发，改变产品性能，延长产品的生命周期。由于全新的新产品数量比较少，大部分新产品都属于改进型新产品，所以，质量改进也是推出新产品的主要途径和手段。

（3）通过对产品设计和生产工艺的改进，更加合理、有效地使用资金和技术力量，充分挖掘企业的潜力。

（4）提高产品的制造质量，减少不合格品的产生，实现增产、增效的目的。

（5）有利于发挥企业各部门的质量职能，提高工作质量，为产品质量提供强有力的保证。

6.1.3 质量改进的目标与原则

质量改进必须有具体的目标作指引，以使组织及其成员产生合乎目的的具体的改进行动。质量改进的目标可以从以下三个方面来理解。

（1）从顾客价值的角度来看，质量改进应注重提高顾客满意度与过程的效果和效率，这也是质量改进的宗旨或总的目的。质量改进应以顾客价值为导向，顾客的满意就是质量，质量改进就是使顾客不断地得到物质和精神两个方面的满意。物质满意就是顾客在对组织提供的产品核心层的消费过程中所产生的满意程度，物质满意的影响因素是产品的使用价值，如功能、可靠性、设计包装等。精神满意是客户在对组织提供的产品形式层和外延层的消费过程中所产生的满意程度，精神满意的影响因素包括产品的外观、色彩、装饰、品味和服务等。

（2）从组织绩效的角度来看，质量改进的核心是提高组织的整体素质和竞争力，质量改进应贯穿于组织的各个层面。所以，应将组织的总质量改进目标逐级分解、落实到各个部门、各个小组乃至各个成员，分别确立相应的质量改进目标，使每项具体的质量改进活动都有具体的目标。这样，促使组织的各个层次的人员都能为了组织的生存和发展积极投身于质量改进活动中，从而保证总质量改进目标的实现。

（3）从社会效益的角度来看，组织进行质量改进不仅是为了增加因顾客需求得到满足所获得的利润，而且要符合顾客和社会的长远利益。质量改进不仅要使顾客和组织成员满意，也要考虑到所进行的改进工作是建立在维护顾客利益的基础上的，并确保社会效益有所保障。

为突破原有质量水平，实现新的质量水平目标，企业在研究与实施质量改进时，应充分考虑和遵循下列基本原则。

（1）顾客满意原则。一个组织输出的产品、服务或其他的质量，决定于顾客的满意程度以及相应过程的效果和效率。顾客不仅存在于组织的外部（如最终消费者、使用者、收益者或采购方），也存在于组织的内部（如股东、经营者、员工）。因此，进行质量改进必须以内外部顾客的满意程度及追求更高的效果和效率为目标。

（2）系统改善原则。产品固有质量水平或符合性质量水平方面存在的系统性问题或缺陷，都涉及众多的因素，其质量突破的难度是很大的，它涉及对质量改进必要性、迫切性的认识，关键因素的寻找与确认，人们知识与技能的发挥，改进的组织、策划与实施过程等。所以进行质量改进时，必须从企业实际需要与可能出发，实事求是地进行系统性的分析和研究，考虑系统性的改善措施，才能取得成功。

（3）突出重点原则。质量改进是一种以追求比过去更高的过程效果和效率为目标的持续活动，要突破产品固有质量水平或符合性质量水平所存在的问题或缺陷，必须从众多的影响因素中抓住"关键的少数"，集中力量打歼灭战，求得彻底的改善，才能取得总体改进的效果。

（4）水平适宜原则。进行产品质量改进，必须从客观实际需要出发，确定适宜的质量水平，防止产生质量"过剩"。对产品固有质量水平的突破，一定要从用户对产品质量的实际需求及质量标准、法规规定的约束条件出发，不能为上水平而上水平，增加不必要的功能或追求过剩的高质量。

（5）持续改进原则。质量改进主要是解决生产过程中出现的深层次问题，它的改进对象是正在执行的质量标准。持续的质量改进，将会不断地提高产品质量和服务质量，不断减少质量损失，降低质量成本，增强组织竞争能力，获得更高的顾客满意程度与过程的效果和效率，从而为本组织和顾客提供更多的收益，同时还为组织的发展创造机遇。

（6）预防性改进原则。质量改进的重点在于预防问题的再发生，而不仅仅是事后的检查和补救。单纯的事后检查和补救，只可能使已产生的质量损失有所减少，但不能完全消除质量损失，更不能杜绝今后类似的质量损失的再发生。这种补救性质的改进，如返修、返工或调整，既不能保证在原有的质量水平上的稳定，更不能保证在原有质量水平上的提高。质量改进的关键是要消除或减少使问题再发生的因素，即进行预防性的改进。

6.1.4　质量改进的基本过程

何一个质量改进活动都要遵循 PDCA 循环的原则，即策划（Plan）、实施（Do）、检查（Check）、处置（Act）。PDCA 循环的四个阶段如图 6-1 所示。

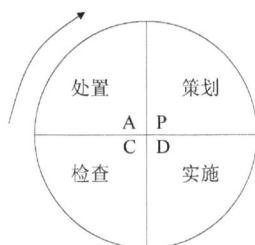

图 6-1 PDCA 循环

PDCA 循环最早由美国著名质量管理专家戴明先生提出,所以,也称为戴明环。PDCA循环主要分为四个阶段。

(1)策划:制定方针、目标、计划书、管理项目等;

(2)实施:按计划实地去做,落实具体对策;

(3)检查:把握对策的效果;

(4)处置:总结成功的经验,实施标准化,以后就按标准进行。对于没有解决的问题,转入下一轮 PDCA 循环解决,为制定下一轮改进的策划提供资料。

PDCA 循环特点包括四个阶段必不可少;大环套小环;每循环一次,产品质量、工序质量就提高一步。因此,PDCA 循环是一个不断上升的循环。

6.1.5 质量改进的步骤

质量改进是质量管理的一项十分重要的内容,贯穿于产品和服务形成的全过程,存在于任何过程和活动中。为了有效地实施各种形式的具体的质量改进并取得成效,质量改进 PDCA 四阶段又可分为七个步骤。

(1)选择改进项目。任何组织需要进行质量改进的项目会很多,所涉及的方面可能会包括质量、成本、交货期、安全、环境及顾客满意度等。选择改进项目时,通常围绕降低不合格品率、降低成本、保证交货期、提高产品可靠性、减少环境污染、改进工艺规程、减轻工人劳动强度、提高劳动生产率以及提高顾客满意度等几个方面来选择。

(2)掌握现状。当确定质量改进项目时,应进一步掌握有关课题的历史状况和目前状况等背景资料,应尽可能详尽。

(3)分析问题原因。在现状调查中,收集到了大量待改进项目的质量问题的数据和信息,接下来是诊断分析产生质量问题的各种影响因素,进而确定出主要影响因素。

(4)拟定与实施改进方案。通过充分调查研究和分析,产生质量问题的主要原因明确了,就要针对主要原因拟定改进方案并加以实施。

(5)确认改进效果。质量改进方案的实施效果如何,直接关系质量改进活动的成败,为此需要对质量改进的效果进行确认。在确认质量改进的效果时,可以采用与现状分析相同的方法,将改进方案实施前后的质量特性值、成本、交货期、顾客满意度等指标做成对比性图表加以观察、分析。

(6)防止再发生和标准化。经过验证,对确实有效的措施进行标准化,纳入质量文件,防止同类质量问题再次发生。

（7）总结。对改进效果不显著的措施及改进过程中发现的新问题，应进行全面的总结，为持续质量改进提供依据。

6.2 可 靠 性

6.2.1 可靠性基本概念

国家标准中对可靠性的定义是：产品在规定的条件下和规定的时间内，完成规定功能的能力。相反地，产品处于不能执行规定功能的状态就是产品出了故障。故障是产品可靠性研究的主要对象，改进产品可靠性的目的就是使产品少出故障或不出故障。

在理解上述可靠性的定义时要重点抓住以下四个方面。

（1）"规定的条件"是指在产品供货合同中或设计文件中确定的产品的使用环境条件和工作条件。"规定的条件"不同，产品的可靠性就不同，恶劣的条件将会极大地降低产品的可靠性。环境条件指的是产品工作时所处的自然环境，如温度、湿度、振动、辐射、空气的酸度等。工作条件是指产品承受的工作载荷，例如，一台机床的工作条件是其最大转速、最大切削力、输入电压的变动等。

（2）"规定的时间"是指评估产品可靠性时确定的时间单位。工作的时间不同，产品的可靠性也不相同，可靠性是时间的递减函数。因此，在评估产品的可靠性时，必须明确指定"时间区间"，比较工作在不同时间区间的产品的可靠性是毫无意义的。

（3）"规定的功能"是指设计时确定的产品用途，也就是产品应具有的技术性能指标。例如，机床的功能是完成机械加工，汽车的功能是实现地面运输。可靠性是针对预定的功能而言的，使用产品的非规定功能时发生故障，并不能说明该产品的可靠性差。

（4）"能力"是产品本身的固有特性，是指产品在规定的条件下和规定的时间内完成规定功能的水平。产品在规定的条件下和规定的时间内完成规定功能是一个随机变量，因此在定量表述能力时要用概率来度量，定量的结果用可靠度来表示。

可靠性是产品最重要的质量特性之一。随着产品复杂性的不断提高和使用环境日益严酷，安全性对可靠性要求不断提高。因此，提高产品的可靠性意义表现在：满足顾客对产品可靠性不断提高的要求；可靠性是提高企业经济效益的基础；可靠性是打造品牌、提高企业竞争力的需要。

6.2.2 可靠性量度

产品可靠性是在"三个规定"同时满足的情况下所展现出的"可用性"能力。产品故障的发生是随机的，因此可靠性是个统计概念，一般需要采用数理统计的方法进行描述。产品可靠性水平或相应的能力可以通过可靠度、故障率、平均故障时间、维修度、修复率、平均维修时间、可用度等来度量。

（1）可靠度。产品可靠性的高低通常用可靠度来表征，记为 R，由于它是时间 t 的函数，故也记为 $R(t)$，可靠度函数的数学表达式为

$$R(t) = Pr(T > t) = \int_t^\infty f(t)\mathrm{d}t, \ t > 0 \tag{6.1}$$

式中，T 为产品从开始工作到发生故障的时间；t 为可靠性定义的规定的时间；$f(t)$ 为故障密度函数。通常情况下，$R(t)$ 的值越大，产品的可靠性越高。

（2）故障率。故障率（也称失效率）是指尚未发生故障的产品在 t 时刻以后的一个单位时间 Δt 内发生故障的概率，记为 $h(t)$，其数学表达式为

$$h(t) = \lim_{\Delta t \to 0} \frac{Pr(t < T < t + \Delta t | T > t)}{\Delta t} = \frac{f(t)}{R(t)} \tag{6.2}$$

故障率能够直观地反映产品在每个时刻的故障情况，故障率越高，则可靠性越低。

（3）平均故障时间。平均故障时间是指可修复产品相邻两次故障间工作时间的平均值，用 MTBF（Mean Time Between Failure）表示，它是故障时间的数学期望，数学表达式为

$$\mathrm{MTBF} = E(t) = \int_0^{+\infty} tf(t)\mathrm{d}t \tag{6.3}$$

简化为

$$\mathrm{MTBF} = \frac{1}{N_0}\sum_{i=1}^n t_i = \frac{\sum_{i=1}^n t_i}{\sum_{i=1}^n r_i} \tag{6.4}$$

式中，N_0 为评定周期内产品累计故障频数；n 为产品的抽样数；t_i 为评定周期内第 i 件（台）产品的实际工作时间；r_i 为评定周期内第 i 件（台）产品出现的故障频数。

（4）维修度。产品维修性的高低通常用维修度来表征，记为 M，由于它是时间 t 的函数，故也记为 $M(t)$，称为维修度函数，其数学表达式为

$$M(t) = Pr(T \le t) = \int_0^t m(t)\mathrm{d}t, \ \ t > 0 \tag{6.5}$$

式中，T 为产品完成维修的时间；t 为某一规定的时间；$m(t)$ 为维修密度函数。

（5）修复率。修复率是指到时刻 t 尚未修复的产品，在该时刻 t 以后的下一个单位时间内被修复的概率，记为 $\mu(t)$，其数学表达式为

$$\mu(t) = \frac{m(t)}{1 - M(t)} \tag{6.6}$$

（6）平均维修时间。平均维修时间就是产品发生故障后用于实际维修的平均时间，用 MTTR（Mean Time To Repair）表示。也许产品的可靠性非常高，在运行过程中很少发生故障，但是一旦发生故障就要花很长的时间，很多的人力、物力、财力来进行修复，显然这样的产品的利用率也不高。平均维修时间是产品维修密度函数 $m(t)$ 的数学期望值，记为 $E(\eta)$，其数学表达式为

$$\mathrm{MTTR} = E(\eta) = \int_0^{+\infty} tm(t)\mathrm{d}t \tag{6.7}$$

（7）可用度。产品的可用性表示可维修产品在某一时刻具有或维持规定功能的能力，是可靠性、维修性和维修保障性的综合反映，是用户最关心的特性。产品可用性的高低由可用度 A_i 来表征，其数学表达式为

$$A_i = \frac{\text{MTBF}}{\text{MTBF} + \text{MTTR}} \tag{6.8}$$

从式（6.8）可以看出，A_i 越高，产品的有效工作程度就越高；提高产品可用度的方法是增加 MTBF 和缩短 MTTR。

6.2.3　可靠性模型

产品的可靠性在很大程度上是由设计阶段决定的，在对复杂产品进行可靠性设计和分析时，为了使设计结果符合可靠性要求，需要首先建立产品的可靠性模型，通过建立可靠性模型并将产品的可靠性逐级分解为零部件的可靠性，以便于定量分配、预计和评估复杂产品的可靠性。系统或产品的可靠性模型是指从可能发生故障的观点出发，按一定的规则，将产品或系统分解为若干单元，并依据产品结构确定各单元之间的逻辑关系，组合建立系统的故障及其传递模型。可靠性模型可用于预计或估算产品的可靠性，是产品进行可靠性分配的基础。可靠性模型包括可靠性结构模型及其对应的数学模型。

可靠性模型有很多种，其中最常见的可靠性模型包括串联模型、并联模型、串并混联模型。

1. 串联模型

设一个产品由单元 1、单元 2…单元 n 组成，当且仅当所有 n 个单元都正常工作时，产品才能正常工作；其中任一单元发生故障，都会导致整个产品发生故障。这种模型称为串联模型，其可靠性框图如图 6-2 所示。

图 6-2　串联模型可靠性框架

串联模型对应的可靠性数学模型为

$$R_s(t) = \prod_{i=1}^{n} R_i(t) \tag{6.9}$$

式中，$R_s(t)$ 为系统的可靠度；$R_i(t)$ 为单元 i 的可靠度。

由式（6.9）可知，组成产品的单元越多，产品的可靠度就越低。在设计阶段可以从以下两个方面提高产品的可靠性：尽可能地减少组成产品的单元数；提高组成单元的可靠度，特别是薄弱单元的可靠度。

2. 并联模型

设一个产品由 n 个单元组成，只要其中有一个单元正常工作，产品就能正常工作；只

有当所有 n 个单元都出故障时，产品才发生故障。这种模型称为并联模型，其可靠性框图如图 6-3 所示。

图 6-3 并联模型可靠性框架图

并联模型对应的可靠性数学模型为

$$R_s(t) = 1 - \prod_{i=1}^{n}\left(1 - R_i(t)\right) \tag{6.10}$$

由式（6.10）可知，组成产品的并联单元数目越多，产品的可靠度就越大。但随着 n 的不断增大，提高速度却越来越慢，故要根据产品的可靠度要求和成本预算及空间要求合理地安排并联单元的数目。

3. 串并混联模型

对于复杂系统而言，一般会同时包含串联和并联组合而成的单元，称为混联模型。利用串联和并联原理，可以将混联模型中的串联、并联部分简化为等效单元，最终得到与原混联模型等效的串联或并联模型。图 6-4（a）为一般的混联模型，图 6-4（b）和图 6-4（c）为简化后的等效模型。

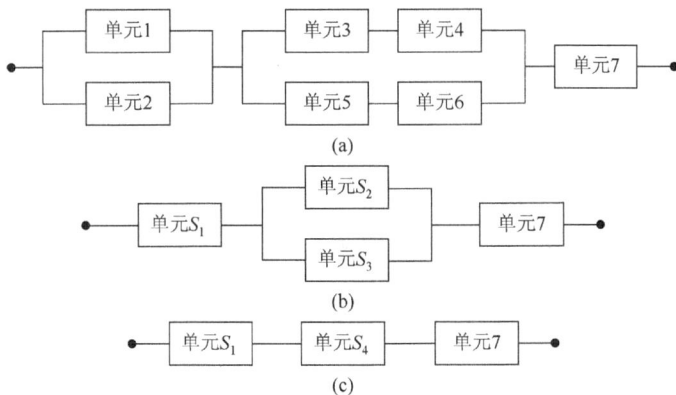

图 6-4 混联模型的可靠性框图

其对应的可靠性数学模型如下：
并联单元 1、2 转化为等效单元 S_1，其可靠度为

$$R_{S_1}(t) = 1 - \left(1 - R_1(t)\right)\left(1 - R_2(t)\right) \tag{6.11}$$

串联单元 3、4 转化为等效单元 S_2，其可靠度为

$$R_{S_2}(t) = R_3(t)R_4(t) \tag{6.12}$$

串联单元 5、6 转化为等效单元 S_3，其可靠度为

$$R_{S_3}(t) = R_5(t)R_6(t) \tag{6.13}$$

并联单元 S_2、S_3 转化为等效单元 S_4，其可靠度为

$$R_{S_4}(t) = 1 - \left(1 - R_{S_2}(t)\right)\left(1 - R_{S_3}(t)\right) \tag{6.14}$$

最终，系统的可靠度为

$$R_S(t) = R_{S_1}(t)R_{S_4}(t)R_7(t) \tag{6.15}$$

6.2.4　可靠性管理

在产品生命周期内，企业为提供满足使用要求的高可靠性产品而采取的提高可靠性的一切措施、方法和活动，称为可靠性管理（Reliability Management）。可靠性管理总的目标是使产品在设计时有可靠性指标和设计措施，在制造时有实现可靠性的保证措施，在使用时有维持可靠性水平的措施。可靠性管理的基本要求是必须贯彻预防为主的思想，从产品开发就开始将性能、可靠性、进度、费用等进行综合权衡。同时，特别重视可靠性管理和信息工作与技术状态管理相结合，建立故障分析、报告和纠正措施。

可靠性管理贯穿于产品可靠性形成乃至产品生命周期的全过程。每个过程都有其相应的目的、技术、方法和手段。

1. 研发阶段的可靠性管理

产品研发过程可靠性管理的首要问题是明确产品的可靠性要求。在提出一种新的产品方案时，要全面分析用户的需求，从用户需求出发，提出产品的基本性能、主要特点、主要技术指标及应达到的可靠性指标，并进行可靠性论证。在论证的基础上提出正式的技术要求。

产品设计过程是产品可靠性的奠基阶段，产品的可靠性在很大程度上取决于设计中所开展的可靠性保证工作。这些保证工作包括如下两个方面的内容。

（1）保证产品可靠性的技术手段及有关设计措施。可靠性目标的实现，从本质上讲是在收集分析零部件可靠性数据的基础上，采取提高可靠性的设计措施来实现的。因此在产品设计过程中，应广泛采用 FMEA 与 FTA 等分析手段，通过进行冗余设计、容差设计、容错设计、耐环境设计、人机工程设计及维修性设计来保证产品的可靠性。

（2）保证产品可靠性的组织与管理。保证产品可靠性目标实现的重要条件是做好设计过程可靠性工作的组织与管理，应有专门的机构从事可靠性技术和管理工作。直接涉及产品设计可靠性的部门有可靠性技术部门、可靠性管理部门以及设计部门。可靠性技术部门的主要任务是负责制定可靠性方针、计划和工作程序，并完成产品的可靠性技术设计工作，如定量的可靠性分析、评定产品的可靠性水平等；可靠性管理部门的主要任务是拟定可靠性目标，制订与实施可靠性控制计划，审查与评审设计的可靠性，从管理的各个环节上保证产品的可靠性；可靠性设计部门的主要任务是在可靠性技术部门的支持下，具体负责产品的可靠性设计。

2. 生产阶段的可靠性管理

设计为可靠性奠定了基础，制造保证了可靠性的实现，两者共同决定了产品的固有可靠性。生产过程中可靠性管理的重点：一是最大限度地排除和控制各种不可靠因素造成的故障；二是最大限度地检出不可靠因素造成的故障。对于质量缺陷，采用一般的质量控制检验措施可以加以排除。检验和测试效率越高，缺陷被排除的可能性也就越大。

生产阶段的可靠性管理的工作主要包括以下六个方面。

（1）加强生产过程的质量控制。制定严格的质量控制要求，检验和测试程序，以及数据收集、分析和纠正要求等。

（2）根据产品的特点，制定生产过程中不同工序间必要的筛选试验程序，加强潜在故障的暴露。

（3）优化工艺设计及生产技术、生产设备，严格操作规程。

（4）加强生产人员的培训，提高其技术水平，创造优良的生产条件。

（5）选择高质量的货源，加强进厂入库前的检验工作。

（6）建立有效的故障报告、分析和纠正措施系统。发现问题，及时报告并采取改进措施，使产品的固有可靠性得以保持。

3. 使用阶段的可靠性管理

产品在使用、维修阶段往往由于方法不当，如未按操作规程操作、对产品不熟悉、粗心大意等，产品使用可靠性下降。另外，产品的使用损耗、维修不及时或维修不当，也会导致产品的使用可靠性下降。因此产品使用、维修阶段的可靠性与人因工程和维修性等多种因素有关，要保证产品的使用可靠性，应特别重视操作管理及维修管理。

在产品使用过程中，可靠性管理工作的另一项重要任务是可靠性数据的收集、分析及反馈。因为在使用阶段所收集和分析的可靠性数据，反映的使用环境条件最真实。同时，由于使用过程中参与评估的产品数量较多，在产品使用过程中所得到的可靠性评估结果有效反映了产品趋向成熟期或已达到成熟期时的可靠性水平，是该产品可靠性工作的最终检验，也是今后开展新产品的可靠性设计和改进原产品设计的最有益的参考。

6.3 质量改进方法

6.3.1 零缺陷管理

1. 零缺陷管理的基本概念

零缺陷的思想是由美国质量管理大师和零缺陷之父菲利普·克罗斯比于 20 世纪 60 年代初提出的，它是现代质量经营的新理论。零缺陷管理（Zero Defect Management）以"无缺点"的哲学观念作为指导思想，最先在美国得到应用。接着，日本制造业引入了零缺陷管理思想并进行了全面的推广应用，从而使日本制造的产品质量得到极大提高，并成功应用到制造业以外的其他领域。

"零缺陷"又称为"无缺点"和"零缺点"，主张通过充分发挥人的主观能动性来进行经营管理，所有人员都要努力使自己生产的产品和从事的业务活动十全十美，并向着高质量标准的目标奋斗。零缺陷强调"做正确的事、正确地做事、第一次就做正确"，而不是依靠事后检验来纠正错误。零缺陷特别注重"预防性控制"和"过程控制"，要求每个人都要在自己的工作职责范围内第一次就把事情做正确，使产品完全符合顾客的需求，从而提供高质量标准的产品和服务。

2. 零缺陷管理的基本思想

"质量来自于预防"是克罗斯比零缺陷理论的核心观点，他特别强调质量管理预防胜于救火的理念。零缺陷管理思想体系可以描述为一个核心、两个基本点和三个需要。

（1）一个核心是指第一次就把事情做对。所有人必须坚持一次性正确完成工作，确保质量，避免产生缺陷，对下道工序或其他岗位负责，避免产生返工和浪费的现象，减少处理缺陷和失误造成的额外成本。

（2）两个基本点是指"有用"和"可靠"。"有用"是一种结果导向的思维，做任何事情要先判断是否有用，必须站在客户的角度来审视最终结果是否有用。"有用"不等于一定"可靠"，但是不可靠一定会影响"有用"，所以必须培养有用与可靠的质量观念，零缺陷管理追求的是既有用又可靠的最终结果。

（3）三个需要是指客户的需要、员工的需要和供应商的需要。其中，客户的需要是终端，因此必须先满足客户的需要，同时兼顾员工和供应商的需要，三个需要形成一个统一的价值体系。

3. 零缺陷质量管理的基本原则

零缺陷质量管理的基本原则是指质量改进过程的四个基本概念。克罗斯比定义了零缺陷质量管理的四个基本原则。

（1）质量的定义是符合要求。质量不能简单以"好""卓越""优秀"等主观词语来描述。质量定义中的"要求"可认为是标准，该标准以顾客需求为前提，是反映顾客需求的标准。如果没有遵循"要求"，就不可能一次做到符合要求。

（2）质量管理的核心是预防。质量检验并不能提高质量，提升质量的系统应该是预防性的。为了保证工作正确地完成，必须对各种资源进行合理配置，而不是在质量问题的查找和补救方面浪费资源。

（3）质量的执行标准是零缺陷。零缺陷管理的工作标准意味着任何时候都要满足工作过程的所有要求，保证不会产生没有质量的产品或服务。在零缺陷管理中不能容忍存在"差不多就好"的质量态度，绝对不能向不符合要求的情形妥协。

（4）质量以不符合要求的代价来衡量。不符合要求的代价是指质量不合格而产生废品所浪费的时间、人力和物力，如产品返工所付出的额外代价，给顾客的补偿费、企业的无形资产损失费等。克罗斯比认为"质量是免费的，真正费钱的是不符合质量标准的事情"。

4. 零缺陷质量管理的实施步骤

企业要实现零缺陷质量管理，不是一蹴而就的，需要不断地持续改进质量活动。把零缺陷管理的哲学观念贯彻到企业中必须有准备、有计划地付诸实施。通常，实施零缺陷管理可采用以下步骤进行。

（1）建立推行零缺陷管理的组织。零缺陷管理的推行需要组织的保证，通过建立组织，可以动员和组织全体职工积极地投入零缺陷管理，提高他们参与管理的自觉性。此外，公司的最高管理者要亲自参与，表明决心，做出表率，并要任命相应的领导者，建立相应的制度，教育和训练员工。

（2）确定零缺陷管理的目标。确定零缺陷小组（或个人）在一定时期内所要达到的具体要求，包括确定目标项目、评价标准和目标值。在实施过程中，采用各种形式，将小组完成目标的进展情况及时公布，要注意心理影响。

（3）进行绩效评价。小组确定的目标是否达到，要由小组自己评议，为此应明确小组的职责与权限。

（4）建立相应的提案制度。直接工作人员对于不属于自己主观因素造成的错误原因，如设备、工具、图纸等问题，可向组长指出错误的原因，提出建议，也可附上与此有关的改进方案。组长要同提案人一起进行研究和处理。

（5）建立表彰制度。零缺陷管理不是斥责错误者，而是表彰零缺陷者；不是指出人们有多少缺陷，而是告诉人们向零缺陷的目标奋进。这就增强了职工消除缺陷的信心和责任感。

大量的实践证明，只进行质量检验是远远不够的，那是一种既昂贵又不切实际的做法。人们更应该做的是，如何防患于未然。零缺陷通过向员工揭示管理阶层的期望，使领导者的想法一清二楚地表达出来，员工再按照主管们的心愿去做事，从而达到改进质量的目的。

6.3.2　质量成本管理

1. 质量成本的基本概念

质量成本（Quality Cost）的概念是由美国质量管理专家费根鲍姆在 20 世纪 50 年代初最早提出的，他第一次将企业中质量预防和鉴定活动的费用与产品质量不合要求所引起的损失一起考虑，并形成质量成本报告，成为企业高层管理者了解质量问题对企业经济效益影响以及与中低层管理者之间沟通的桥梁，是进行质量决策的重要依据。

质量成本是质量成本管理的研究对象，它的定义是"为了确保和保证满意的质量而发生的费用以及没有达到满意的质量所造成的损失"。定义中的"确保"满意的质量而导致的费用是指质量控制成本和内部质量保证成本，即预防成本和鉴定成本；"保证"满意的质量而导致的费用是指需方提出外部质量保证要求时，组织为提供证据所花费的"外部质量保证成本"；没有达到满意的质量而导致的损失是指质量损失，有组织内部的废次品损失成本，即内部损失成本和外部损失成本，涉及有形损失和无形损失两个方面。由此可以看出，质量成本不仅包括为提高质量而实际支出的费用，而且包括虽未实际支出，但已造成的损失，其损失不仅有有形损失，还包括无形损失，如丧失信誉，这就进一步强调了提高质量的作用，说明了质量下降带来的危害。

2. 质量成本的构成

根据质量成本的定义，质量成本主要由两部分构成，即运行质量保证成本和外部质量保证成本。进一步又分为预防成本、鉴定成本、内部损失成本和外部损失成本。其构成图如图 6-5 所示。

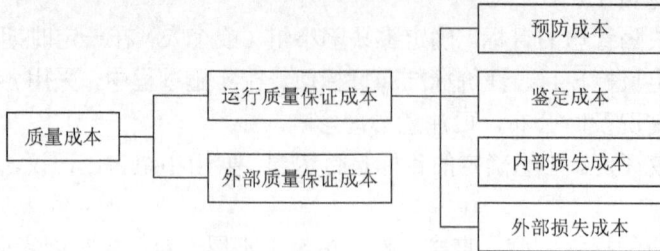

图 6-5　质量成本的构成

（1）预防成本是指用于预防产生不合格品或发生故障所需的各项费用，它包括质量管理费、质量培训费、质量改进费、质量评审费和质量管理人员的工资及附加费等。

（2）鉴定成本是指评定产品是否满足规定质量要求所需的费用，如鉴定、试验、检查和验证方面的成本。一般包括检验费、质量检验部门办公费、检验人员的工资及附加费和检测设备的维护校准费等。

（3）内部损失成本是指在交货前，因产品或服务未满足规定要求所发生的费用。它包括废品损失、返工费用、停工损失、减产损失和故障处理费等。

（4）外部损失成本是指交货后，由于产品或服务未满足规定的质量要求所发生的费用。一般包括索赔损失、退货或换货损失、保修费用和折价损失等。

（5）外部质量保证成本是指在合同环境条件下，根据用户提出的要求，为了提供客观证据所支付的费用，包括以下内容。

①为提供特殊附加的质量保证措施、程序、数据等所支付的费用。

②产品的验证、检验和评定的费用。

③为满足用户的要求，进行质量体系认证所发生的费用等。

如前所述，产品的运行质量保证成本是由预防成本、鉴定成本、内部损失成本和外部损失成本组成的，经实践证明，这四种质量成本是相互关联的，它们之间的关系如图 6-6 所示。

图中质量总成本曲线最低点 A 所对应的质量水平就是进行质量管理和控制所追求的最佳质量水平。将该点附近的区域放大，如图 6-7 所示，可以将质量成本曲线的最佳区域分为质量成本改进区、质量成本控制区和质量成本过剩区三部分。其中区域 2 是比较理想的区域。

3. 质量成本管理

质量成本管理就是对质量成本的计划、组织与控制，其目的是用最低的质量成本实现满意的质量。质量成本涉及质量形成的全过程，要降低质量成本，就必须将全过程中影响质量成本的因素全面地、系统地控制起来，而要进行有效的控制，必须建立在分析的基础上。因而质量成本管理的内容包括以下四个方面。

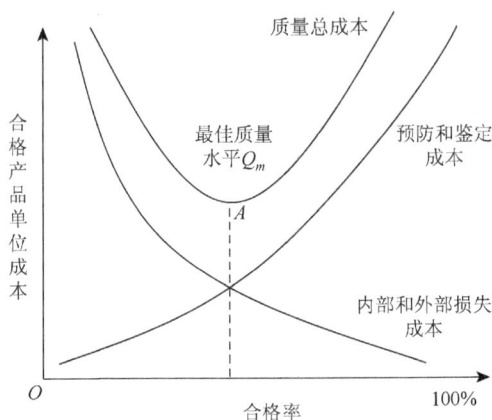

图 6-6　质量成本曲线

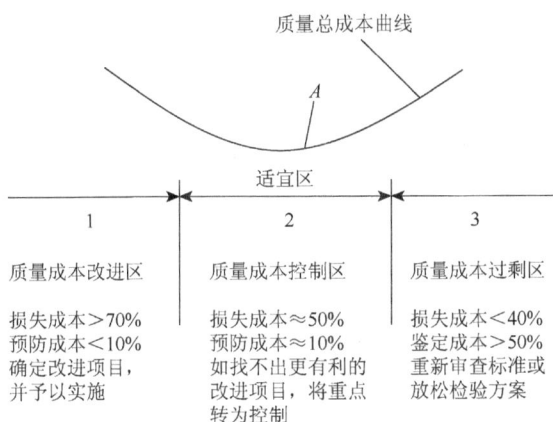

图 6-7　质量成本的最佳区域

1）质量成本的预测与计划

质量成本预测就是分析、研究各种影响质量成本的因素对质量成本的依存关系，并利用大量观察数据，结合产品质量目标的要求，对一定时期的质量成本目标和质量成本水平进行测算、分析和预计。其目的是为企业提高产品质量和挖掘降低质量成本的潜力指明方向，为正确编制计划期质量成本计划、增产节约计划、产品质量改进措施计划提供可靠的依据。

质量成本计划是指在质量成本预测的基础上，针对质量与成本的依存关系，用货币形式确定生产符合产品质量要求时，在质量上所需的费用计划。其中包括质量成本总额及降低率，四项质量成本项目的比例，以及保证实现降低率的措施。

2）质量成本的核算和分析

质量成本核算是以货币的形式综合反映企业质量管理活动的状况和成效，是企业质量成本管理的重要内容，具体包括质量成本数据的收集和统计与质量成本统计核算。质量成本数据来源于记录质量成本数据的有关原始凭证，主要指发生在一个报告期内的相关质量费用。质量成本统计核算的程序包括质量成本的统计调查与整理和编制质量成本统计报表。

质量成本分析是通过分析质量成本的构成比例找出影响质量成本的关键因素,主要为质量改进提供信息,指出改进方向,降低产品成本。因此,质量成本分析是质量成本管理的核心内容。质量成本分析一般包括质量成本总额的分析、质量成本的构成分析、质量成本科目与其他基数的比较分析、质量成本各要素之间的关系分析等。

3)质量成本报告

质量成本报告是指根据质量成本分析的结果,向领导及有关部门汇报时所作的书面陈述,它可以作为制定质量方针目标、评价质量体系的有效性和进行质量改进的依据。它也是企业质量管理部门和财会部门对质量成本管理活动或某一典型事件进行调查、分析和建议的总结性文件。

4)质量成本考核

质量成本考核是实行质量成本管理的必备环节。为了进行有效的考核,一般要建立考核标准体系,并和经济责任制、"质量否决权"、"成本否决权"等结合起来,制定相应的考核奖惩办法,严格执行,强化管理,定期进行奖惩,鼓励先进,鞭策落后,保证质量成本管理的实施和质量成本控制目标的实现。

4. 质量成本管理的实施程序

质量成本管理是一个不断完善的循环过程,因而要保证实施的质量和效果,防止流于形式,应遵循一定程序。实施质量成本管理的程序一般分三个阶段(十个步骤)进行,即准备阶段、计划实施阶段和巩固提高阶段。

(1)准备阶段。这个阶段是为实施质量成本管理做准备,包括四个步骤:质量成本管理知识的教育和业务培训;建立质量成本管理体系;制定质量成本管理办法;财务上建立相应的凭证及账目。

(2)计划实施阶段。这个阶段是制订开展质量成本管理的计划,并结合质量改进计划进行实施。包括四个步骤:根据质量目标制订质量成本计划;定期对质量成本的各项费用进行核算和分析;定期对质量成本进行考核;根据质量成本分析编写质量成本报告,为质量改进提供依据。

(3)巩固提高阶段。包括两个步骤:组织对质量成本管理系统进行审核和评审,就其符合性和有效性作出评价;根据质量成本分析报告和评审报告组织质量改进等。

6.3.3 故障模式及影响分析

1. FMEA 的基本概念

故障模式及影响分析(Failure Mode and Effects Analysis,FMEA),又称为故障模式、影响及危害性分析(Failure Mode,Effects and Criticality Analysis,FMECA)是一种前瞻性的可靠性分析方法。关于 FMEA,不少协会组织及专家从不同角度进行了定义。美国医疗保障促进协会认为 FMEA 是一种分析系统中故障发生的位置和原因,确定不同故障模式的影响程度,从而识别系统中最需要改进的环节并采取相应改进措施的、系统的事前方法。通用电气公司认为 FMEA 是一种运用现代工程技术来识别和消除产品工艺过程中的潜在故障模式的分析方法。QS 9000 则认为 FMEA 是一组系统化的活动，其目的是发现、评价产品/过程中潜在的故障及其后果，找到能够避免或减少这些潜在故障发生的措施。

综上，FMEA 是一种通过 FMEA 小组成员的集体讨论研究，使用系统分析方法对产品（包括硬件、软件和服务）的设计、开发、生产等过程进行有效的分析，找出系统中所有可能产生的故障模式及其对系统造成的所有可能影响，并按每一个故障模式的严重程度、检测难易程度以及发生频度予以分类的归纳分析方法。执行 FMEA 的目的是在故障发生前及时采取有效的预防措施，以避免或减少这些故障模式的发生，从而有效降低系统风险事件的发生。简单地说，FMEA 就是按照预定的标准程序对分析对象的各种故障模式、影响、原因及相应的防止措施进行分析以减少或消除故障的一种技术。

FMEA 强调的是"事前预防"，而非"事后纠正"，这样，就可以避免消耗大量的人力、物力于质量问题发生后的处理工作，使得在提高产品质量的同时，降低生产和开发成本，最大限度地避免或减少损失，提高效率。此外，FMEA 是一种持续改进、逐步提高的过程。

2. FMEA 的发展历史

FMEA 的起源及正式应用可以追溯到 20 世纪 50 年代初，美国格鲁曼公司第一次将 FMEA 构思应用于战斗机操作系统的设计分析，并取得良好的效果。到 60 年代中期，FMEA 技术正式用于航天工业（阿波罗计划）。1976 年，美国国防部颁布 FMEA 的军用标准。70 年代末，FMEA 技术开始进入汽车工业和医疗设备工业。1988 年，美国联邦航空管理局发布咨询通报，要求所有航空系统的设计及分析都必须使用 FMEA。1991 年，ISO 9000 推荐使用 FMEA 提高产品和过程的设计。1994 年，FMEA 成为 QS 9000 的认证要求。目前，FMEA 已在工程实践中形成了一套完整的分析方法，而且根据不同的产品故障产生机理，FMEA 与设计、制造、使用、承包商/供应商及服务等整个产品生命周期联系起来，又细分为系统 FMEA、设计 FMEA、过程 FMEA、服务 FMEA 和使用 FMEA。

FMEA 在国外非常受到重视，美国三大汽车公司将 FMEA 作为产品设计的基本输入条件，要求不论是新产品设计还是更改产品设计都要有 FMEA 作指导。日本更是将 FMEA 视为企业的至宝。麦肯锡公司的调查结果显示，日本汽车及零部件制造企业应用 FMEA 的比例达到 100%。我国在 80 年代初期，随着可靠性技术在工程中的应用，FMEA 的概念和方法也逐渐被接受，并得到了较为广泛的应用。

3. FMEA 的基本思想

FMEA 作为一项由系统的跨功能小组进行的事先预防活动，是一种结构化的、自下而上的归纳性分析方法。它是按照一定的原则将要分析的系统划分为不同的约定层次，并从最低约定层次各产品开始着手，逐层分析的系统程序方法。目的就是要及早发现潜在的故障模式，探讨其故障原因，以及在故障发生后，该故障对上一层子系统和系统所造成的影响，并采取适当的行动措施和改善对策，以提高产品和系统的可靠性。

在分析某一系统时，FMEA 是一组系列化的活动，包括找出系统中潜在故障模式；评估故障模式造成的影响及其严重度；分析故障发生的原因及其发生度；评估故障发生时的检测度；计算风险优先数（Risk Priority Number，RPN）的值，根据风险优先数综合分析，确定应重点预防、控制的项目，制定预防、改进措施，明确措施实施的相关职责，并跟踪、验证。风险优先数是严重度、发生度和检测度的乘积，即

$$RPN = S \times O \times D \tag{6.16}$$

式中，S 是指潜在故障发生的严重程度；O 是指故障发生的可能性；D 是指故障发生时，根据现有的控制手段及检测方法，能将其准确检出的概率。这三个评价指标的取值范围在 1～10，其评定准则见表 6-1～表 6-3。RPN 的取值在 1～1000，是某一潜在故障模式发生的风险性及其危害的综合性评价指标，RPN 值高的故障模式应作为预防控制的重点。

表 6-1 发生度评价准则

发生度	发生的可能性	故障发生率
10	很高：故障几乎不可避免	≥1/2
9		1/3
8	高：故障重复发生	1/8
7		1/20
6		1/80
5	中等：故障偶尔发生	1/400
4		1/2000
3	低：故障相对很少发生	1/15000
2		1/150000
1	极低：故障不太可能发生	1/1500000

表 6-2 严重度评价准则

严重度	后果	评价准则
10	无警告的严重危害	在无警告的情况下故障将对人身安全造成伤害或故障不符合政府法规
9	有警告的严重危害	在有警告的情况下故障将对人身安全造成伤害或故障不符合政府法规
8	很高	系统丧失基本功能，无法运行
7	高	系统能够运行，但性能下降。顾客很不满意
6	中等	系统能够运行，但舒适/方便性方面失效。顾客不满意
5	低	系统能够运行，但舒适/方便性方面性能下降。顾客有些不满意
4	很低	系统最终产品不符合要求，大多数顾客能发现缺陷（＞75%）
3	轻微	系统最终产品不符合要求，50%的顾客能发现缺陷
2	很轻微	系统最终产品不符合要求，有辨识能力的顾客能发现缺陷（＜25%）
1	无	对系统没有影响

表 6-3　检测度评价准则

检测度	检出的可能性	评价准则
10	几乎不可能	当前的控制措施不能检测到故障或根本没有控制措施
9	极低	当前的控制措施检测到故障模式的可能性极低
8	非常低	当前的控制措施检测到故障模式的可能性非常低
7	很低	当前的控制措施检测到故障模式的可能性很低
6	低	当前的控制措施检测到故障模式的可能性低
5	中等	当前的控制措施检测到故障模式的可能性中等
4	中上	当前的控制措施检测到故障模式的可能性中上
3	高	当前的控制措施检测到故障模式的可能性高
2	很高	当前的控制措施检测到故障模式的可能性很高
1	几乎一定	当前的控制措施几乎一定能检测到故障

4. FMEA 的基本流程

根据 FMEA 的基本原理,FMEA 的实施是一个反复评估、改进和更新的过程(图 6-8)。一般情况下,FMEA 的分析按以下流程进行。

(1)创建 FMEA 团队。进行 FMEA 分析是团队行为,团队成员要涉及各个部门和各类专家。

(2)明确分析范围。根据系统的复杂程度、重要程度、技术成熟性,分析工作的进度、费用、约束等,确定系统中进行 FMEA 的范围。

(3)系统任务分析。描述系统的任务要求及系统在完成各种任务时所处的环境条件。

(4)系统功能分析。分析明确系统中的产品在完成不同的任务时所应具备的功能、工作方式及工作时间等。在进行系统功能分析时,一般应先制作系统的可靠性框图,然后根据可靠性框图进行更详细的分析。

(5)列举系统中的故障模式。在 FMEA 分析中,列举故障模式的精确完备与否,直接关系到分析结果的精确度,进而影响到改善效果的好坏。

(6)分析故障模式的影响,确定严重度。在分析时应不仅考虑故障对系统本身的影响,还需考虑故障模式对使用者安全、操作环境、使用环境、经济性等的综合影响。

(7)分析故障模式发生的原因,确定发生度。在缺乏定量的统计资料时,也可以用定性的方法估计发生度。

(8)分析故障模式现有的控制手段及检测方法,确定检测度。

(9)计算风险优先数(RPN)。

(10)制定纠正和预防措施。针对关键性故障模式,即由前面所述的严重度、发生度和检测度所计算出的 RPN 数值,来决定进行改进的优先次序,并按照结果制定纠正和预防措施。纠正和预防措施一般分为以下两类。

①预防性措施：能够避免故障的发生。

②补偿性措施：一旦发生了故障，能够尽量减少故障造成的损失。

（11）实施改善措施后的评估。拟定措施后，一定要付诸实施。针对实施后故障模式的改善措施或管理控制措施，评估是否克服潜在故障问题，消除对系统的影响。

（12）FMEA 综合报告与结论。完成上述各程序后，工作小组人员除了将分析结论填入 FMEA 报告表，如表 6-4 所示，同时应提出综合报告及建议事项，以作为持续改善的依据。

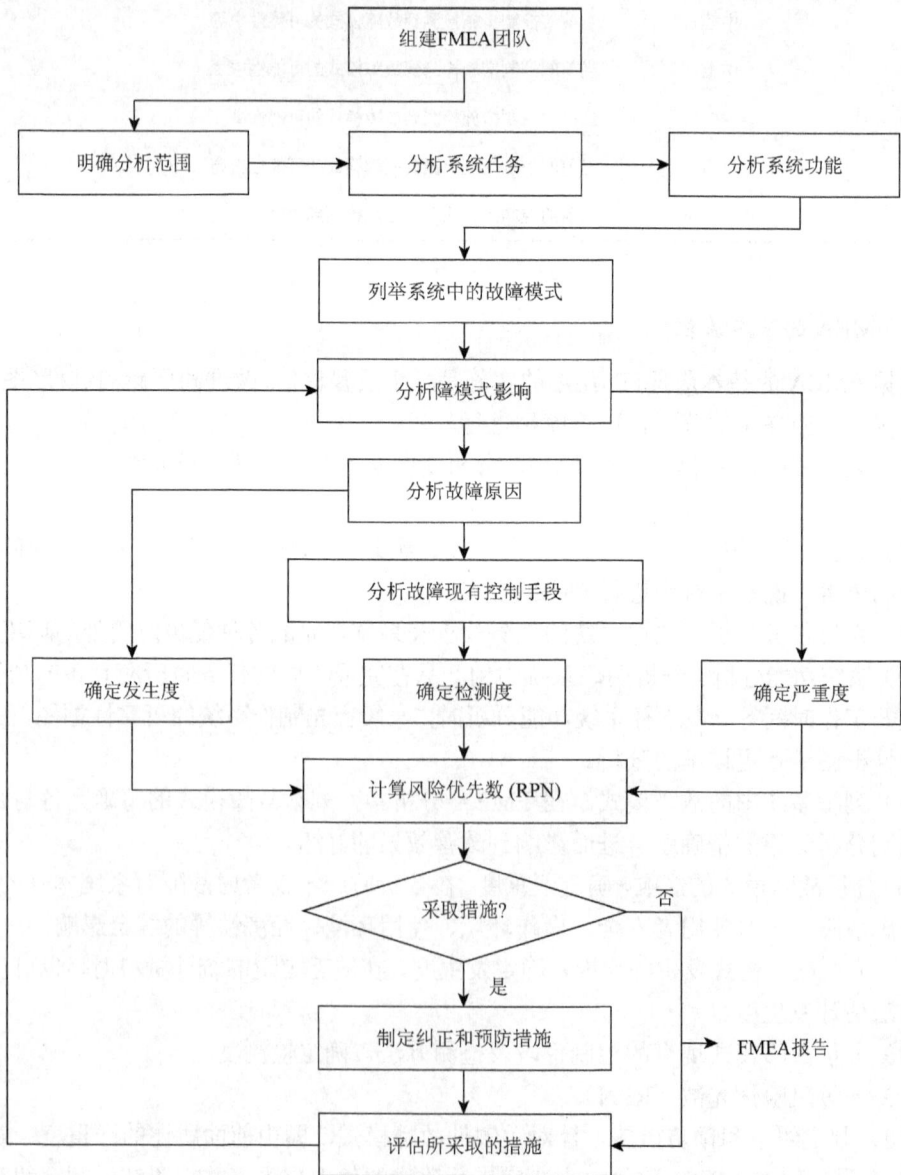

图 6-8 FMEA 分析流程图

表 6-4　FMEA 报告表

项目名称：										FMEA 编号：		第　　页　　共　　页					
负责部门：										编写：		校对：					
FMEA 团队：										审核：		批准：					
系统：										填表日期：		修订日期：					
					目前状况								措施结果				
过程/功能	潜在故障模式	潜在故障影响	潜在故障原因	当前控制措施	严重度（S）	发生度（O）	检测度（D）	风险优先数（RPN）	建议措施	责任人/单位和完成日期	采取措施	S	O	D	RPN	备注

6.3.4　故障树分析

1. 故障树分析的基本概念

故障树分析（Fault Tree Analysis，FTA），也称为失效树分析，研究的是整个系统出现故障的各种直接的和间接的原因（统称为事件），在这些事件间建立相应的逻辑关系及其发生的概率。FTA 最早应用于产品的安全性分析，它是美国电话电报公司的贝尔实验室于 20 世纪 60 年代提出的。它采用逻辑方法，形象地对潜在的安全风险进行分析，特点是直观明了，思路清晰，逻辑性强，可以作定性分析，也可以作定量分析。故障树分析方法不仅分析结果准确，还可以对潜在故障和可靠度进行预测。

国家标准 GB/T 3187—1994 对故障树分析的定义是：在系统设计过程中，通过对可能造成系统故障的各种因素（包括硬件、软件、环境、人为因素）进行分析，画出逻辑框图（即故障树），从而确定系统故障原因的各种可能组合方式或其发生概率，以计算系统故障概率，采取相应的纠正措施，以提高系统可靠性的一种设计分析方法。故障树形状如图 6-9 所示。

故障树分析法以系统不希望发生的事件（即顶事件）作为分析的开始目标，然后在整个系统中追查这个事件，以发现基本原因。先找出导致顶事件发生的所有直接因素和可能的原因；然后将这些直接因素和可能的原因作为第二级事件（即中间事件），再往下找出造成第二级事件发生的全部直接因素和可能原因，并依次逐级类推找下去，直到追查到最基本的事件（即底事件）。用相应的符号表示顶事件、中间事件和底事件，并用逻辑门符号把这些事件连接成倒立树状图形表示出来，从而找出系统内可能存在的元件故障、环境影响、人为失误、程序处理等方面的因素与系统出现故障之间的逻辑关系。根据故障树之间的逻辑关系，就可定性分析和定量计算各个底事件对顶事件的影响情况。

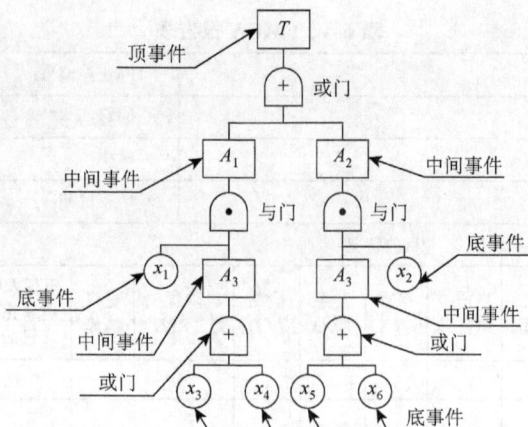

图 6-9　故障树形状

2. 故障树分析步骤

故障树分析法的一般步骤如下。

（1）熟悉产品：要详细了解产品的组成、状态及各种外购零部件的参数，绘出产品结构图。

（2）调查历史数据：收集类似产品的故障案例，进行故障统计分析，根据历史数据分析产品可能发生的故障。

（3）确定顶事件：故障树分析所分析的对象即为顶事件。要对曾经发生的所有故障进行全面分析，从中找出后果严重且较易发生的故障作为顶事件。

（4）调查故障原因：调查与故障有关的所有原因事件和各种因素。

（5）确定控制目标：对历史数据进行统计分析，得到故障发生的频率，以此作为要控制的故障目标值。

（6）建立故障树：从顶事件起，逐级分解，找出导致事件的直接原因直至达到所要分析的深度，按其逻辑关系，建立故障树。

（7）定性分析：依据故障树中各事件的逻辑关系，写出逻辑式，求出最小割集、最小径集，确定各基本事件的结构重要度及其排序。

（8）定量分析：依据各基本事件发生的概率，求出顶事件发生的概率，并计算各基本事件的概率重要度及临界重要度。

3. 故障树符号

1）事件符号

在故障树分析中各种故障和完好状态称为事件，故障或不正常状态称为故障事件，而完好或正常状态则称为成功事件。进而又主要包括底事件、结果事件和特殊事件三类。

（1）底事件包含基本事件和未探明事件。基本事件是指在特定的故障树分析中无需探明其发生原因的底事件或基本故障事件（如基本的零部件故障、人为因素或环境因素），它是导致其他事件发生的原因事件，位于故障树的底端，是逻辑门的输入事件。未探明事件是指原则上应进一步探明其原因但暂时不必或暂时不能探明其原因的底事件，位于故障树的底端，其发生的概率较小。

（2）结果事件包含顶事件和中间事件。结果事件是由其他事件或事件组合所导致的事件，分为顶事件和中间事件。顶事件总是位于逻辑门的输出端，中间事件是位于顶事件和底事件之间的结果事件，它既是某个逻辑门的输出，同时又是别的门的输入事件。

（3）特殊事件包含开关事件和条件事件。开关事件是指在正常工作条件下必然发生或必然不发生的特殊事件。条件事件是描述逻辑门起作用的具体限制的特殊事件。

以上各事件的符号如图 6-10 所示。

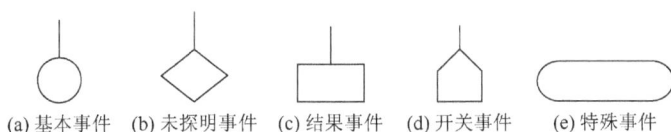

(a) 基本事件　(b) 未探明事件　(c) 结果事件　(d) 开关事件　(e) 特殊事件

图 6-10　常用的事件符号

2）逻辑门符号的分类

（1）与门：与门是指只有所有输入事件全部同时发生时，输出事件才会发生。

（2）或门：或门是指输入事件中至少有一个事件发生时，输出事件才会发生。

（3）非门：非门表示输出事件是输入事件的对立事件。

（4）顺序与门：顺序与门是指在与门的输入事件中，按规定的顺序发生时，输出事件才会发生。

（5）表决门：表决门是指在 n 输入事件中，有 k 或 k 以上事件发生时，输出事件才会发生。

（6）异或门：异或门是指在输入事件中，仅当一个输入事件发生时，输出事件才发生。

（7）禁门：禁门是指只有当条件事件发生时，输入事件的发生才会使输出事件发生，否则即使输入事件发生也不会使输出事件发生。

图 6-11 表示了各种逻辑门的符号。

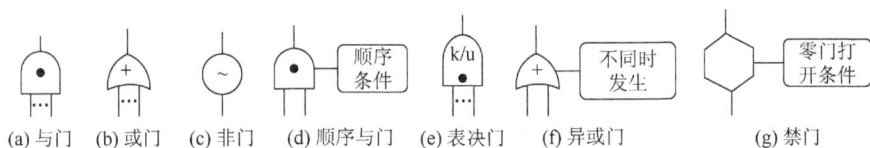

(a) 与门　(b) 或门　(c) 非门　(d) 顺序与门　(e) 表决门　(f) 异或门　(g) 禁门

图 6-11　常用的逻辑门符号

3）转移符号的分类

（1）相同转移，是将故障树的某一完整部分（即子树）转移到另一处复用，用以指明子树的位置。说明在这个位置上的子树与另一个子树完全相同，以减少重复和简化故障树。转向符号表示转到以字母数字为代号所指的子树去；转此符号表示由具有相同字母数字的转向符号转到这里来。

（2）相似转移，包含相似转向和相似转此。用以指明形似子树的位置，说明在这个位置上的子树与另一个子树相似，但事件标号不同。

以上各转移符号如图 6-12 所示。

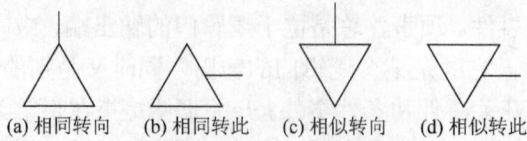

(a) 相同转向　(b) 相同转此　(c) 相似转向　(d) 相似转此

图 6-12　常用的转移符号

4. 故障树的定性分析

故障树定性分析是找寻导致顶事件发生的所有可能的故障模式，也就是找出所有导致顶事件发生的最小割集。割集是一些能使事件发生的底事件的集合。当这些底事件同时发生时，顶事件必然发生。系统故障树的一个割集，代表该系统发生故障的一种可能性，即指一种故障模式。最小割集是指造成顶事件发生的基本事件的集合。系统故障树的全部最小割集的集合代表了顶事件发生的所有可能性。最小割集指出了处于故障状态的系统所必须修理的基本故障，指出了系统的最薄弱环节。

最小径集是指某些基本事件不发生，则顶事件也不发生，这组基本事件的集合就是最小径集。根据逻辑代数的对偶定律（德摩根定律），将故障树取反可以得到成功树。故将事故树变成成功树后，即可按故障树求最小割集的办法求出成功树的最小割集，成功树的最小割集就是故障树的最小径集。也可以按事故树求出最小割集，然后应用德摩根定律计算最小径集。

结构重要度是根据事故树结构分析各基本事件对导致事故发生的重要程度，即在假设各基本事件发生概率都相同的情况下，分析各基本事件的发生对顶事件发生的影响。结构重要度一般用 $I_\phi(i)$ 来表示。计算结构重要度有两种方法，一种方法是计算结构重要系数，按系数大小排列结构重要度，比较精确，但计算烦琐；另一种方法是根据最小割集或最小径集判断系数的大小并排列顺序，精度较低。后一种方法使用较多。

5. 故障树的定量分析

故障树定量分析是利用故障树作为计算模型，在确定各底事件的故障模式和分布参数或故障概率值的情况下，按故障树的逻辑结构逐步向上运算，计算出系统顶事件发生的概率，从而对系统的可靠性、安全性和风险作出评估。

顶事件发生概率的计算中最常用的方法是直接概率法。该方法的前提是假定所有底事件相互独立，并且同一底事件在故障树中只能出现一次。在此前提下，故障树的或门相当于可靠性框图中的串联模型，与门相当于并联模型，这样按故障树的逻辑结构逐级向上，计算系统顶事件发生的概率。

概率重要度是指基本事件出现的概率的变化对顶事件出现的概率的变化的影响程度，可以用式（6.17）计算：

$$I_g(i) = \frac{\partial Q(T)}{\partial q_i} \tag{6.17}$$

式中，$I_g(i)$为第 i 个基本事件概率重要度；$Q(T)$为顶事件发生的概率；q_i 是第 i 个基本事件发生的概率。

临界重要度是综合考虑结构重要度和概率重要度形成的对基本事件的评价指标，定义计算公式为

$$I_c(i) = \frac{I_g(i)q_i}{Q(T)} \tag{6.18}$$

式中，$I_c(i)$为第 i 个基本事件临界重要度。

6.3.5　新七种工具简介

1. 关联图

关联图，又称关系图，是用来分析事物之间"原因与结果""目的与手段"等复杂关系的一种图，它适用于多因素交织在一起的复杂问题的分析和整理。影响质量的因素之间存在着大量的因果关系，这些因果关系有的是纵向关系，有的是横向关系。纵向关系可以使用因果图来加以分析，但因果图对横向因果关系的考虑不够充分，关联图则是根据事物之间横向因果逻辑关系找出主要问题的最合适的方法。

关联图的类型包括中央集中型关联图和单向汇集型关联图。中央集中型关联图在绘制时，把要分析的几个问题放在图的中央位置，把同"问题"发生关联的因素逐层排列在其周围。图 6-13 为某产品外观质量原因分析关联图。在绘制单向汇集型关联图时，把要分析的几个问题放在图的一侧，与其发生关联的因素从右（左）向左（右）逐层排列。图 6-14 为单向汇集关联图。

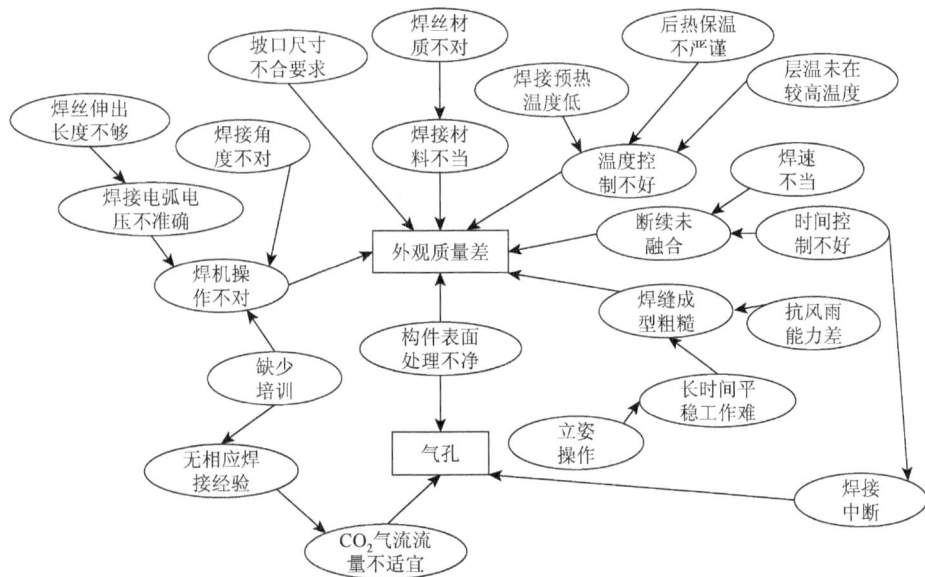

图 6-13　中央集中型关联图

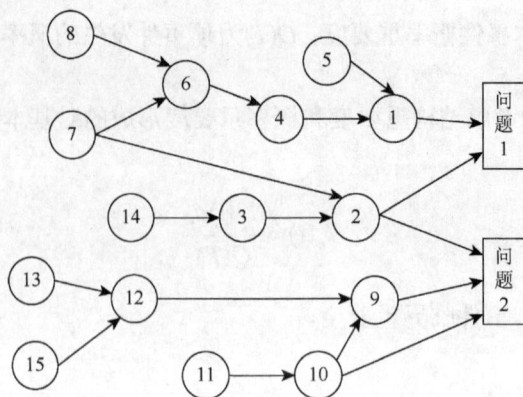

图 6-14　单向汇集型关联图

2. 系统图

系统图又称树图，是把要实现的目的与需要采取的手段系统地展开，并绘制成图以明确问题的重点，寻找实现目标的最佳手段或措施。为了解决质量问题，就要采取某种手段或措施，而上一级的手段，就是下一级手段的目的，这种把解决质量问题所需的手段按顺序层层展开，直到可以采取措施，就是系统图的工作原理。

系统图分为措施展开型系统图和因素展开型系统图。措施展开型系统图是把要解决的问题或实现的目的与需要采取的措施或手段系统地展开，以明确问题的重点，寻找最佳手段或措施。图 6-15 为设计制造某新产品的措施展开型系统图。

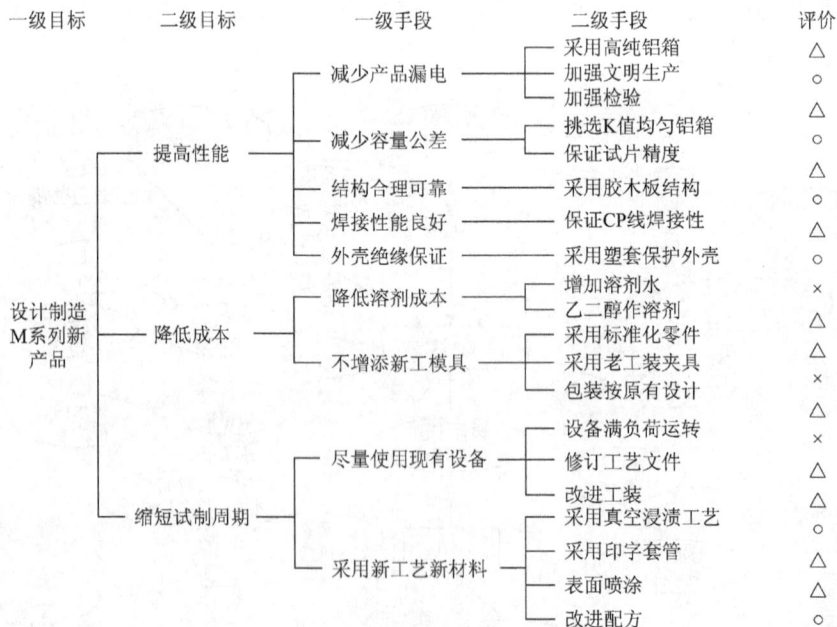

图 6-15　措施展开型系统图

○表示措施可以实施；△表示措施尚不能确定是否可以实施，需进一步调查；×表示措施不可行因素展开型系统图是把构成系统对象的因素加以系统地展开。因果分析图是其中的一种，用于将问题逐步分解为更详细的表述，其目标是把大的问题分割成小部分。通过这种方法，思路可以变得更为清晰，问题也更容易解决。图 6-16 为某零件不合格的因素展开型系统图。

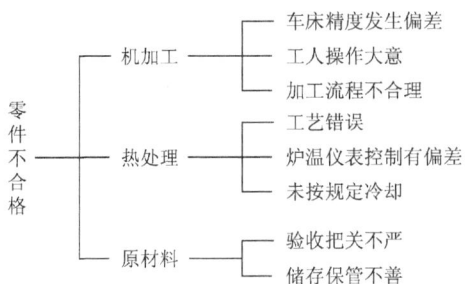

图 6-16　因素展开型系统图

3. 亲和图

亲和图是由日本学者川喜田二郎（Kawakita Jiro）在质量管理实践中总结出来的一种方法，又称 KJ 图。亲和图泛指利用卡片对语言资料进行归纳整理的方法。它是针对某一问题，充分收集各种经验、知识、想法和意见等方面的语言及文字资料，并按它们相互亲近的程度（又称亲和性），把相互接近、彼此相容的语言、文字资料汇集在一起。通过归纳整理，绘制出表示思维联系、启发思路的图，通过对图的分析，找出解决问题的途径和方法。图 6-17 为摩托车质量问题分析的亲和图。

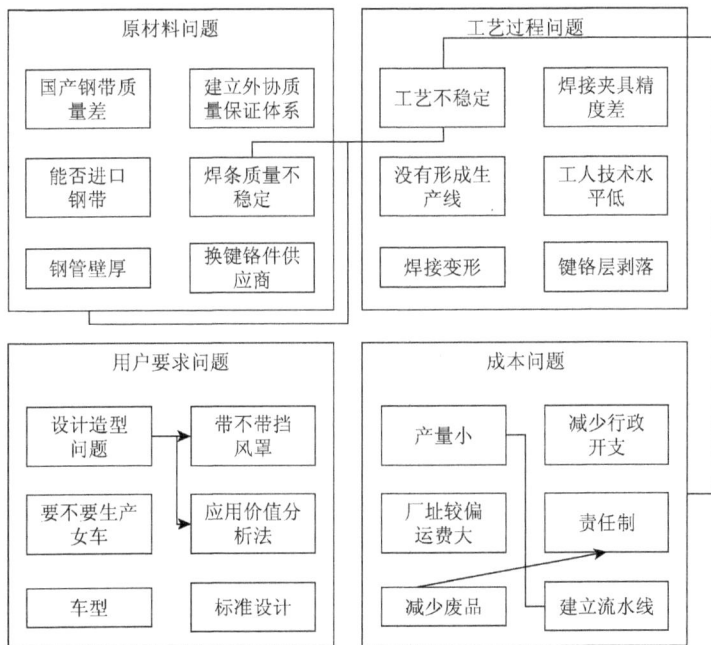

图 6-17　摩托车质量问题分析亲和图

4. 矩阵图

矩阵图是利用多维思考逐步找到关键问题的一种方法。它是在复杂的质量问题中，找出成对的质量因素 L_1，L_2，…，L_n 和 R_1，R_2，…，R_m，分别排成行和列；然后，在其交点处用不同的符号（如◎、○和△）表示成对因素间的关系及关系程度，从而确定关键因素，找到解决质量问题的思路。矩阵图分为 L 型矩阵、T 型矩阵、Y 型矩阵、X 型矩阵。L 型矩阵图是最基本的矩阵图，适用于若干个目的和手段、原因与结果之间的关联分析。T 型矩阵图实际上是由两个 L 型矩阵组成的，如图 6-18 所示。

分类	项目	透光率	挥发份	灰份	水份	澄清度	外观	墨点
原料	1. 苯酚色泽深							
	2. 催化剂含量大	○					△	△
	3. 甲酯酸值大	○					△	△
影响因素 质量特性 影响工序		透光率	挥发份	灰份	水份	澄清度	外观	墨点
生产工序	1. 熔化	△						
	2. 加成	○					○	
	3. 中和	○						
	4. 脂交换	◎				○	○	
后处理工序	5. 过滤	○		○		△	○	○
	6. 结晶	○	△				△	
	7. 离心	○	○			△	○	
	8. 洗涤	○				△	○	
	9. 运料	△		○			△	○
	10. 干燥	○	○	△	○	○	△	
	11. 包装		○	△				
检验工序	12. 取样代表性	○	○	○	○	○	○	
	13. 仪器值误差	○	△	△	△			△
	14. 随机误差	○		△	△			△

图 6-18 产品性能与工序原料关系矩阵

◎表示有强关系密切；○表示有关系；△表示可能有关系

5. 矩阵数据分析

矩阵数据分析是在矩阵图的基础上，用数量描述因素之间的关系，再进行计算、分析，确定因素的相对重要程度。这种定量的确定相对重要程度的方法有多种。表 6-5 表示确定易于控制、易于使用、网络性能、软件兼容、便于维护相对重要度的矩阵数据。

表 6-5 矩阵数据分析

因素	易于控制	易于使用	网络性能	软件兼容	便于维护	总得分	权重/%
易于控制	0	4	1	3	1	9	26.2
易于使用	0.25	0	0.2	0.33	0.25	1.03	3
网络性能	1	5	0	3	3	12	34.9
软件兼容	0.33	3	0.33	0	0.33	4	11.6
便于维护	1	4	0.33	3	0	8.33	24.3
总分之和						34.36	

6. 网络图

网络图又称为箭条图或矢线图,它是计划评审法(PERT 法)在质量管理中的应用,用来制订质量管理日程计划、明确管理的关键、进行质量管理进度控制等。利用网络图进行质量管理,有利于从全局出发,统筹安排各种因素,抓住影响质量的关键线路,集中力量,按时或提前完成工作计划。图 6-19 为某网络图示例。网络图在很多质量管理的著作中都有介绍,此处不作详细介绍。

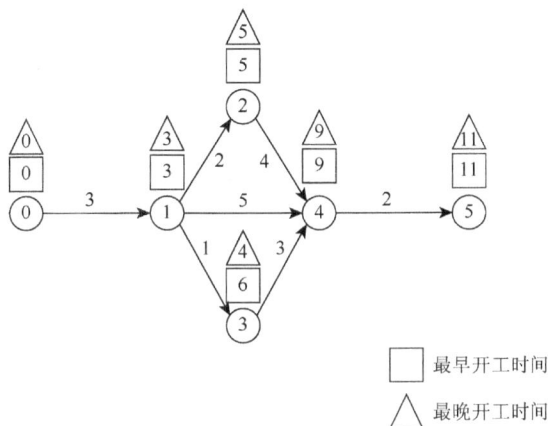

图 6-19 网络图示例

7. 过程决策程序图

过程决策程序图是运筹学在质量管理中的具体应用,是为了完成某个任务或达到某个目标,在制订行动计划或进行方案设计时,预测可能出现的障碍和结果,并提出相应的应变计划和措施。这样在计划执行过程中遇到不利情况时,仍能按照预先拟定好的其他计划方案进行,以便完成某个任务或达到预定的目标。

应用过程决策程序图可按时间先后顺序掌握系统的进展情况,密切注意系统进程的动向,列出"非理想状态",掌握产生非理想状态的原因;同时,还可根据实际进展情况,及时对计划措施进行补充、修订。图 6-20 是从不良状态 A_0 到实际理想状态 Z 的过程决策程序示意图。

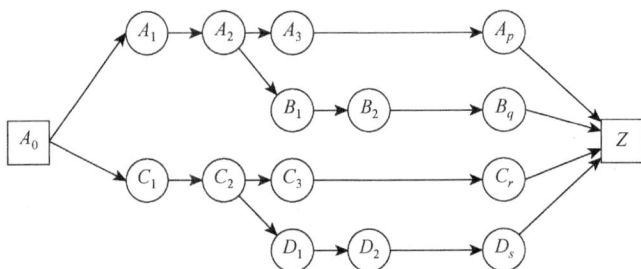

图 6-20 过程决策程序示意图

案例研讨：FMEA 在汽车焊装夹具设计中的应用

国内汽车领域的很多汽车零部件制造企业被整车厂要求强制执行 ISO/TS 16949:2009 标准。该标准明确要求：产品设计输出应以能对照产品设计输入的要求进行验证和确认的方式来表示，产品设计输出应包括 FMEA 分析及可靠性结果。汽车后行李箱属于面积较大的车身覆盖件，且薄板件易变形，焊装夹具的设计缺陷将影响后行李箱的装配质量和外观质量。本案例以某款轿车的汽车后行李箱焊装夹具设计为对象，由对汽车后行李箱焊装夹具设计具有影响的各部门代表组成的跨部门 FMEA 小组，应用 FMEA 分析方法，对夹具设计的潜在的故障模式及相关原因/机制进行分析和风险评价，以减少或消除设计缺陷，保证焊装夹具的设计质量。

FMEA 小组成员依据焊装夹具已设计的构想或方案作为基础，逐项分析评价系统的构造及功能特性，分析评价零件的构造及功能特性，分析系统各模块之间可能存在的问题点或可能发生的各类故障。根据 FMEA 分析的结果，列出潜在的故障模式：由设计缺陷造成的焊装夹具缺陷、瑕疵或其他不满意的情况。

1. 焊装夹具基本要求

FMEA 小组为了实现汽车后行李箱焊装夹具的设计，满足零件的焊接工艺及装配关系，满足承受一定载荷的刚性及重复装夹后的一致性的要求，制定了焊装夹具基本要求。

（1）夹具设计应满足汽车车身零件的定位要求。

（2）夹具设计应满足焊接要求，如操作高度、焊钳通过性、操作者位置。

（3）夹具设计应满足汽车生产的规划要求，如生产的节拍、焊点的分配。

（4）夹紧机构的可靠性，并在焊接时能阻止焊件产生变形。

（5）保证焊件焊后能获得正确的几何形状和尺寸。

（6）具有合适的强度和刚度，足以承受重力和焊件变形所引起的各个方面的力，避免造成产品损坏或威胁人身安全，以确保使用的安全。

（7）夹具应便于操作，在保证强度与刚度的前提下，应轻便灵巧；定位、夹紧和松开应省力而又迅速。

（8）夹具应容易制造和便于维修，尽量采用标准化、通用性元器件，易磨损的零件要便于更换。

（9）夹具结构合理，易于校正，降低制造成本和制造周期。

2. 项目、功能及故障模式分析

FMEA 小组负责确定汽车后行李箱焊装夹具设计潜在故障模式的分析范围，将焊装夹具系统可以看作由各个子系统及部件组成。根据焊装夹具已设计的构想或方案，明确系统、子系统和部件潜在失效的含义，建立项目、功能及潜在故障模式分析图，作为汽车后行李箱焊装夹具 FMEA 分析报告的输入。

确定焊装夹具设计项目及功能后，FMEA 小组推导出各种故障模式的潜在后果，其后果可能是功能完全丧失、性能或质量下降。例如，夹具不能将焊接零件固定住，故障模式为夹具弯曲处出现裂缝，原因是设计方案中弯曲半径太小，无法承受较大的应力。通过焊装夹具设计的 FMEA 分析结果，提出焊装夹具设计方案中的改进建议或措施，进行设计变更或采取相应的控制方法，以降低严重性、发生频度及可探测度的评分，消除或减小潜在失效的风险，避免其后果的发生。采取的措施主要有以下三个方面。

（1）更改设计，减轻严重度，以控制其后果；

（2）更改设计，降低发生度，以控制其产生原因；

（3）改进试验或模拟方法，以改进风险的探测。

3. 焊装夹具风险评定标准

FMEA 小组根据 FMEA 参考手册建议的评分标准，结合夹具设计中的故障模式分析，形成汽车后行李箱焊装夹具设计的风险评定标准见表 6-6～表 6-8。

表 6-6　严重度（S）评定标准

影响	评定准则	严重度
安全和法规要求失效	这是一种非常严重的失效形式，是在没有任何预兆的情况下发生的，影响到操作使用安全，完全不符合政府的法规	10
	这是一种非常严重的失效形式，是在具有失效预兆的前提下所发生的，影响到操作使用安全或不符合政府的法规	9
主要功能失效	夹具/项目不能运行（丧失基本功能，不影响安全操作）	8
	夹具/项目可运行，但性能下降，顾客非常不满意	7
次要功能失效	夹具/项目可运行，但舒适性或方便性项目不能运行，顾客不满意	6
	夹具/项目可运行，但舒适性或方便性项目的性能下降，顾客有些不满意	5
	配合和外观/尖响和卡嗒响等项目不舒服，大多数顾客（75%以上）能感觉到有缺陷	4
使用者烦恼	夹具操作便捷性不够，多数使用者（50%以下）能感觉到	3
	夹具操作便捷性不够，使用者（25%以下）能感觉到	2
无	顾客无法发现的缺陷	1

表 6-7　发生度（O）评定标准

可能失效	发生原因	可能的失效率	等级
很高	新技术/新设计无历史资料	≥10%	10
	不可避免新设计的失效	≥5%	9
高	失效可能来自新设计的失效	≥2%	8
	失效不能断定来自新设计的失效	≥1%	7
中等	类似设计或设计仿真和设计测试中频繁发生的失效	≥2‰	6
	类似设计或设计仿真和设计测试中偶然发生的失效	$\geq 5 \times 10^{-4}$	5
	类似设计或设计仿真和设计测试中孤立的失效	$\geq 1 \times 10^{-4}$	4
低	几乎相同的设计或设计仿真和设计测试中孤立的失效	$\geq 1 \times 10^{-5}$	3
	几乎相同的设计或设计仿真和设计测试中未能察觉的失效	$\geq 1 \times 10^{-6}$	2
极低	通过预防控制可消除的失效	0	1

表6-8 检测度（D）评定标准

检测机会	评价准则：设计控制可能检测出来的可能性	等级	检测可能性
无发现的机会	无现行设计控制；无法检测或分析	10	几乎不可能
任何阶段不可检测	设计分析/检测控制能力薄弱；有效分析不能关联至期望的操作状况	9	可能性极小
公布设计冻结和产品发布前	先前设计和试产过程的产品验证/确认的实验通过/失败（子系统或系统测试的接收标准）	8	微乎其微
	先前设计和试产过程的产品验证/确认的实验测试至失败（子系统或系统测试直至失效发生）	7	非常低
	先前设计和试产过程的产品验证/确认的实验劣化（子系统或性能实验）	6	低
设计冻结前	设计冻结前利用通过/失败测试（如性能接收准则、功能检查等）进行的产品确认（可靠性测试，开发或确认实验）	5	中等
	设计冻结前利用故障实验测试（如直至泄漏、断裂、屈服等）进行的产品确认（可靠性测试，开发或确认试验）	4	高中等
	设计冻结前利用老化实验（如数据趋势、前/后数据等）进行的产品确认	3	高
有效关联分析	设计分析/检测度控制具有强的发现能力，有效分析（CAE、FEA）为高关联性至实际或期望的操作状况	2	极高
失效预防	失效原因或失效模式不能发生，因为设计方案通过预防（即通过设计标准、最佳参数或通用的材料等）	1	几乎肯定

4. FMEA分析过程

FMEA小组根据制定的风险评定标准，对焊装夹具的系统、子系统和部件进行逐项的潜在故障模式分析。FMEA风险评估及解决过程见图6-21。

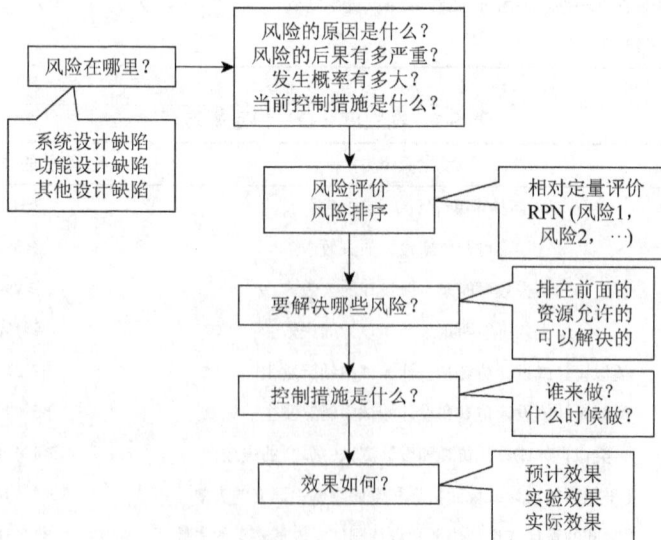

图6-21 风险评估及解决过程图

现以夹紧系统故障模式"变形"为例,分析其导致的潜在故障影响有以下三种:不能夹紧、夹紧的力度不够或损坏工件。

(1)根据失效后果严重度评定标准,"不能夹紧"属于评分标准中"主要功能失效"一栏中的"夹具/项目不能运行(丧失基本功能,不影响安全操作)",因此严重度(S)评为 8 分。其可能的潜在失效原因有结构设计不合理、材料强度不足或压力过大。

(2)根据失效发生度评定标准,"不能夹紧"失效模式的评定发生度(O)为 5 分。现有的控制措施为设计评审和在实验室中进行测试。

(3)根据失效发生可检测度评定标准,"不能夹紧"失效模式的可检测度(D)评定为 4 分。

(4)其风险优先数(RPN):RPN=8×5×4=160,建议采取设计变更的控制措施来降低风险系数。

FMEA 小组建议的措施有更改设计参数、更改设计结构及更换材料等。实际焊装夹具设计工作中最终采取了更改设计参数和更换材料的措施,将可检测度降低至 3 分,发生度降低至 3 分。此时重新计算 RPN 值为 72,焊装夹具设计故障风险得到有效控制。

5. 编制 FMEA 分析报告

编制 FMEA 分析报告的基本方法,是根据潜在故障模式及后果评定的三个方面,按照严重度、发生度及可检测度的评分标准进行风险评价,评价过程顺序和具体内容见图 6-22。

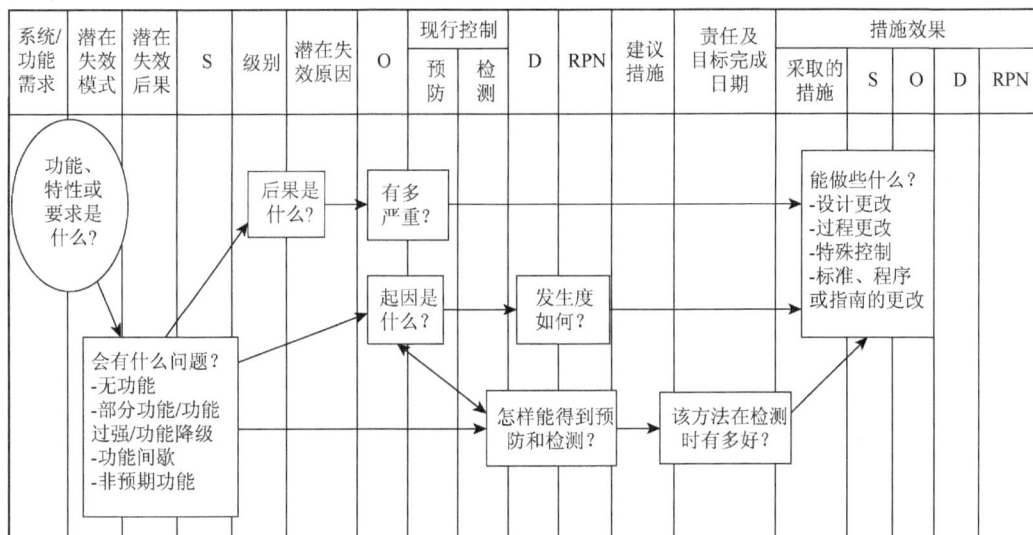

图 6-22   FMEA 风险评价过程和内容表

FMEA 是一种用来评估系统、设计、过程或服务等所有可能会发生失效的方法。通过在汽车焊装夹具的设计阶段推行 FMEA 确保实现焊装夹具的设计目标,满足设计要求,提高焊装夹具设计的质量、可靠性和安全性。

(资料来源:关坤. 2013. FMEA 分析方法在汽车焊装夹具设计中的应用. 汽车科技,(1):70-74.)

根据案例讨论下列问题

（1）结合本案例，思考 FMEA 基本思想及其优点。

（2）讨论 FMEA 方法在企业中还可以应用到哪些方面？

（3）FMEA 方法虽然在某些汽车企业取得了很大的成效，但在有些企业并未真正取得良好的应用成效，你认为可能存在哪些原因？对此应采取什么对策？

复习思考题

1. 什么是质量改进？为什么要开展质量改进活动？

2. 质量改进的目标是如何形成的？一个有效的质量改进目标具有哪些特点？

3. 简述质量改进的一般步骤。

4. 什么是产品的可靠性？如何理解三个规定？

5. 可靠性的常用度量参数有哪些？

6. 常用的可靠性模型有哪几种类型？与它们对应的数学模型是什么？

7. 可靠性管理的内容包括哪些方面？

8. 零缺陷管理的基本原则是什么？其实施包括哪些步骤？

9. 什么是质量成本？质量成本有哪些组成部分？

10. 试选择你熟悉的产品进行 FMEA 分析。

11. 应用事故树分析一个家电产品漏电行为。

12. 简述新七种工具。它们各自有什么用途？

第7章 质量管理体系

本章目录

本章导读

产品的质量是一项复杂的系统工程。面对激烈的市场竞争,产品质量仅靠技术上的保证是远远不够的,还必须依靠先进的质量管理方式,建立起高水平的质量标准及质量管理体系。质量管理是在质量管理体系中实施,并根据需要进行证实的全部有计划、有系统的活动,为产品质量形成各阶段的质量活动提供支撑和保证。

本章在研讨质量管理与质量管理体系基础上,首先介绍了质量管理的基本概念、基本原则、全面质量管理、质量管理体系及质量管理体系的建立;其次阐述质量体系认证,讨论了 ISO 9000 族标准的产生与发展、质量管理体系内部审核、质量管理体系认证与认证程序等主要内容;最后是卓越绩效管理的介绍,阐述了卓越绩效模式与国际质量奖,包括日本戴明奖、美国波多里奇质量奖和欧洲质量奖,以及当前企业管理者关心的我国的全国质量奖,并给出了全国质量奖的评审原则、评审标准和评审程序等。

7.1 质量管理与质量管理体系

7.1.1 质量管理概述

1. 质量管理的基本概念

ISO 9000:2008 标准中,对质量管理(Quality Management)的定义是:在质量方面指挥和控制组织的协调活动。这些活动通常包括制定质量方针和质量目标,以及质量策划、质量控制、质量保证和质量改进等。质量管理就是通过制定质量方针和质量目标,并为实现规定的质量目标进行质量策划,实施质量控制和质量保证,开展质量改进等活动予以实现的。

企业在整个生产和经营过程中,需要对质量、计划、劳动、人事、设备、财务和环保等各方面进行有序的管理。而组织的基本任务是向市场提供符合顾客要求的产品,因此围绕产品质量形成的全过程实施质量管理是组织各项管理的主线。企业的最高管理者应正式发布组织的质量方针,在确立质量目标的基础上,按照质量管理的基本原则,运用管理的系统方法来建立质量管理体系,为实现质量方针和目标配备必要的人力和物质资源,开展各项质量管理活动。

质量管理定义中各项活动可以从以下六个方面来理解。

（1）质量方针。由企业最高管理者发布的关于质量的总的宗旨和方向。它是企业总的经营战略方针的组成部分，是管理者对质量的指导思想和承诺，是组织质量行为的准则。因此，它的基本要求应包括组织目标和顾客的期望与需求。质量方针应具有相对稳定性，同时也必须为适应组织内外部环境的变化及时进行修订。

（2）质量目标。在质量方面所追求的目的。它是动员和组织员工实现质量方针的具体体现，是企业经营目标的重要组成部分。它应切实可行、可测量，且富有挑战性，并与质量方针保持一致，以利于评价和改进质量目标。组织应依据质量目标实现的程度评价组织质量管理体系的有效性。

（3）质量保证。致力于提供质量要求会得到满足的信任。质量保证的核心是提供足够的信任，不是当买到不合格产品后的包修、包换、包退。质量保证的前提和基础是保证质量和满足要求。质量体系的建立和有效运行是提供信任的重要手段。质量保证证实的方法可包括提供产品的合格证据、外部的审核合格结论、国家认证机构提供的认证等。

（4）质量策划。致力于制定质量目标，并规定必要的运行过程和相关资源以实现质量目标。质量策划主要包括质量管理体系策划、质量目标策划、质量过程策划和质量改进策划等。

（5）质量控制。致力于满足质量要求。它作为质量管理的一部分，适用于对组织的任何质量控制，包括生产领域、产品设计、原材料采购、服务的提供、市场销售、人力资源的配置等。质量控制的目的是保证质量和满足要求。

（6）质量改进。致力于增强满足质量要求的能力。因要求是各方面的，故改进也是各方面的，主要包括体系、过程、产品等。

2. 质量管理八原则

在现代质量管理理论和实践中，经过多年的探索，形成了一些基本的质量原则和思想。质量管理八原则是在总结质量管理实践经验的基础上用高度概括的语言表述的关于质量管理的最基本、最适用的一般规律量，它包括以下八个方面。

（1）以顾客为关注焦点。顾客是一个组织得以生存和发展的前提条件，组织依存于顾客。因此，组织应当理解顾客当前和未来的需求、满足顾客要求并争取超越顾客期望。顾客的要求是不断变化的，为了使顾客满意，组织还应了解顾客未来的需求，并争取超越顾客的期望。以顾客为关注热点可建立起对市场快速反应的机制，增强顾客的满意和信任并为组织带来更大的效益。

（2）领导作用。领导者在企业质量管理中具有最重要的地位。企业质量管理中，领导者应确保组织的宗旨与发展方向一致，创造并保持良好的内部环境，使员工能充分参与实现组织目标的活动。这不仅仅是指一般的工作环境，更重要的是指人文环境。企业不论大小，员工受群体环境的影响都极大。因此，建立良好的质量氛围，是企业领导者的责任，尤其是领导的模范带头作用。

（3）全员参与。全员参与是现代企业质量管理的一个重要特征，也是现代企业质量管理的一个基本要求。质量是企业整个组织各个环节、各个部门全部工作的综合反映。任何一个环节、任何一个员工的工作质量都会不同程度地、直接或间接地影响企业的质量水平。因此，企业必须把全体员工的积极性和创造性都充分地调动起来，不断提高员工素质，倡导人人关心质量，人人做好本职工作，全体参与质量管理。

（4）过程方法。将活动和相关资源作为过程进行管理，可以更高效地得到期望的结果。过程是一组将输入转化为输出的相互关联或相互作用的活动。一个过程的输出可直接形成下一个或几个过程的输入。为使组织有效运行，必须识别和管理众多相互关联的过程。系统地识别和管理组织运营中的各种过程及其相互作用，称为"过程方法"，过程的基本单元是活动。采用过程方法进行管理，可以对每个过程充分考虑其具体要求，对过程资源的投入、管理及改进活动都能互相有机地结合，从而可以有效地使用资源、降低成本、缩短过程执行时间。

（5）管理的系统方法。将相互关联的过程作为系统来看待、理解和管理，有助于组织提高实现目标的有效性和效率。为了成功地领导和运作一个组织，需要采用一种系统和透明的方式进行管理。构成质量管理体系的基本单位是过程。一组完备的相互关联的过程有机地组合构成了一个系统。对构成系统的过程予以识别、理解并加以管理，可以帮助组织提高实现目标的有效性及效率。这是一种管理的系统方法，其优点是可使过程以相互协调的方式最大限度地实现预期的结果。

（6）持续改进。持续的质量改进是组织永恒的主题。组织应建立持续改进体系。持续改进可以在各个过程上运用 PDCA 循环实现。对于特定过程，应按系统的目标设定过程目标，确定并实施过程，对照目标和产品要求或顾客要求测量和监视过程的实施并报告结果，通过对实施结果的分析，制定并采取措施，持续地改进过程业绩。

（7）基于事实的决策方法。质量管理要求尊重客观事实，有效决策建立在数据和信息分析的基础上。真实的数据既可以定性反映客观事实，又可以定量描述客观事实，给人以清晰明确的数量概念，这样就可以更精准地分析问题和解决问题。决策活动包括制定目标、确定需解决的问题和实现目标需进行的活动、方案的可行性评估等。决策基于一定的信息输入，正确的决策必须有正确的输入，要输入可靠且数量足够的信息。

（8）与供方互利的关系。组织与供方是相互依存的，互利的关系可以增强双方创造价值的能力。市场经济下，只有供方提供高质量的产品，组织才能为顾客提供高质量的最终产品，并确保顾客满意；组织的市场扩大，又为供方增加了提供更多产品的机会。所以，供方与组织相互依赖，组织与供方的良好合作，联合起来对顾客的要求作出灵活快速的反应，将最终促使组织与供方均增强创造价值的能力，使双方都获得最大的效益。

7.1.2　全面质量管理

1. 全面质量管理基本概念

全面质量管理（Total Quality Management，TQM）最早是由费根鲍姆于 1961 年在其

《全面质量管理》一书中首先提出来的，他认为全面质量管理是为了能够在最经济的水平和充分考虑顾客要求的条件下进行市场研究、设计、生产和服务，把企业内各部门研制质量、维持质量和提高质量的活动构成一个有机整体。

随着人们在实践中对全面质量管理理论的丰富，全面质量管理的概念也得到了进一步的发展。日本企业界将全面质量管理定义为：企业组织所有部门和全体人员，综合运用多种方法，对生产全过程中影响产品质量的各种因素进行控制，以最经济的办法，生产顾客满意的产品。

1992 年，美国九大公司的主席联合了一些知名的教授和经济顾问，确定了如下全面质量管理的定义：全面质量管理是一种以人为本的管理系统，其目的是持续降低成本，持续增加顾客满意。全面质量管理是综合的系统方法，而不是一个独立领域或程序，是高水平战略的必需部分；全面质量管理水平作用于所有职能，涉及从高层到基层的所有员工，并向前向后扩展至包括供应链与顾客链。采用全面质量管理，不断学习并适应持续不断的变化，最终实现组织整体成功。

国际标准化组织在 ISO 9000：2000 标准中，将全面质量管理定义为：一个组织以质量为中心，以全员参与为基础，目的是通过让顾客满意和本组织所有成员及社会受益而达到长期成功的管理途径。2005 年，国际标准化组织发布的 ISO 9000：2005《质量管理体系基础和术语》标准，将全面质量管理的定义修改为：基于组织全员参与的一种质量管理形式。

从全面质量管理的定义可以看出，它的核心观点是用户至上、凭数据说话、以预防为主、以质量求效益。全面质量管理并不等同于一般的质量管理，它是质量管理更深层次、更高境界的管理，它将组织的所有管理职能纳入质量管理的范畴。全面质量管理强调一个组织以质量为中心、以全员参与为基础、让顾客满意和组织员工受益、全员的教育与培训、最高管理者强有力的和持续的领导、谋求长期的经济效益和社会效益。

2. 全面质量管理的基本思想

全面质量管理的基本内容包括市场研究质量管理、产品研发质量管理、制造过程质量管理、辅助过程质量管理、销售和售后过程质量管理、报废处理质量管理、工作质量管理等。在以上管理工作中一般应遵循以下基本思想。

（1）以用户为中心，坚持用户至上。一切为用户服务的指导思想，使产品质量和服务质量全方位地满足用户需求。这里的"用户"不仅是组织外的直接用户，也体现在组织内部"下道工序是用户"。为了满足用户的要求，就要经常访问下道工序，按下道工序的意见和要求来改进自己的工作，提高工作质量，以保证产品质量。

（2）预防为主，强调事先控制。将质量隐患消除在产品形成过程的早期阶段。

（3）一切用数据说话。用数据说话就是用事实说话。在推行全面质量管理的过程中，广泛采用各种统计方法和工具，对影响产品质量的各种因素，系统地收集有关资料，并对其整理、加工和分析，找出质量波动的规律，实现对产品质量的控制。

（4）持续改进质量。在保证质量的基础上，按 PDCA 循环模式进行质量持续改进，是全面质量管理的精髓。任何一个组织都应在实现和保持规定产品质量的基础上，通过提高质量管理水平，不断改进产品质量和服务质量。

（5）强调以人为本。突出人的作用，调动人的积极性，充分发挥人的主观能动性。

3. 全面质量管理的特点

全面质量管理不仅与最终产品有关，还与组织如何交货、如何迅速地响应顾客投诉、如何为客户提供更好的售后服务等有关。其主要特点体现在全员参与、全过程管理和全方位管理等方面。

（1）全员参与。全员参与意味着质量控制由少数质量管理和质量检验人员扩展到企业的所有人员。即要求全部员工，无论高层管理者还是普通办公职员或一线工人，都要参与的系统性的质量管理活动。

（2）全过程质量管理。产品质量有一个从产生、形成到实现的过程，是产品实现全过程的结果，在这一过程中每一个环节都直接或间接地影响到产品质量。因此，质量管理的范围包括散布于质量形成全过程中的各个质量职能，从市场研究，了解顾客需求开始，到进行产品设计开发、制定工艺、采购（供应商选择）、生产、检验/测试、运输、储存等相关过程的控制，再到销售及售后服务等。

（3）全方位质量管理。全方位是指用全面的方法管理全面的质量，全面控制质量因素。全面的质量指质量不仅包括产品质量还包括过程质量、体系质量、工作质量。全面控制质量因素，意味着把影响质量的人、机器设备、材料、工艺、检测手段、环境等全部予以控制，以确保质量。全面的方法，是指应用一切可以运用的方法，不仅仅是数理统计的方法，还包括科学的管理方法、现代电子技术、通信技术等。

7.1.3 质量管理体系

1. 质量管理体系概述

支撑质量管理活动的体系即质量管理体系（Quality Management System，QMS），ISO 9001：2005 标准将其定义为在质量方面指挥和控制组织的管理体系。所谓管理体系是指建立方针和目标并实现这些目标的体系，而体系（或系统）则是相互关联或相互作用的一组要素。企业的质量管理是通过制定质量方针和目标，建立、健全质量管理体系并使之有效运行来付诸实施的。所以，质量管理体系是企业有效开展质量管理的核心。

由于企业间的差异，每个企业都有其自己的质量方针和质量目标，所以质量管理体系的内容应以满足质量目标的需要为准，为满足实施质量管理的需要而设计。为了使质量管理活动规范化、程序化，并充分考虑企业内外影响质量的每一个过程，企业应根据顾客需要，结合自己的生产经营特点、产品类型、技术和设备能力等具体情况，遵循 ISO 9000 族标准建议的质量管理体系要求，建立、健全一个完善的企业质量管理体系，并使其有效运行。这不仅是企业自身健康发展的需要，也是满足各利益相关方需要和取得顾客信任的基本要求。

2. 质量管理体系的建立

对于一个组织来讲，从质量管理体系的建立到实施、完善一般要经历质量管理体系的策划与设计、质量管理体系文件的编制、质量管理体系的试运行、质量管理体系的改进与完善四个阶段。

1) 质量管理体系的策划与设计

质量管理体系策划是质量策划的重要组成部分。质量管理体系策划是对企业最终建立并完善质量管理体系所进行的系统、全面的谋划，是编制质量管理体系文件并加以实施的前提。产品实现的策划和质量改进的策划是质量管理体系策划的重要内容，通过产品实现的策划确定产品的质量目标和要求；通过对体系和过程的不断改进、评审，使质量管理体系更加有效。

质量管理体系的策划与设计包括以下内容。

（1）教育培训。质量管理体系建立和完善的过程，是始于教育与培训的过程，也是提高认识、统一认识的过程。建立和实施质量管理体系是组织最高管理者的一项战略决策，因此在体系策划和总体设计阶段，首先组织全员培训。

（2）制定质量方针与质量目标。建立质量方针和质量目标为组织提供了关注的焦点。两者确定了预期的结果，并帮助组织利用其资源达到这些结果。制定方针目标应考虑质量方针、目标、承诺之间的关系；考虑产品的定位和同行的质量水平；考虑指标的分解与指标的可检查性。

（3）现状调查和分析。组织现状调查是确定质量管理体系涉及的产品和过程、质量管理体系覆盖范围、质量管理体系文件结构等的前提和基础。现状调查和分析的内容包括产品及过程特点，相关的法规、规章和标准要求，目前的组织机构设置及职能分工，资源状况等。

（4）制订计划、组织落实。建立统一规划、分级负责的组织机构是建立和完善质量管理体系的关键。一般应建立三个层次的组织：以组织决策层成员为首的总体策划、协调和指导机构，由各职能部门领导参加的工作机构，由各部门领导或业务骨干参加的体系设计和体系文件编写工作机构。

（5）质量管理体系总体设计。在完成上述各项工作后，应对组织的质量管理体系进行总体设计，主要内容包括组织机构、质量职能分配及资源配置；确定质量管理体系涉及的产品和过程；确定是否删减等。

2) 质量管理体系文件的编制

质量管理体系文件描述了组织质量管理体系要求，确定了运行的结果要求和如何实现这些要求。文件能够沟通意图、统一行动，它的形成本身并不是目的，其使用有助于确定满足顾客要求和质量改进的依据；确定各类人员培训的依据，以提供适宜的培训；提供重复性和可追溯性依据；提供质量管理体系符合要求的客观证据；规范质量活动，是组织开展各项质量活动的依据；确定体系、过程、产品、人员、供方质量活动符合性评定的依据，以评价质量管理体系的有效性和持续适宜性。

质量管理体系的文件结构一般分为四个层次（图 7-1）：质量手册、程序文件、作业指导书和记录、报告等。手册引出程序文件，程序文件引出作业指导书，程序文件和作业指导书引出记录。

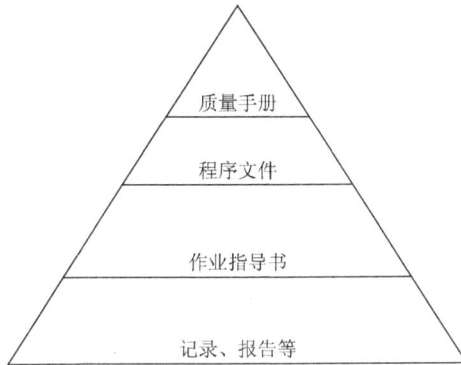

图 7-1 质量管理体系的文件结构

第一层次文件是纲领性文件，以质量手册形式出现。规定质量方针和质量目标；描述符合 ISO 9000 标准要求的实际管理运作过程及其相互作用；确定组织方向与职责。

第二层次文件是支持性文件，以程序文件形式出现。具体落实职能分工和部门之间的衔接关系，描述为实施质量管理体系目标和要求所涉及的有关过程和活动。

第三层次文件是执行性文件，适用于某一职能内的活动，通常包括作业指导书、质量计划、标准规范、指南等。

第四层次文件为其他文件，包括报告、表格、标签等，一旦记录具体内容，就成为质量记录，作为客观事实的证据。

3）质量管理体系的试运行

文件编制完成，经过批准发布后，质量管理体系进入试运行阶段。在试运行的中期和末期，一般要进行 1～2 次内部审核，此时的审核要覆盖所有过程和要求。在内审的基础上，还要进行管理评审，以便发现问题，并采取措施进行改进。内部审核是组织自行组织的审核，又称第一方审核，关键是评价质量管理体系的符合性和有效性，详见 7.2.2 节内容。

管理评审是由最高管理者主持或以其名义进行的对现行质量管理体系进行的一次综合性的全面评价活动。主要是对照质量方针和质量目标，系统地评价质量管理体系的适宜性、充分性、有效性和效率。这种评审可包括考虑是否需要修改质量方针和质量目标，以响应相关方需求和期望的变化。管理评审采取会议的方式，按规定的时间间隔进行，一般每年一次，但若组织内部或外部环境出现重大变化，可随时进行。质量管理体系审核报告与其他信息源都可用于管理评审。

4）质量管理体系的改进与完善

质量管理体系经过若干次内部审核与管理评审后，不断改善，进入正式运行阶段。组织所有与产品质量有关的活动按照质量管理体系文件的规定开展，使过程始终处于受控状态，从而使体系运行有效，提供顾客满意的产品，实现组织的质量方针与质量目标。期间一般每年要进行 1 次以上的管理评审，2 次左右的内部审核。主要通过内部审核、管理评审、数据分析等发现质量管理体系存在的问题，并找出改进的机会，从而使质量管理体系不断完善。此时，企业可申请外部认证。

7.2　质量系统认证

7.2.1　ISO 9000 族标准

1. ISO 9000 族标准概述

ISO 9000 族标准是指由国际标准化组织质量管理和质量保证标准化技术委员会制定的国际标准。该标准族可帮助组织实施并有效运行质量管理体系，是质量管理体系通用的要求或指南。

ISO 9000 族标准来源于 20 世纪 40 年代的美国军工行业标准，经过半个世纪的实践，逐步发展成国家标准，最后成为国际标准并取得了显著的经济效益和社会效益，这是 ISO 9000 族标准产生和发展必不可少的实践基础。目前，ISO 9000 族标准已在全世界极大多数国家和地区等同采用国家标准，并广泛用于工业、经济和政府的管理领域，贯彻 ISO 9000 族标准已被众多企业所看重，成为企业证明自己产品质量、工作质量的一种"护照"。根据 ISO 调查，ISO 9001：2008 已经被 100 多个国家的超过 100 万企业和组织采纳实施。

2. ISO 9000 族标准的发展与完善

自 1986～1987 年，国际标准化组织首次发布了 ISO 9000 族标准开始，至今已发展经历了以下四个阶段。

（1）20 世纪 80 年代的 ISO 9000 族标准。1986 年发布的 ISO 8402 与 1987 年发布的 ISO 9000～ISO 9004 标准构成了 ISO 9000 族标准的第一版，其构成如图 7-2 所示。

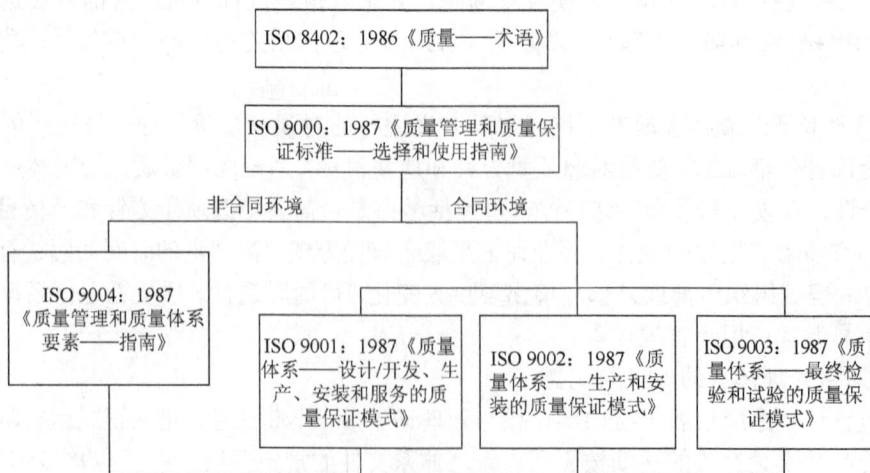

图 7-2　ISO 9000 族标准的第一版的构成

第一版 ISO 9000 族标准的发布与实施，使世界各国有了一套相同的国际标准化的质量管理方法，有效地破除了国际商品贸易中依据不同质量保证标准进行质量体系认证/注册而导致的技术壁垒，促进了国际贸易的正常发展。

（2）20 世纪 90 年代的 ISO 9000 族标准。第一版的 ISO 9000 族标准主要适用于工业制造领域，不能适应其他行业，尤其是服务业的质量管理要求，同时对质量体系一些要素需要进行具体补充和细化。为此，ISO/TC 176 组织有关专家于 1994 年对第一版 ISO 9000 族标准进行了局部修改，并补充制定一些 ISO 10000 族标准，对质量体系的一些要素活动作出具体的规定，形成了第二版 ISO 9000 族标准。

（3）21 世纪的 ISO 9000 族标准。面临进入 21 世纪的挑战，20 世纪 90 年代的第二版 ISO 9000 族标准难以适应新世纪即质量世纪对质量管理的客观要求。于是 ISO/TC 176 对 ISO 9000 族标准进行了总体结构及技术内容等全面的修改，于 2000 年发布了第三版 ISO 9000 族标准。另外，7.1.1 节提到的质量管理八原则就是 ISO 9000：2000 在总结了国际上先进的质量管理经验的基础上提出的。

（4）2008 版 ISO 9000 标准。国际标准化组织会根据经济社会发展的需要及时修订相关的标准，如 ISO 9000 最新已在 2005 年完成修订，ISO 9001 最新已在 2008 年完成修订。2008 年版的 ISO 9000 标准由核心标准、支持性标准、技术报告、小册子四大部分组成。此外，ISO 9004 最新已在 2009 年完成修订，ISO 19011 最新已在 2011 年完成修订。新一版的 ISO 9001 已于 2015 年 9 月完成修订并正式发布。

7.2.2　质量管理体系内部审核

1. 内部质量审核的概述

质量管理体系内部审核是组织在建立和运行质量管理体系后必须进行的一项管理活动，其目的是使组织的质量管理体系的运行能够符合组织策划的安排，能够符合顾客的要求，能够符合 ISO 9001：2008 标准的规定要求，能够实现组织所确定的目标。换句话说，内部质量审核的目的就是保证组织质量管理体系的符合性和有效性。

质量管理体系内部审核也称第一方审核，是指组织用于内部目的，由组织自己或以组织的名义进行的对其自身的质量管理体系的审核。通过内部质量审核，组织可以综合评价自身质量管理体系的运行状态，评价各项质量活动及其结果的有效性，同时对审核中所发现的不符合项采取纠正和改进措施。质量管理体系内部审核的结果可以作为组织声明自身合格的基础。

2. 内部质量审核的策划与准备

组织在建立质量管理体系时，就应该对其内部审核有总体的策划与准备。对质量管理体系内部审核的策划，是为了建立起一个推动组织质量管理体系不断完善的内部审核机制。做好质量管理体系内部审核的准备工作，是为了使内部质量审核工作能够按计划有效进行。

组织对质量管理体系内部审核的策划、安排和组织管理中，应注意下述环节和工作。

（1）组织最高管理者必须重视内部质量审核。实施质量管理体系内部审核，对于组织的质量改进和提高具有重要作用。要做好内部质量审核，关键在于最高管理者的重视和推动。

（2）管理者代表必须主持内部质量审核。确保组织的质量管理体系得到实施和保持，并能持续加以改进，是管理者代表的主要职责。因此，管理者代表必须主持组织的内部质量审核活动。

（3）确定内部质量审核的责任部门。组织的质量管理体系内部审核是一项常规工作，需要有一个责任部门负责相关的职能，包括进行内部质量审核的计划、实施以及后续的纠正、跟踪验证活动等。

（4）组建内审员队伍。开展质量管理体系内部审核，需要一支有资格、能胜任、经过授权的合格的内审员队伍。内审员的候选人应该具有一定的专业知识和技术能力，熟悉组织的业务和质量管理活动，善于交流、沟通和语言表达，经过内审员培训合格后可授权其担任内审员。

（5）建立内部质量审核程序。组织应该制订和实施内部质量审核程序，明确内部质量审核的目的、范围、引用的文件、术语和定义、职责、工作程序和记录要求等。

组织对质量管理体系内部审核的准备工作包括组建审核小组、编制审核计划、审核体系文件和准备审核文件等。

（1）组建审核小组。内部质量审核的审核小组组成包括审核组长和内审员，必要时也可聘请具备专业知识的专家参与内审活动。选择内审员不仅要考虑其资格和能力，还要考虑这次内审活动的业务范围和应具备的专业知识，审核组长的人选必须具备组织、协调、判断和决策能力。

（2）编制审核计划。内部质量审核的审核计划是内审活动的具体安排，应形成书面文件。审核计划应明确规定本次内部质量审核的目的、范围、审核准则（依据）、审核小组人员名单和分工、受审核部门和主要审核内容、各项具体审核活动的时间安排、撰写和递交审核报告的时间等。

（3）审核体系文件。在实施内部质量审核前，审核小组应对审核相关的质量管理体系文件进行审核。文件包括质量手册、程序文件、作业指导文件及其他相关文件和资料。文件审核的目的主要是确认组织的质量管理体系文件是否满足规定的要求，从而确定能否进入现场审核阶段。

（4）准备审核文件。主要是准备审核检查表，每个内审员都要根据自己的审核职责认真编制审核检查表。审核检查表中的主要内容包括受审核部门、地点；内审员、审核时间、在场人员；审核准则（依据），如质量管理体系规定的内容；检查项目、检查方式与方法；检查记录等。

3. 质量管理体系现场审核

现场质量审核的任务和目的是通过内审员在现场查、看、听、问、观察、验证、座谈等方式，收集和验证有关审核发现和客观证据，来判定和证实受审核方的质量管理体系正在正常运行；组织的质量手册和程序文件在受审核方已经得到实施；受审核方的质量管理体系运行结果满足规定的质量目标的要求；受审核方的质量管理体系能够稳定、有效地运行并持续改进。

现场质量审核阶段的主要工作内容如下。

（1）首次会议。首次会议是为了受审核方管理人员介绍审核小组成员；确认审核目的、范围和计划；介绍本次审核所采用的程序和方法；建立相互间的联系渠道，确定审核过程中的陪同人员；确认具备审核小组需要的资源和条件；确认审核过程中各次会议的时间和参加人员；必要的澄清和声明；受审核方表明积极的姿态等。

（2）现场审核。内审员在现场通过观察、提问、聆听、测量、试验、验证等方式获得受审核方质量管理体系运行的有关客观证据，以证实受审核方质量管理体系与审核依据之间的符合性、有效性和适宜性。客观证据有现场存在的客观事实、文件、记录、各类作业活动以及责任者对其责任范围内质量活动的陈述等。

（3）确定和报告不符合项。不符合项是指内审员在现场审核中所确认的审核发现与审核准则之间存在不一致的客观事实。不符合项报告是指内审员提交的并经过受审核方确认的不符合项的书面陈述。内审员在确定不符合项时必须以客观事实为基础；必须以审核准则为判定依据；必须分析产生不符合项的原因，弄清是文件不符合、实施不符合还是效果不符合；必须得到受审核方对不符合项事实的确认；必须在审核小组内经过充分的讨论。

（4）审核小组内部会议。审核小组内部会议的主要任务有三项：内审员之间交流现场质量审核情况；汇总审核发现和客观证据，讨论确定不符合项，分析不符合项的影响；研究审核结论，包括从体系文件、体系运行状况、体系运行结果、体系持续改进能力等方面对组织质量管理体系的评价以及审核后质量管理体系纠正和改进的重点。

（5）末次会议。末次会议是现场质量审核的最后一次活动，由审核组长在重申本次内部质量审核目的、范围和审核准则的基础上，向受审核方介绍现场审核情况，评价受审核方质量管理体系的有效性，报告审核发现和客观证据，宣布不符合项和审核结论，提出后续纠正措施和跟踪验证的要求并再次保证遵守保密原则。受审核方的管理者应在末次会议上作出落实纠正措施、不断改进质量的承诺。

上述是质量管理体系现场质量审核的一般程序，针对内部质量审核还要形成内部质量审核报告。质量管理体系内部审核报告一般在现场质量审核结束后编写，其内容主体在审核小组内部会议和现场审核末次会议上形成，由审核组长在现场质量审核结束后的规定期限内以正式书面文件的形式提交组织的最高管理者和管理者代表。内审报告批准发放后，本次内部质量审核活动即告结束。

4. 纠正和跟踪验证

质量管理体系内部审核的主要任务是推动组织的质量改进。因此，对内部质量审核中发现的不符合项和组织质量管理体系中存在的薄弱环节，要研究、提出并实施纠正措施。纠正措施包括针对不符合项采取的直接消除不合格的措施和消除不合格原因的措施，同时还要明确采取纠正措施的责任部门或责任人，以及完成纠正措施的时限。

对纠正措施的效果进行跟踪验证,是内部质量审核的延伸。具体讲,跟踪验证是对受审核方所采取的纠正措施及其结果进行评审、验证,其方式与内部审核一样。受审核方必须按各不符合项和薄弱环节,将制定及实施纠正措施和预防措施过程的文件和记录提供给跟踪审核的内审员,作为实施纠正措施和预防措施的证据,由内审员进行文件审核。通过文件审核后,内审员进入现场进行跟踪验证,对不符合项及薄弱环节进行复审,记录复审结果并形成书面的跟踪审核报告。

7.2.3　质量管理体系认证

1. 质量管理体系认证的含义

质量管理体系认证,又称质量管理体系注册,是随着国际贸易中破除技术壁垒,获得顾客信赖,提高企业在市场中竞争能力的客观需要,逐步从产品质量认证中分离并发展起来的,目前已成为质量认证体系中的重要组成部分。

质量管理体系认证是证明企业的质量管理体系符合某质量管理体系标准,具有质量保证能力的活动。它必须经质量管理体系认证机构确认,并颁发质量管理体系认证证书(或办理质量管理体系注册)。

根据上述定义,质量管理体系认证具有下列特征。

(1) 质量体系认证的对象是某组织的质量保证体系,也是该组织质量管理体系中那些影响持续、按顾客要求提供产品质量保证能力的若干要素的组合。

(2) 实行质量管理体系认证的基本依据是等同采用国际通用质量保证标准的国家标准。

(3) 鉴定某组织质量管理体系是否可以认证的基本方法是质量管理体系审核,即由该组织承认的质量管理体系认证机构委派审核员,依据有关标准,对该组织的质量管理体系进行评审检查,提交审核报告,做出审核结论。为此,质量管理体系认证机构必须是与供需双方既无行政隶属关系,又无经济利害关系的第三方,才能确保审核的科学性、公正性和权威性。

(4) 证明某一组织取得质量管理体系注册资格的方式是颁发质量管理体系认证证书,该证书只证明这个组织的质量管理体系符合某一约定的质量保证标准,不证明其生产或销售的任何产品质量符合认证标准。因此,产品及其使用说明书等文件上不能引用质量管理体系认证证书、注册号或质量管理体系认证机构的标记,以免误导产品质量符合标准规定要求。

某一组织取得质量管理体系注册资格后,质量管理体系认证机构就会通过名录或公告、公报等形式向社会公布其名称、地址、法人代表及注册的质量管理体系标准。这样,质量管理体系认证给组织带来许多益处。

2. 质量管理体系认证程序

质量管理体系的认证程序大致可分为提出申请、受理申请、审核前准备、初访受审核方、实施现场审核、提交纠正措施、审议报告的提交和审议,以及颁证和公布等步骤,如图 7-3 所示。

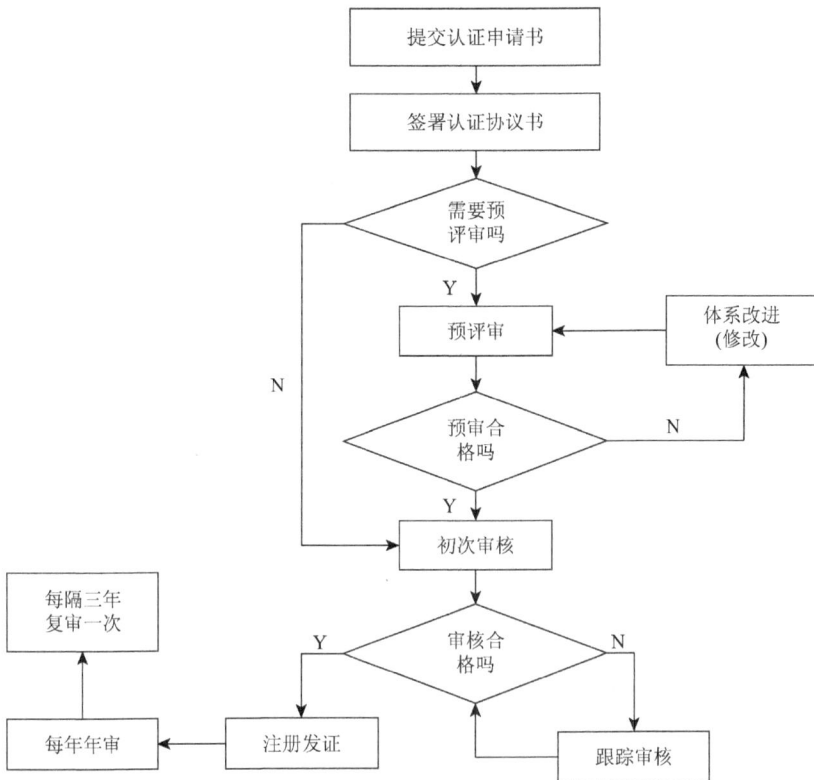

图 7-3　质量管理体系认证程序

（1）提出申请。要求进行质量管理体系认证审核的企事业单位或委托方（简称申请方），应向体系认证机构联系，根据需要索取质量管理体系认证审核申请表和企业概况调查表，按其内容认真填写。申请方在要求的时间内，向体系认证机构报送申请表、企业概况调查表、质量手册、法人营业执照复印件、申请认证审核涉及的产品/服务简介及简要流程图等有关资料，并按规定标准交纳质量管理体系认证审核申请费用。

（2）受理申请。体系认证机构对申请方的申请表及有关资料进行审议，并填写质量手册初审检查清单。根据申请方的情况，体系认证机构在半个月内作出受理、不受理或申请方改进后再受理的决定。对是否受理的决定，体系认证机构必须及时书面通知申请方，并说明理由。对决定受理申请的企事业单位，体系认证机构必须及时立卷编号，并与受审核方或委托方签订《认证审核合同书》，双方承担合同责任。

（3）审核前准备。首先由经理签署任命项目审核组组长。其次，审查受审核方提供的质量手册和有关资料意见及索取有关补充资料。必要时及时向受审核方提出个性补充意见及索取有关补充材料。最后拟订审核计划，内容包括审核目的和范围，审核目的和范围所涉及的有关部门、车间及主要责任者，审核组成员人数及名单，审核日期及会议安排，编写检查清单，草拟现场审核实施计划。

（4）初访受审核方。由项目审核组组长决定是否有必要进行初访。初访的目的是双方协商确定审核日期及现场审核实施计划;根据对受审核方提供的质量手册和有关资料的审查,了解现场实况及特殊要求。对在初访中发现的问题,受审核方应及时采取措施,加以整改。

(5)实施现场审核。现场审核是质量认证中的一项关键活动,其主要目的是通过对认证申请方的现场实地考察,了解其质量体系的适宜程度,评价其质量体系运行的有效性,以及判定质量体系与质量体系标准的符合程度,即是否具备认证合同所规定的质量保证能力。质量管理体系现场审核的程序可参考 7.2.2 节。

(6)提交纠正措施。对发现的不符合项,受审核方应编制整改计划,抄报体系认证机构,限期三个月内完成并抄报整改实施情况和效果。必要时体系认证机构可到现场复查整改工作的有效性。

(7)审核报告的提交和审议。由项目审核组组长负责,在审核组离开后一周内,把审核报告提交体系认证机构技术委员会审议、批准。经审批后的审核报告书,正本送受审核方;副本及有关资料送体系认证机构办公室存档备查。

(8)颁证和公布。经技术委员会审议批准,向受审核方颁发国家质量管理体系认证主管部门统一颁布的印有体系认证机构认证标志的质量管理体系认证证书。获证方在体系认证机构进行注册。体系认证机构以公报形式予以公布,上报备案。对公布的质量管理体系认证证书持有者的注册名录,至少每年修订一次。获证方在规定范围内,允许使用质量管理体系认证标志。

7.3 卓越绩效管理

7.3.1 卓越绩效模式

卓越绩效模式(Performance Excellence Model)是当前国际上广泛认同的一种组织综合绩效管理的有效方法和工具。该模式源自美国国家质量奖(波多里奇质量奖)评审标准,以顾客为导向,追求卓越绩效管理理念,包括领导、战略、顾客与市场、测量分析与改进、资源、过程管理、经营结果七个方面。目前该评奖标准盛行于世界发达国家与地区,成为一种新型的质量管理模式,即卓越绩效模式。卓越绩效模式不是目标,而是提供一种评价方法,其核心是强化组织的顾客满意意识和创新活动,追求组织卓越的经营绩效。

朱兰认为,卓越绩效模式的本质是对全面质量管理的标准化、规范化和具体化。卓越绩效模式将质量作为为顾客创造价值的核心,并通过实践领导、战略、顾客与市场、资源等几个方面的要求,创造竞争性质量和战略性质量,以质量创造价值,提高企业的经营绩效和持久经营能力。也就是说,质量不仅是经营的内容,也是经营的手段;不仅是经营的一个直接的目标,也是经营的最直接的后果。卓越绩效模式反映了当今世界现代管理的理念和方法,是许多成功企业的经验总结,是激励和引导企业追求卓越,成为世界级企业的有效途径。卓越绩效模式的基本结构如图 7-4 所示。

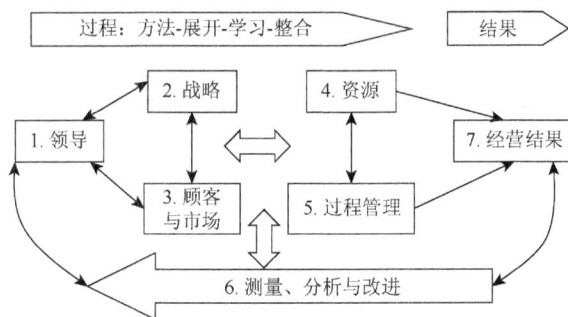

图 7-4 卓越绩效模式的基本结构

当企业的实际经营绩效低于目标绩效时,卓越绩效模式提供了一个提升企业绩效水平的有效手段,而且如果该模式与一些绩效评价方法相结合,则拓展了企业经营绩效的内涵,引导企业走出"只见树木不见森林",或是"头痛医头、脚痛医脚"等绩效管理局部化和短期化的误区,致力于追求经营绩效的可持续提升。具体而言,卓越绩效模式对于企业绩效的改善作用体现在以下四个方面。

(1)引导企业追求相关方利益平衡。企业绩效评价的关键在于经营结果,但不仅限于企业自身的销售额和利润等财务指标,而是应该考虑与企业相关的各方的利益平衡,包括顾客、员工、股东、供应商和合作伙伴的利益及公众社会价值。因此,涵盖了顾客满意度、产品和服务质量、财务绩效和市场占有率、供应商发展、员工满意度以及社会责任等多个方面内涵的卓越绩效模式能够引导企业追求为利益相关方创造价值,建立起相互的诚信关系,保证企业经营绩效持续增长。

(2)引导企业在绩效评价时与竞争对手进行比较。卓越绩效模式非常强调引导企业把自己放在竞争的环境中制定战略,评价经营绩效的好坏。对经营绩效的评价分析,不仅要和企业制定的目标比,和原有的水平比,更重要的是与竞争对手比,与标杆企业的最佳水平比,明确自己在竞争环境中的能力和水平。通过比较找出差距进行改进,从而提升企业在市场中的竞争能力。

(3)引导企业树立市场的前瞻意识,保持企业在市场竞争中的领先水平。卓越绩效模式不仅关注对企业当期的经营绩效评价,而且注重对经营结果的发展趋势进行评价。例如,旨在推动我国企业确立卓越绩效模式的全国质量奖评审就要求企业提供三年以上的经营绩效数据,以分析企业对市场变化的应变能力。通过对多方面的数据和信息进行分析、策划、采取积极的措施,保持企业在市场竞争中的领先水平。

(4)引导企业建设追求可持续经营绩效的企业文化。卓越绩效模式的核心是强化组织的顾客满意意识和创新活动,强调规范的管理制度和科学的行为方式,其实践贯穿于日常管理活动中,从而在这些企业中逐渐培育出一种卓越的质量文化,这种文化就是以顾客为关注焦点、主动思考、规范科学、不断创新、追求卓越的企业文化。

7.3.2 国际质量奖

追求卓越质量不但是企业和顾客的需求,同时各国政府部门也在大力推进质量的改善，其中一个重要的措施就是设立国家质量奖。至今国际上已有 80 多个国家和地区实行了质量奖制度，以激励和引导企业追求卓越的质量经营模式。其中最具有代表性的奖项是日本戴明奖、美国马尔科姆·波多里奇质量奖和欧洲质量奖。

1. 日本戴明奖

日本戴明奖（Deming Award）是世界范围内影响较大的质量奖，也是创立最早的一个。1951 年，为感谢戴明为日本质量管理的发展所作出的重要贡献，日本科学技术联盟（JUSE）设立了戴明奖，其目的是通过认可以统计控制技术为基础的全公司质量控制（CWQC）或全面质量控制（TQC）的成功实施所带来的绩效改进来传播质量理念。戴明奖每年评选一次，申请者可以是全球范围内任何类型的组织，包括以下三个种类。

（1）戴明个人奖。主要颁发给在全面质量管理的研究、统计方法，在全面质量管理中的应用及全面质量管理理念的传播等方面作出杰出贡献的个人或组织。

（2）戴明应用奖。颁发给在规定年限内通过实施全面质量管理而取得显著绩效改进的组织或部门。

（3）戴明控制奖。颁发给在追求全面质量管理的过程中通过质量控制（管理）的应用而取得显著绩效改进的（某个组织的）运营单位。

通常所理解的戴明奖即戴明应用奖，其基本事项评价项目如下。

（1）与品质管理相关的经营方针及其展开。在为适应行业种类、现状、规模和经营环境而制定的明确的经营方针的基础上，是否规划了积极的重视品质、服务顾客的经营目标及战略；经营方针是否在组织内部有效展开，做到全组织团结一致地实施。

（2）新产品的开发和/或业务的改革。是否积极地实施了新产品（制品、服务）的开发和/或业务的改革；新产品是否满足了顾客的需求；业务的改革是否对提高经营效率作出了巨大贡献。

（3）对产品品质和业务品质的管理和改善。日常管理：标准化和教育训练是否使日常的业务基本不出现问题，各个部门的工作是否可以平稳进行；持续改进：品质及其他相关改进工作是否有计划地、持续地进行，市场和/或后工序的抱怨及不良率是否正在减少，市场和/或后工序的抱怨及不良率是否保持在很低的水平，顾客满意度是否正在提高。

（4）品质、产量、交货期、成本、安全、环境等方面的管理体系是否完备。上述的管理体系中，受审企业所必要的管理体系是否都建立完备、有效。

（5）品质信息的收集、分析和信息技术的灵活运用情况。市场和组织内部的品质信息是否得到了系统的收集，是否运用了统计的方法和信息技术，在产品开发、改进及业务品质管理、改进方面得到有效的灵活运用。

（6）人才的能力开发。是否有计划地培养人才和开发人员能力，是否对提高产品质量和改进业务品质管理起到积极作用。

企业通过申请戴明质量奖，把全面质量管理作为企业参与市场竞争的武器纳入企业经营战略中，而且使经营战略得到贯彻实施，同时建立和完善企业综合管理体系，推进企业的标准化活动，增强全员积极参与全面质量管理活动和质量改进的积极性，提高产品质量、劳动生产率和企业的凝聚力，使质量改进和标准化活动成为企业的自觉行动。日本企业以申请戴明质量奖作为动力和桥梁，积极推动全面质量管理活动，经过几十年的努力，逐渐形成了日本企业的竞争力，取得了令人瞩目的经济奇迹。

2. 美国马尔科姆·波多里奇国家质量奖

为了提高产品质量、劳动生产率和市场竞争力，1987 年，当时的美国总统里根建立了以美国商业部长马尔科姆·波多里奇名字命名的国家质量奖（Malcolm Baldrige National Quality Award，MBNQA）。此奖于 1988 年开始正式评选，旨在奖励那些在质量和绩效方面取得卓著成就的美国企业，并以此强调质量和卓越经营作为竞争力要素的重要性，以及提高公众对质量和绩效卓越的认知。

波多里奇奖的评奖标准几乎每年都有变动和改进，以 2013～2014 年商业和非盈利性组织的评奖标准为例，该奖涵盖了七大项目。

（1）领导作用：检查组织高级管理者及其治理体系如何引导和持续发展其组织。

（2）战略规划：检查组织如何制定战略目标和行动计划并执行它们，当环境变化时如何改进目标和计划，以及如何测量改进的效果。

（3）以顾客为关注焦点：检查组织如何将顾客与组织长期的成功紧密地联系起来，包括组织如何倾听顾客的声音、如何构建与顾客的关系、如何利用顾客信息识别改进的机会和提升创新能力。

（4）测量、分析和知识管理：检查组织如何为绩效测量、分析，以支持组织计划和绩效评估的审查，进行数据的选择和使用；检查组织如何建立和管理知识资产，如何在通常状况下或紧急状况下保证数据、信息、软件和硬件的质量和可得性。

（5）以全体员工为关注焦点：检查组织管理员工绩效和发展员工能力，鼓励员工更有效地和最大限度地为组织作出贡献的管理体系；检查针对关键产品和关键流程的管理；检查其是否为顾客创造价值并获得组织的持续成功。

（6）运营的有效性：检查组织为获得安全的工作环境和为顾客创造价值的运营的有效性如何。

（7）经营成果：检查为保证组织的持续发展相关的一系列结果，包括关键流程和产品的结果、以顾客为关注焦点的结果、以全体员工为关注焦点的结果、领导和管理体系的结果、财务和市场绩效的结果。

3. 欧洲质量奖

1990 年，在欧洲质量组织和欧盟委员会的支持下，欧洲质量管理基金会开始策划欧洲质量奖。1991 年 10 月在法国巴黎召开的欧洲质量管理基金会年度论坛上，欧盟委员会副主席马丁·本格曼正式提出并设立了欧洲质量奖（European Quality Award，EQA）。1992 年，西班牙国王首次向获奖者颁发了欧洲质量奖。自 1992 年起，每年颁发一次。

欧洲质量奖是欧洲质量管理基金会对企业卓越化经营模式的最高水平奖励，肩负着两项使命：一是激励和帮助欧洲的企业，改进其经营活动，最终达到顾客和雇员的满意，达到社会效益和企业效益的卓越化；二是支持欧洲企业的管理人员加速实施全面质量管理这一在全球市场竞争中获得优势的决定性因素的进程。欧洲质量奖卓越化模式包含九个要

3.3 大支柱

新版标准从 MSS（管理体系标准）高阶结构、基于风险的思维、领导力三个方面，从实体结构和思维结构的不同方向，为面向未来的 ISO 9001：2015 构造了 3 大支柱。对 QMS 具有全局性的影响。

（1）MSS 高阶结构。与 ISO 9001：2008 相比，2015 版现在包括 10 个条款的结构，如表 7-1 所示。

表 7-1　ISO 9001 新旧版本的比较

条款	ISO 9001：2015	ISO 9001：2008
1	范围	范围
2	规范性引用文件	规范性引用文件
3	术语和定义	术语和定义
4	组织环境	质量管理体系
5	领导力	管理职责
6	策划	资源管理
7	支持	产品实现
8	运行	测量、分析和改进
9	绩效评价	—
10	改进	—

（2）领导力。ISO 9001 在改版过程中，有一个很重要的思想就是，要强化最高管理者在 QMS 内的作用，决心赋予最高管理者一个更积极的角色。毋庸置疑，最高管理者的参与和支持对于 QMS 实现预期结果、达成 QMS 有效性是至关重要的，而现实的矛盾在于最高管理者的参与程度实际上有所下降。因此，新版标准在多个方面试图强化领导力在 QMS 中的作用。

（3）基于风险的思维。基于风险的思维现在融合到新版标准的全过程，并且在 QMS 策划和审核过程中，都应该主动地应用基于风险的思维。以增强顾客的信心和满意度，确保持续提供合格的产品和服务，在组织内部建立积极的预防和改进文化，实现持续成功。

4.7 项原则

质量管理原则是 ISO 9001 质量管理体系标准建立的理论基础，本次标准修订时重新评估了这些质量管理原则，将其中的原则之一"管理的系统方法"合并到过程方法。现在变成了 7 项质量管理原则。

5.8 个修辞

表 7-2 表示的是 8 个修辞方面的变化，是 ISO 9001：2015 特意在新版标准的附录中列出的。

表 7-2　ISO 9001：2015 修辞的变化

ISO 9001：2008	ISO 9001：2015
产品	产品和服务
删减条款	—
管理者代表	—
文件、质量手册、文件化程序、记录	文件化信息
工作环境	过程运行环境
采购的产品	外部提供的产品和服务
供应商	外部供方
监视和测量设备	监视和测量资源

6. 68 项要求

在标准的核心要求方面，从标准条款 4.1 到标准条款 10.3，总共有 68 处主要的修订（视不同的理解和评价准则，这个数字的认定也许是不同的，关键在于理解标准的要求）。这些修订有的是全新的要求，有的只是改变描述方式以澄清和明确要求。

案例 2：上海大众汽车荣获 2014 年度全国质量奖

2014 年 10 月 10 日，第十四届全国质量奖正式揭晓。凭借 30 年积淀的卓越企业文化，以及在质量控制和绩效管理上的突出表现，上海大众汽车最终荣膺嘉奖。这也是继 2001 年后，上海大众汽车再次获得这一国内质量管理领域的重量级荣誉。

全国质量奖由中国质量协会于 2001 年创办，以卓越绩效模式为评价标准，综合衡量企业文化、经营战略、绩效结果和社会责任等方面的表现。质量奖评审坚持"高标准、少而精"和"优中选优"的原则，由国内权威质量管理专家通过科学、客观、公正的评审，并经政府、行业、地区的权威评委审定，最终选出获奖企业，是质量管理领域的国家级重要奖项。自 2001 年成为中国汽车行业首家获得全国质量奖的企业后，上海大众汽车在 2007 年顺利通过该奖项的复评确认。此次再度获得 2014 年度全国质量奖，更为整个汽车行业树立了不断追求卓越品质的标杆。

1984 年，上海大众汽车合营合同在北京人民大会堂签署，也开启了企业向卓越不断迈进的 30 年。作为国内历史最悠久的轿车合资企业之一，上海大众汽车在 30 年的滚动发展中不断融合中德文化、总结经验，提炼出了"追求卓越，永争第一"的企业核心价值观。

在卓越文化的指导下，"质量领先"的生产理念贯穿在产品开发、供应商、生产、销售及售后服务的整个业务链。"质量是上海大众的生命"已成为每位上海大众人恪守的信条。从第一辆桑塔纳下线起，上海大众汽车秉承对高质量的坚持，建立了一套高标准、全过程的质量控制体系。从生产规划、工艺装备的制定到设备的维护保养，从原材料进库到成品出厂，每一道都处于缜密的监控之下。

同时，为确保每一款交付消费者手中产品的质量，上海大众汽车在生产制造环节也同样建立了标准化的管理流程以及完整的检验机制，通过如自动化高速冲压生产线、全自动机械手等先进的设备，激光焊接、热成型高强度钢板、空腔注蜡等精湛的工艺，以及贯穿于整个生产线上精确、可追溯的检验数据，从而有效确保整车在生产过程中质量的稳定可靠。

基本价值观"客户导向"，上海大众汽车在为消费者提供高品质产品的同时，同样致力于满足消费者的诉求，不断提升企业的研发能力，设计和制造出符合消费者需求的产品。从新帕萨特的研发，到首款自主研发车型朗逸的成功，上海大众汽车在探索汽车合资的道路中，也走出了一条从引进吸收、联合开发到自主研发的创新道路，为合资合作提供了诸多值得借鉴的发展模式。

除了为消费者量身造车，上海大众汽车也用心持续优化服务质量，为消费者打造完善的服务网络和专业的服务品牌。截至目前，大众品牌和斯柯达品牌服务网点累计超过 1200 家，形成了国内分布最广、布点最密的营销与售后服务网络，让消费者可以享受到全面、快捷、方便的优质服务。

以卓越文化引领绩效管理，以领先工艺保障产品品质，以专业服务满足消费需求，上海大众汽车对卓越质量的追求永不止步。2001 年、2004 年、2007 年，上海大众汽车三度将"上海市质量金奖"收入囊中。2012 年，上海大众汽车荣获"上海市市长质量奖"，这也是上海市在质量领域的最高荣誉。而 30 年来，在国内马路上行驶的超过千万辆印有"上海大众"标志的轿车，以及这些产品背后所凝聚的无数消费者的信赖，已经成为企业卓越质量的最好印证。在近日公布的 2014 年中国汽车用户满意度测评中，上海大众汽车帕萨特、途观、新朗逸、朗行、新桑塔纳和速派分列各自细分市场用户满意度第一。同时，大众品牌更是摘得合资品牌售后服务满意度桂冠。

从研发、生产、销售到售后，在上海大众汽车，所有人都在为质量把关，为消费者提供品质可靠、值得信赖的产品。站在企业 30 年的崭新起点上，上海大众汽车将以追求卓越的精神，不断创造经典，不断为国内消费者提供质量领先的产品，为消费者打造富有品质的汽车生活。

（资料来源：ISO 9001：2015 重磅发布 专家为您解读. 仪器信息网，2015-09-25. http：//www.instrument.com.cn/news/20150925/173434.shtml.；上海大众汽车荣获 2014 年度全国质量奖. 国际金融报，2014-10-20（28）.）

根据案例讨论下列问题

（1）为什么会决定发布新版 ISO 9001？

（2）ISO 9001 新版本的内容主要有哪些变化？企业应如何应对？

（3）上海大众汽车两次获得全国质量奖的优势在哪里？大众汽车的获奖经验对我国服务型企业是否具有借鉴意义？

复习思考题

1. 质量管理的定义是什么？如何理解质量管理的各项活动？

2. 简述质量管理八原则的要点。

3. 你对全面质量管理如何理解？全面质量管理的特点有哪些？

4. 简述质量管理体系的基本概念及其建立步骤。

5. ISO 9000 族标准产生的原因是什么？经历了哪些发展阶段？

6. 简述质量管理体系内部审核的目的和程序。

7. 试分别叙述质量体系认证的含义、特点及程序。

8. 什么是卓越绩效模式？对企业绩效的改善有哪些作用？

9. 寻找一个质量奖企业实例，分析质量奖对企业提供质量管理和绩效水平的意义。

参 考 文 献

陈宝江. 2009. 质量管理与工程. 北京：北京大学出版社.

陈志祥. 2009. 现代生产与运作管理. 广州：中山大学出版社.

胡世良. 2009. 赢在创新：产品创新新思路. 北京：人民邮电出版社.

黄静. 2009. 新产品管理. 武汉：华中科技大学出版社.

久米均，张晓东. 2011. 设计开发的质量管理. 北京：中国质检出版社.

李明荣. 2014. 质量管理工程概论. 北京：电子工业出版社.

刘虎沉. 2009. 基于 FMEA 的麻醉风险评估系统研究. 上海：同济大学硕士学位论文.

卢碧红. 2013. 现代质量工程. 北京：机械工业出版社.

罗国勋. 2005. 质量管理与可靠性. 3 版. 北京：高等教育出版社.

马凤才. 2009. 质量管理. 3 版. 北京：机械工业出版社.

梅强，李文远，赵观兵. 2004. 新产品开发管理. 北京：化学工业出版社.

屈援. 2013. 市场研究. 北京：人民邮电出版社.

宋雅杰. 2014. 运营管理. 郑州：河南大学出版社.

苏秦. 2013. 质量管理与可靠性. 3 版. 北京：机械工业出版社.

孙慧. 2011. 运营管理. 上海：复旦大学出版社.

唐晓青，王美清，段桂江. 2011. 产品设计质量保证理论与方法. 北京：科学出版社.

田志龙，张婧. 2009. 市场研究理论与方法. 武汉：华中科技大学出版社.

吴健安. 2010. 市场营销学. 北京：清华大学出版社.

许以洪，李双玫. 2007. 市场营销学. 北京：机械工业出版社.

杨汉涛，黎继子，张广德. 2007. 生产运营管理. 武汉：武汉理工大学出版社.

杨晓英，王会良，张霖，等. 2010. 质量工程. 北京：清华大学出版社.

尤建新，周文泳，武小军，等. 2014. 质量管理学. 3 版. 北京：科学出版社.

于影霞. 2015. 质量管理工程. 3 版. 北京：化学工业出版社.

张根宝. 2015. 现代质量工程. 3 版. 北京：机械工业出版社.

郑宗成. 2011. 市场研究实务与方法. 广州：广东经济出版社.

周尊英，刘海峰，孙建国. 2009. 质量管理实用统计技术. 北京：中国标准出版社.

Abdul R Z, Sheng L S I, Nooh A B. 2015. TRIZ methodology for applied chemical engineering: A case study of new product development. Chemical Engineering Research and Design.

Aguiar D C D, Salomon V A P, Mello C H P. 2015. An ISO 9001 based approach for the implementation of process FMEA in the Brazilian automotive industry. International Journal of Quality & Reliability Management, 32 (6): 589-602.

Aktepe A, Ersöz S, Toklu B. 2015. Customer satisfaction and loyalty analysis with classification algorithms and Structural Equation Modeling. Computers & Industrial Engineering, 86: 95-106.

Albliwi S A, Antony J, Lim S A H. 2015. A systematic review of Lean Six Sigma for the manufacturing industry. Business Process Management Journal, 21 (3): 665-691.

Albuquerque P, Bronnenberg B J, Corbett C J. 2007. A spatiotemporal analysis of the global diffusion of ISO 9000 and ISO 14000 certification. Management Science, 53 (3): 451-468.

Aldowaisan T, Nourelfath M, Hassan J. 2015. Six Sigma performance for non-normal processes. European

Journal of Operational Research，247（3）：968-977.

Aliee H，Zarandi H R. 2013. A fast and accurate fault tree analysis based on stochastic logic implemented on field-programmable gate arrays. IEEE Transactions on Reliability，62（1）：13-22.

Al-Rawahi A M S，Bashir H A. 2011. On the implementation of ISO 9001：2000：a comparative investigation. The TQM Journal，23（6）：673-687.

Antony J，Perry D，Wang C，et al. 2006. An application of Taguchi method of experimental design for new product design and development process. Assembly Automation，26（1）：18-24.

Aydin N，Celik E，Gumus A T. 2015. A hierarchical customer satisfaction framework for evaluating rail transit systems of Istanbul. Transportation Research Part A：Policy and Practice，77：61-81.

Aye Ho E S S，Lai Y J，Chang S I. 1999. An integrated group decision-making approach to quality function deployment. IIE Transactions，31（6）：553-567.

Bacciotti D，Borgianni Y，Rotini F. 2015. An original design approach for stimulating the ideation of new product features. Computers in Industry，In press.

Barrales-Molina V，Montes F J L，Gutierrez-Gutierrez L J. 2015. Dynamic capabilities，human resources and operating routines：A new product development approach. Industrial Management & Data Systems，115（8）：1388-1411.

Basfirinci C，Mitra A. 2015. A cross cultural investigation of airlines service quality through integration of Servqual and the Kano model. Journal of Air Transport Management，42：239-248.

Basu S，Dan P K，Thakur A. 2014. Experimental design in soap manufacturing for optimization of fuzzified process capability index. Journal of Manufacturing Systems，33（3）：323-334.

Bauer J E，Duffy G L，Westcott R T. 2006. The Quality Improvement Handbook. 2nd ed. Milwaukee：ASQ Quality Press.

Besterfield D H. 2012. Quality Improvement. 9th ed. London：Prentice Hall.

Bhuiyan N，Gerwin D，Thomson V. 2004. Simulation of the new product development process for performance improvement. Management Science，50（12）：1690-1703.

Boothroyd G，Dewhurst P，Knight W A. 2010. Product Design for Manufacture and Assembly. 3 rd ed. New York：CRC Press.

Bou-Llusar J C，Escrig-Tena A B，Roca-Puig V，Beltrán-Martín I. 2009. An empirical assessment of the EFQM Excellence Model：Evaluation as a TQM framework relative to the MBNQA Model. Journal of Operations Management，27（1）：1-22.

Chan L K，Wu M L. 2002a. Quality function deployment：A comprehensive review of its concepts and methods. Quality Engineering，15（1）：23-35.

Chan L K，Wu M L. 2002b. Quality function deployment：A literature review. European Journal of Operational Research，143（3）：463-497.

Chang H H，Wong K H，Fang P W. 2014. The effects of customer relationship management relational information processes on customer-based performance. Decision Support Systems，66：146-159.

Chen I J，Popovich K. 2003. Understanding customer relationship management（CRM）：People，process and technology. Business Process Management Journal，9（5）：672-688.

Chen J P，Ding C G. 2001. A new process capability index for non-normal distributions. International Journal of Quality & Reliability Management，18（7）：762-770.

Chen Y，Durango-Cohen P L. 2015. Development and field application of a multivariate statistical process control framework for health-monitoring of transportation infrastructure. Transportation Research Part B：Methodological，81：78-102.

Chen Y, Fung R Y K, Tang J. 2006. Rating technical attributes in fuzzy QFD by integrating fuzzy weighted average method and fuzzy expected value operator. European Journal of Operational Research, 174 (3): 1553-1566.

Corbett C J, Montes-Sancho M J, Kirsch D A. 2005. The financial impact of ISO 9000 certification in the united states: An empirical analysis. Management Science, 51 (7): 1046-1059.

Crosby P B. 1979. Quality Is Free. New York: McGraw-Hill.

Dawn I, Gilbert A C. 2015. Marketing Research: Methodological Foundations. 11th ed. New York: CreateSpace.

Dellino G, Kleijnen J P C, Meloni C. 2012. Robust optimization in simulation: Taguchi and Krige combined. INFORMS Journal on Computing, 24 (3): 471-484.

Denizel M, Ekinci U, Özyurt G, Turhan D. 2007. Ford-otosan optimizes its stocks using a Six-Sigma framework. Interfaces, 37 (2): 97-107.

Douglas C M. 2012. Statistical Quality Control. 7th ed. Hoboken: Wiley.

Durmuşoğlu S S, Barczak G. 2011. The use of information technology tools in new product development phases: Analysis of effects on new product innovativeness, quality, and market performance. Industrial Marketing Management, 40 (2): 321-330.

Escrig A B, de Menezes L M. 2015. What characterizes leading companies within business excellence models? An analysis of "EFQM Recognized for Excellence" recipients in Spain. International Journal of Production Economics, 169: 362-375.

Feigenbaum A V. 1961. Total Quality Control. New York: McGraw-Hill.

Flynn B B, Saladin B. 2006. Relevance of Baldrige constructs in an international context: A study of national culture. Journal of Operations Management, 24 (5): 583-603.

Garza-Reyes J A. 2015. Green lean and the need for Six Sigma. International Journal of Lean Six Sigma, 6(3): 226-248.

Giorgio M, Staiano M. 2004. A hybrid approach to statistical process control. Asian Journal on Quality, 5 (1): 52-67.

Gruber T, Reppel A, Szmigin I, et al. 2008. Revealing the expectations and preferences of complaining customers by combining the laddering interviewing technique with the Kano model of customer satisfaction. Qualitative Market Research: An International Journal, 11 (4): 400-413.

Hague P, Hague N, Morgan C A. 2004. Market Research in Practice. London: Kogan Page.

Hess J D, Lucas M T. 2004. Doing the right thing or doing the thing right: Allocating resources between marketing research and manufacturing. Management Science, 50 (4): 521-526.

Hosseini E J, Dehghani S M, Mostafaeipour A. 2015. Implementing fuzzy logic and AHP into the EFQM model for performance improvement: A case study. Applied Soft Computing, 36: 165-176.

Hosseinifard S Z, Abbasi B. 2012. Evaluation of process capability indices of linear profiles. International Journal of Quality & Reliability Management, 29 (2): 162-176.

Huimin J, Kwong C K, Ip W H, et al. 2013. Chaos-based fuzzy regression approach to modeling customer satisfaction for product design. IEEE Transactions on Fuzzy Systems, 21 (5): 926-936.

Ilevbare I M, Probert D, Phaal R. 2013. A review of TRIZ, and its benefits and challenges in practice. Technovation, 33 (2-3): 30-37.

ISO 9000: 2008. 2008. Quality Management Systems-Fundamentals and Vocabulary. Geneva: International Organisation for Standardisation.

Jacobs B W, Swink M, Linderman K. 2015. Performance effects of early and late Six Sigma adoptions. Journal of Operations Management, 36: 244-257.

Jasti N V K，Kodali R. 2014. Validity and reliability of lean product development frameworks in Indian manufacturing industry. Measuring Business Excellence，18（4）：27-53.

Jasti N V K，Sharma A，Karinka S. 2015. Development of a framework for green product development. Benchmarking：An International Journal，22（3）：426-445.

Jifeng M. 2014. Networking capability，network structure，and new product development performance. IEEE Transactions on Engineering Management，61（4）：599-609.

Jiménez-Jiménez D，Martinez-Costa M，Martínez-Lorente A R，et al. 2015. Total quality management performance in multinational companies：A learning perspective. The TQM Journal，27（3）：328-340.

Juran J M. 1974. Quality Control Handbook. 3rd ed. New York：McGraw-Hill.

Juran J M，De Feo J A. 2010. Juran's Quality Handbook：The Complete Guide to Performance Excellence. 6th ed. New York：McGraw-Hill.

Kahn K B. 2012. The PDMA Handbook of New Product Development. 3rd ed. Hoboken：Wiley.

Kano N，Seraku N，Takahashi F，et al. 1984. Attractive quality and must-be quality. Quality，14（2）：147-156.

Kapur K C，Pecht M. 2014. Reliability Engineering. Boca Raton：CRC Press.

Komal. 2015 . Fuzzy fault tree analysis for patient safety risk modeling in healthcare under uncertainty. Applied Soft Computing，37：942-951.

Krishnamoorthi K S，Krishnamoorthi V R. 2011. A First Course in Quality Engineering：Integrating Statistical and Management Methods of Quality. 2nd ed. Boca Raton：CRC Press.

Kwong C K，Bai H. 2003. Determining the importance weights for the customer requirements in QFD using a fuzzy AHP with an extent analysis approach. IIE Transactions，35（7）：619-626.

Levine D I，Toffel M W. 2010. Quality management and job quality：How the ISO 9001 standard for quality management systems affects employees and employers. Management Science，56（6）：978-996.

Liu H C，Li P，You J X，et al. 2015. A novel approach for FMEA：Combination of interval 2-tuple linguistic variables and grey relational analysis. Quality and Reliability Engineering International，31（5）：761-772.

Liu H C，Liu L，Liu N. 2013. Risk evaluation approaches in failure mode and effects analysis：A literature review. Expert Systems with Applications，40（2）：828-838.

Liu H C，You J X，You X Y. 2014. Evaluating the risk of healthcare failure modes using interval 2-tuple hybrid weighted distance measure. Computers & Industrial Engineering，78：249-258.

Liu H C，You J X，Ding X F，et al. 2015. Improving risk evaluation in FMEA with a hybrid multiple criteria decision making method. International Journal of Quality & Reliability Management，32（7）：763-782.

Liu L，Han C，Xu W. 2015. Evolutionary analysis of the collaboration networks within National Quality Award Projects of China. International Journal of Project Management，33（3）：599-609.

Liu P L，Tsai C H. 2009. Research on the influences of new product design and new product development process management on new product development performance in Taiwan's industries. Asian Journal on Quality，10（1）：89-106.

Lo C K Y，Wiengarten F，Humphreys P，et al. 2013. The impact of contextual factors on the efficacy of ISO 9000 adoption. Journal of Operations Management，31（5）：229-235.

Loch C H，Terwiesch C. 1998. Communication and uncertainty in concurrent engineering. Management Science，44（8）：1032-1048.

Marques P，Requeijo J，Saraiva P，et al. 2013. Integrating Six Sigma with ISO 9001. International Journal of Lean Six Sigma，4（1）：36-59.

Martínez-Costa M，Choi T Y，Martínez J A，et al. 2009. ISO 9000/1994，ISO 9001/2000 and TQM：The performance debate revisited. Journal of Operations Management，27（6）：495-511.

Matuzas V, Contini S. 2015. Dynamic labelling of BDD and ZBDD for efficient non-coherent fault tree analysis. Reliability Engineering & System Safety, 144: 183-192.

Mavroidis V, Toliopoulou S, Agoritsas C. 2007. A comparative analysis and review of national quality awards in Europe: Development of critical success factors. The TQM Magazine, 19 (5): 454-467.

Meybodi M Z. 2013. The links between lean manufacturing practices and concurrent engineering method of new product development: An empirical study. Benchmarking: An International Journal, 20(3): 362-376.

Mikulić J, Prebežac D. 2011. A critical review of techniques for classifying quality attributes in the Kano model. Managing Service Quality: An International Journal, 21 (1): 46-66.

Mital A, Desai A, Subramanian A, et al. 2014. Product Development: A Structured Approach to Consumer Product Development, Design, and Manufacture. 2nd ed. Burlington: Elsevier.

Modarres M, Kaminskiy M P, Krivtsov V. 2009. Reliability Engineering and Risk Analysis: A Practical Guide. 2nd ed. Boca Raton: CRC Press.

Mosadeghrad A M. 2015. Developing and validating a total quality management model for healthcare organisations. The TQM Journal, 27 (5): 544-564.

Nagel P J A, Cilliers W W. 1990. Customer Satisfaction: A Comprehensive Approach. International Journal of Physical Distribution & Logistics Management, 20 (6): 2-46.

Narasimhan K. 2006. Inventive thinking through TRIZ: A practical guide. The TQM Magazine, 18 (3): 312-314.

Nepal B P, Yadav O P, Johnson M D. 2014. Multistate belief probabilities-based prioritization framework for customer satisfaction attributes in product development. IEEE Transactions on Systems, Man, and Cybernetics: Systems, 44 (6): 728-743.

Pan J N, Nguyen H T N. 2015. Achieving customer satisfaction through product-service systems. European Journal of Operational Research, 247 (1): 179-190.

Peican Z, Jie H, Leibo L, et al. 2015. A stochastic approach for the analysis of dynamic fault trees with spare gates under probabilistic common cause failures. IEEE Transactions on Reliability, 64 (3): 878-892.

Philip K, Kevin L K. 2015. Marketing Management. 15th ed. Englewood: Prentice Hall.

Pillay A, Wang J. 2003. Modified failure mode and effects analysis using approximate reasoning. Reliability Engineering & System Safety, 79 (1): 69-85.

Pitta D, Pitta E. 2012. Transforming the nature and scope of new product development. Journal of Product & Brand Management, 21 (1): 35-46.

Porteus E L, Angelus A. 1997. Opportunities for improved statistical process control. Management Science, 43 (9): 1214-1228.

Power D, Schoenherr T, Samson D. 2011. Assessing the effectiveness of quality management in a global context. IEEE Transactions on Engineering Management, 58 (2): 307-322.

Psomas E, Kafetzopoulos D. 2014. Performance measures of ISO 9001 certified and non-certified manufacturing companies. Benchmarking: An International Journal, 21 (5): 756-774.

Puga-Leal R, Pereira Z L. 2007. Process capability in services. International Journal of Quality & Reliability Management, 24 (8): 800-812.

Pyzdek T, Keller P A. 2003. Quality Engineering Handbook. 2nd ed. New York: Marcel Dekker.

Rahim A R A, Baksh M S N. 2003. The need for a new product development framework for engineer-to-order products. European Journal of Innovation Management, 6 (3): 182-196.

Rakhmawati T, Sumaedi S, Astrini N J. 2014. ISO 9001 in health service sector: A review and future research proposal. International Journal of Quality and Service Sciences, 6 (1): 17-29.

Ree S，Ma Y. 2009. Analysis about korean enterprise through China excellence performance model and comparison with China enterprise. Asian Journal on Quality，10（2）：77-96.

Reosekar R S，Pohekar S D. 2014. Six Sigma methodology：A structured review. International Journal of Lean Six Sigma，5（4）：392-422.

Roden S，Dale B G. 2000. Understanding the language of quality costing. The TQM Magazine，12（3）：179-185.

Saarijärvi H，Karjaluoto H，Kuusela H. 2013. Extending customer relationship management：From empowering firms to empowering customers. Journal of Systems and Information Technology，15（2）：140-158.

Sampaio P，Saraiva P，Rodrigues A G. 2009. ISO 9001 certification research：questions，answers and approaches. International Journal of Quality & Reliability Management，26（1）：38-58.

Sapuan S M，Mansor M R. 2014. Concurrent engineering approach in the development of composite products：A review. Materials & Design，58：161-167.

Schiffauerova A，Thomson V. 2006a. Managing cost of quality：Insight into industry practice. The TQM Magazine，18（5）：542-550.

Schiffauerova A，Thomson V. 2006b. A review of research on cost of quality models and best practices. International Journal of Quality & Reliability Management，23（6）：647-669.

Shahin A，Pourhamidi M，Antony J，et al. 2013. Typology of Kano models：A critical review of literature and proposition of a revised model. International Journal of Quality & Reliability Management，30（3）：341-358.

Sivasamy K，Arumugam C，Devadasan S R，et al. 2015. Advanced models of quality function deployment：A literature review. Quality & Quantity，in press.

Srivastav A K. 2010. Impact of ISO 9000 implementation on the organisation. International Journal of Quality & Reliability Management，27（4）：438-450.

Su C T. 2013. Quality Engineering：Off-Line Methods and Applications. Boca Raton：CRC Press.

Su H C，Dhanorkar S，Linderman K. 2015. A competitive advantage from the implementation timing of ISO management standards. Journal of Operations Management，37：31-44.

Superville C R，Gupta S. 2001. Issues in modeling，monitoring and managing quality costs. The TQM Magazine，13（6）：419-424.

Taguchi G，Elsayed E A，Hsiang T C. 1989. Quality Engineering in Production Systems. New York：McGraw-Hill.

Talib F，Rahman Z. 2015. Identification and prioritization of barriers to total quality management implementation in service industry：An analytic hierarchy process approach. The TQM Journal，27（5）：591-615.

Tan K C. 2002. A comparative study of 16 national quality awards. The TQM Magazine，14（3）：165-171.

Tarí J J. 2005. Components of successful total quality management. The TQM Magazine，17（2）：182-194.

Terwiesch C，Loch C H，Meyer A D. 2002. Exchanging preliminary information in concurrent engineering：Alternative coordination strategies. Organization Science，13（4）：402-419.

Terziovski M，Guerrero J L. 2014. ISO 9000 quality system certification and its impact on product and process innovation performance. International Journal of Production Economics，158：197-207.

Toppila A，Salo A. 2013. A computational framework for prioritization of events in fault tree analysis under interval-valued probabilities. IEEE Transactions on Reliability，62（3）：583-595.

Ulmeanu A P. 2012. Analytical method to determine uncertainty propagation in fault trees by means of binary decision diagrams. IEEE Transactions on Reliability，61（1）：84-94.

Ulrich K，Eppinger S. 2011. Product Design and Development. 5th ed. New York：McGraw-Hill.

Wasserman G S. 1993. On how to prioritize design requirements during the QFD planning process. IIE

Transactions，25（3）：59-65.

Webb A. 2002. TRIZ：An inventive approach to invention. Manufacturing Engineer，81（4）：171-177.

Weckenmann A，Akkasoglu G，Werner T. 2015. Quality management-history and trends. The TQM Journal，27（3）：281-293.

Wongrassamee S，Simmons J E L，Gardiner P D. 2003. Performance measurement tools：the Balanced Scorecard and the EFQM Excellence Model. Measuring Business Excellence，7（1）：14-29.

Woodward T. 2006. Addressing variation in hospital quality：Is six sigma the answer? IEEE Engineering Management Review，34（1）：25.

Xu L，Li Z，Li S，et al. 2007. A decision support system for product design in concurrent engineering. Decision Support Systems，42（4）：2029-2042.

Yang C J，Chen J L. 2011. Accelerating preliminary eco-innovation design for products that integrates case-based reasoning and TRIZ method. Journal of Cleaner Production，19（9-10）：998-1006.

Yeung A C L，Cheng T C E，Chan L Y. 2004. From customer orientation to customer satisfaction：The gap between theory and practice. IEEE Transactions on Engineering Management，51（1）：85-97.

Younker D. 2003. Value Engineering：Analysis and Methodology. 3rd ed. Boca Raton：CRC Press.